AVIATOR
하워드 휴즈

조지 J. 마레트 지음 | 강혜정 옮김

달과소

HOWARD HUGHES : AVIATOR
copyright ⓒ 2004 by George J. Marrett
Naval Institute Press
All rights reserved.

No part of this book may be used or reproduced in any manner
whatever without written permission except in the case of brief quotations
embodied in critical articles or reviews.

Korean Translation Copyright ⓒ 2005 by Moon & Cow
Korean edition is published by arrangement with the publisher,
Naval Institute Press, 291 Wood Road, Annapolis, Maryland
through BOOKCOSMOS, Seoul Korea.

이 책의 한국어판 저작권은 (주)북코스모스와 Naval Institute Press를 통한
저작권사와의 독점 계약으로 한국어 판권을 도서출판 달과소가 독점합니다.
따라서 저작권법에 의해 한국 내에서 보호를 받는 저작물이므로 무단 전재와 무단 복제를 금합니다.

AVIATOR 하워드 휴즈
첫판 1쇄 펴낸날 2005년 2월21일 _ **지은이** 조지 J. 마레트(George J. Marrett) _ **옮긴이** 강혜정 _ **펴낸이** 문종현
펴낸곳 도서출판 달과소 (출판 등록 | 2004년 1월 13일 제2004-6호)
주소 | 경기도 고양시 일산구 장항동 730-1 양우로데오시티 750호 (우)411-380
전화 | 031-817-1342 _ 팩시밀리 | 031-817-1343 _ 홈페이지 | http://www.dalgaso.co.kr
찍은곳 신우문화인쇄 _ ISBN 89-91223-06-0 03840
■ 잘못된 책은 바꾸어 드립니다.■ 책값은 뒤표지에 표시되어 있습니다.

하워드 휴즈의 절친한 친구였던

챌머 보웬, 브루스 버크, 잭 리얼, 거스 자이델에게 이 책을 바친다.

내게 "the Man" 하워드 휴즈의 비행 이야기를

거짓 없이 진솔하게 써달라고 요청한 분들이다.

* *the Man*은 직원들이 하워드 휴즈를 부를 때 썼던 말로,
  해군에서 사령관을 부를 때 쓰는 별칭인 '*the old man*'을 변형시킨 것이다.

프롤로그 Prologue

처음 내 관심을 끈 것은 작은 속삭임이었다. 때로 작은 속삭임이 우렁찬 소리보다 더 크고 강하게 다가오는 경우가 있는 법이다. 특히나 모든 사람이 그 속삭임에 가담하여 한 목소리를 내고 있다면. 아내 잔이 다가와서 내 귀에 대고 작게 속삭였다. "저기 저 코너에 있는 사람 말예요, 6개월 전 하워드 휴즈가 죽을 때 옆에 있었던 사람이래요."라고.

1976년 가을이었다. 당시 나는 테스트조종사협회(SETP, Society of Experimental Test Pilots)의 연례 토론회에 참가하고 있었다. 우리는 캘리포니아 비벌리힐스 시내에 있는 비벌리힐튼 호텔 특실에 있었다. 휴즈항공사가 손님을 맞기 위해 마련한 곳이었다. 호텔 7층에 있는 특실은 호화롭고 우아했으며, 특히 발코니에서 내려다보이는 로스앤젤레스와 할리우드 풍경이 압권이었다. 휴즈항공사 소속 테스트조종사였던 나는 아내와 함께 방문객들을 맞는 일을 하고 있었다. 다른 테스트 조종사와 그 배우자들도 함께했다.

나는 9년 동안 SETP 회원이었다. SETP는 현역 및 퇴역 테스트 조종사들로 이루어진 조직으로 해마다 정기적으로 모여 테스트 비행에 대한 강연을 듣고 다과 시간을 가졌다. 하워드 휴즈는 SETP가 결성되던 첫 해 명예 특별회원으로 선출되었다. 거의 20여 년 전의 일이다. 유명한 찰스 린드버그가 협회에 가입한 것은 그로부터 12년이나 지나서였다. SETP에는 저명한 민간 항공기 조종사와 군용기 조종사가 망라되어 있었다. 지미 둘리틀(Jimmy Doolittle, 제 2차 세계 대전 당시 비행 교관이었던 미군 중령. 1942년 4월, B-15기로 일본 본토를 공격한 '둘리틀 공습' 지휘자이자 최고의 조종사로 이름을 날렸다)과 닐 암스트롱(Neil Armstrong, 1969년 아폴로 11호를 타고 인류 역사상 첫 달 착륙에 성공한 미국의 조종사) 등도 모임에 자주 참석하곤 했다. 그들이 모임에 온 날이면 오랜 친구와 비행 동료들을 만나기 위해 이 방 저 방을 분주히 오가는 모습을 볼 수 있었다.

당시 나는 휴즈항공사에서 7년째 테스트 조종사로 근무하고 있었다. 휴즈항공사에 근무하면서 나는 해군 비행장에서 F-14A 톰캣 전투기를 몰면서 휴즈항공사에서 만든 AWG-9 레이더와 AIM-54A 공대공 미사일을 테스트했다. 또, F-15 이글 공대공 레이더, AGM-65A 매버릭 공대지 미사일, 극비리에 개발된 공대지 레이더 -이 레이더는 나중에 B-2 스텔스 폭격기에 설치되었다- 등과 관련된 프로젝트에 참여했다. 미 공군 테스트 조종사학교(U.S. Air Force Test Pilot School)를 졸업하고 1965년부터 1968년까지 캘리포니아 모하비 사막에 있는 에드워드 공군기지에서 전투기 테스트 조종사로 활동했다. 휴즈항공사에 들어가기 직전에는 베트남에서 1년간 A-1 스카이레이더를 타고 구조 조종사로 활동했다.

사실 나는 비행에 관한 이야기라면 그 자리에 있는 휴즈항공사의 어떤 테스트 조종사들에게도 꿀리지 않을 자신이 있었다. 하지만 하워드 휴즈에 대해서는 그렇지가 못했다. 어떤 조종사들은 하워드 휴즈가 조종사일 때 그가 직접 조종하는 비행기에 탑승해 본 적이 있었고, 어떤 이들은 휴즈를 손님으로 태우고 비행해 본 경험을 가지고 있었다. 또, 휴즈를 그저 만나보기만 한 이들도 있었다. 물론 휴즈와의 이런저런 만남은 이미 오래전의 일이었다. 하지만 모두들 휴즈와 개인적으로 면식이 있었다는 사실을 말하고 싶어 하지 않는 것 같았다. 역사에 길이 남을 조종사였고, 말년에는 세상을 등진 은둔자가 되어 그해 초 수수께끼 같은 죽음을 맞은 이 사람과의 연루를.

로버트 드헤이븐이 잔에게 멀리 바 옆에 서 있는 키가 크고 호리호리한 신사를 가리켰다. 드헤이븐은 잔에게 바로 저 사람 잭 리얼이 하워드 휴즈가 죽을 때 함께 있었다는 인상적인 정보를 전해 주었다. 드헤이븐은 제 2차 세계 대전 당시 태평양에서 활약한 격추왕(ace, 미국 공군 용어로 적 비행기를 5대 이상 격추한 조종사에게 주는 칭호)이었고, 현재는 휴즈항공사의 수석 테스트 조종사였다. 드헤이븐은 휴즈항공사가 마련한 이 특별실의 공식 호스트였다. 드헤이븐은 아내에게 리얼과 휴즈에 대한 이야기를 나누기는 힘들 것이라는 언질을 주었다. 그 주제만 아니라면 어떤 대화라도 가능하다고 했다니까. 당시 61세였던 잭 리얼은 미시건 출신으로, 휴즈보다 열 살 정도 아래였다. 미시건 공과대학에서 기계공학으로 학사 학위를 받았다. 1939년 봄, 록히드 항공사가 〈시카고 트리뷴〉지에 낸 엔지니어 모집 공고를 보고 지원해 허드슨 폭격기 설계자로 채용되었다. 리얼은 캘리포니아에서 1년간 근무한 뒤 모델 18 로드스타 항공기의 상급 설계자로 진급했다. 제 2차 세계 대전

이 끝날 무렵에는 록히드 C-99 컨스티튜션 항공기의 테스트 비행을 맡았다. 록히드사는 당시 세계 최대 항공운송회사였다.

전쟁 후 리얼은 록히드사의 컨스털레이션, 즉 '코니' 사업부서로 옮긴다. 이때 리얼은 코니를 시찰하러 온 휴즈를 처음 보게 된다. 휴즈는 당시 영화배우 페이스 도머그와 함께 왔었다고 한다. 리얼이 휴즈를 다시 만나게 되는 것은 그로부터 4년 뒤다. 리얼은 당시 컬버시티 공항에 가서 휴즈에게서 코니를 인수받아 오는 일을 맡았었다.

1957년, 휴즈의 오랜 친구인 노어 디트리히가 32년 동안이나 계속해 오던 재정담당 비서직을 그만둔다. ―휴즈는 자신이 디트리히를 해고했다고 주장했다― 휴즈는 운 좋게도 디트리히의 공백을 메워줄 최적의 사람을 찾아냈는데, 그가 바로 잭 리얼이었다.

리얼은 키가 190센터미터나 되었는데, 휴즈도 비슷한 키였다. 몸무게는 67킬로그램 정도로 살짝 마른 편인데 휴즈 또한 그랬다. 1957년, 록히드사는 휴즈에게 리얼을 보낸다. 자사의 '엘렉트라'라는 터보프로펠러 항공기를 휴즈 소유 항공운수회사인 TWA(Trans World Airlines)에서 구매하도록 로비를 벌이기 위해서였다. 휴즈와 리얼 두 사람 모두 비행과 항공 산업에 식견이 있는 사람들이었으므로 둘 사이에는 공감대가 많았다. 휴즈는 관련 교육을 정식으로 받은 이 엔지니어를 마음에 들어 했다. 곧 리얼은 휴즈가 신뢰할 수 있는 비서관이자 절친한 친구가 되었다.

나는 리얼에게 다가가서 내 소개를 했다. 리얼과 이야기를 나눠본 것은 처음이었다. 그는 공손하고 예의바르며 온화한 말투를 가진 사람이었다. 그날 리얼은 하워드 휴즈에 대해서 어떤 이야기도 하지 않았고 물론 나도 묻지 않았다. 하지만 나는 그의 머릿속에 들어 있을 휴즈 관련 정보에 대한 궁금함을 떨쳐버릴 수는 없었다. 리얼의 머릿속에 있는 이야기는 얼마나 직접적이고 생생할 것인가. 그는 어떤 비행사였습니까? 휴즈는 왜 그렇게 많은 비행기를 사들였습니까? 도대체 그 많은 비행기들을 어떻게 썼습니까? 휴즈는 왜 자기가 산 비행기를 곳곳의 창고에 두고 방치했습니까? 그 항공기들은 도대체 어떻게 되었습니까? 휴즈와 함께했던 리얼만이 가지고 있는 경험들이 무척이나 궁금했고, 역사에 길이 남을 전설적인 비행사에 관한 개인적인 이야기들을 듣고 싶었다. 그날은 이런 모든 질문들을 끝내 말하지 못하고 가슴속에 묻어두었지만, 나는 리얼과 나 사이에 특별한 교감 같은 게 있다고 느꼈고 우리가 다시 만날 수 있기를 고대했다.

리얼이 특별접견실을 떠난 뒤에, 나는 휴즈항공사 몇몇 테스트 조종사들과 함께 맥주를 마시며 휴식을 취했다. 일부 조종사들은 그날도 컬버시티에 있는 휴즈 공항에서 비행을 하고 온 참이었다. 컬버시티는 비벌리힐스에서 남쪽으로 불과 16킬로미터 떨어진 지점에 있었다. 우리는 이곳 컬버시티에서 휴즈가 이뤄낸 역사적인 비행들에 대해 이야기했다.

하워드 휴즈의 비행에 대한 이야기가 나오자 자연스레 휴즈항공사의 잊혀져 가는 역사가 떠올랐다. 휴즈가 도대체 얼마나 많은 비행기를 소유하고 있었는지, 그중 얼마나 많은 비행기가 거대한 항공의 역사라는 태피스트리를 짜는 중요한 재료로 실제적인 기여를 했는지 궁금했다. 우리는 시간의 장막 속에서 휴즈에 대한 많은 이야기들이 잊혀져 가는 것을 한탄하고, 시간 앞에서 인간의 기억력이 쇠퇴함에 따라 얼마나 많은 정보들이 잘못 전달되고 있는가를 한탄했다. 더 잊혀 버리기 전에 기록해야 할 구전들이 많이 있었다. 이미 문서화된 것들 중에도 부정확하거나 잘못되어 바로잡아 주어야 할 것도 많았다.

한 고참 테스트 조종사가 말했다. "알다시피 누군가가 그 모호하고 부정확한 모든 이야기를 제대로 기록해야 해. 영원히 묻혀 버리기 전에 말이지." 나는 주변 사람들을 쳐다봤다. 하지만 그 고참 선배는 나를 바라보고 있었다. 때문에 그가 나를 가리킨 것이라고 생각할 수밖에 없었다.

그래서 나는 그렇게 했다.

차 례

프롤로그_ 6
Ⅰ 처녀비행_ 15
Ⅱ 'the Man'으로 불리는 남자_ 34
Ⅲ 비행기 추락사고와 자동차 사고_ 75
Ⅳ 세계에서 가장 큰 비행기_ 106
Ⅴ 멈추지 않는 기차_ 149
Ⅵ 기이한 행동들_ 194
Ⅶ 세계 최고의 갑부_ 236
Ⅷ 라스베이거스_ 279
Ⅸ 기자회견_ 290
Ⅹ 마지막 비행_ 298
Ⅺ 하워드 휴즈의 유산_ 311
에필로그_ 319
감사의 글_ 341
참고 자료_ 346

I
처녀비행

하워드 휴즈는 1920년 그의 나이 열네 살 때 첫 비행을 한다. 매사추세츠 주 웨스트뉴턴에 있는 사립학교에 다니던 시절이었다. 휴스턴에서 아들을 보러온 휴즈의 아버지는 예일 대학과 하버드 대학이 겨루는 보트 경기에 아들을 데려갔다. 경기는 코네티컷 주 뉴런던에 있는 템스 강에서 열리고 있었다. 아버지는 자신의 모교인 하버드 대학이 경기에서 이기면 아들이 원하는 것을 뭐든지 사주겠다고 약속했다. 하버드 선수들이 예일 선수들을 14초 차이로 따돌리자 아버지는 자랑스러운 마음에 얼굴에 희색이 만연했다. 하지만 그 승리를 바라보는 아들의 기쁨은 그 이상이었다. 선물에 대한 기대로 펄쩍펄쩍 뛸 만큼 흥분해 있었다. 어린 아들은 그 승리를 축하하기 위해 무엇을 사달라고 할지를 이미 결정해 둔 터였다. 소년은 아버지에게 손을 내밀어 5달러를 달라고 했다.

아들이 무엇을 하려는지 의심스러워하던 아버지는 휴즈가 커티스(Curtis)사에서 만든 비행정을 가리키자 흔쾌히 약속을 지켜주었다. 비행정은 뉴런던 항구에 정박해 있었고, 표지판에는 탑승 요금 5달러라고 쓰여 있었다. 아버지와 아들은 10분 동안 비행을 했다. 비행 후 아버지는 멀미 증세로 속이 메스꺼워 혼이 났지만, 아들은 비행의 흥분으로 기분이 들뜬 데다 한껏 고무되어 있었다. 이 작은 비행 경험이 바로 그의 평생 동안 지속될 비행에 대한 사랑, 그중에서도 특히 수상비행기에 대한 각별한 애정을 낳는 계기가 되었다.

* * *

하워드 휴즈는 수줍은 성격의 외아들이었다. 1925년, 휴즈가 라이스 대학의 신입생이던 열아홉 살 때 양친이 모두 돌아가시게 된다. 휴즈는 초등학교 때 만난 엘라 라이스와 열아홉 살에 결혼한 상태였다. 엘라는 라이스 대학을 세운 라이스 집안의 딸이었다. 아버지의 죽음으로 휴즈는 아버지가 경영해 오던 사업을 물려받아 경영해야 하는 처지가 되었다. 그의 아버지는 휴스턴에서 휴즈공구회사(Hughes Tool Company)를 운영해 왔다. 가업을 잇기 위해 대학을 자퇴한 휴즈는 회사 운영을 담당할 재정 담당 비서를 고용해 휴스턴으로 데리고 왔다. 자신이 공구회사 사업 —이 회사는 석유 굴착용 드릴 특허를 통해 수입을 올리고 있었다— 에 대해 잘 모르기 때문이었다. 곧이어 엘라와 함께 로스앤젤레스로 이사한 휴즈는 영화 제작자가 된다. 그가 영화 제작자로 나서게 된 데는 삼촌인 루퍼트 휴즈의 영향이 컸다. 루퍼트 휴즈는 할리우드에서 시나리오 작가로 활동하고 있었다.

1926년 가을까지 휴즈는 온통 골프에 사로잡혀 있었다. 날마다 비벌리힐스 컨트리클럽에서 최고의 아마추어 골퍼가 되겠다는 목표 아래 골프 연습에 몰두했다. 어느 날 휴즈는 골프를 치다가 날개를 기울이고 날아가는 곡예비행사를 보게 된다. 근처 클로버 비행장으로 돌아가는 중이었던 곡예비행사는 휴즈를 보고 가볍게 인사를 하면서 지나갔다. 그는 복엽기(주날개가 아래 위 두 쌍으로 된 비행기)를 타고 있었다. 휴즈는 비행기 날개에 나와 있던 등록번호를 베껴 적고는 비행사의 뒤를 좇아갔다. 제법 먼 비행장 끝까지 가자 작은 오두막이 나타났는데, 여기에 와코(Waco) 복엽기 한 대가 보관되어 있었다. 휴즈는 비행기 주인인 J. 알렉산더에게 하루에 100달러를 줄 테니 비행을 가르쳐 달라고 제안했다. 하루에 100달러라는 어마어마한 금액을 제시했으니, 알렉산더로서는 거절할 수 없는 노릇이었다.

1925년, 휴즈는 커티스사의 제니 JN-14 비행기를 타고 첫 동승 교육(자격 있는 조종사와 함께 비행기를 타고 조종 교육을 받는 것)을 받았다. 로스앤젤레스에서 샌디에이고까지 여행하는 동안 웬트워스 고스가 비행기를 조종했다. 엘라와 또 한 팀의 부부가 다른 비행기를 타고 동시에 샌디에이고로 향했다. 휴즈는 1926년 가을까지 알렉산더와 매일 비행을 했고, 빠른 속도로 비행에 적응해 갔다. 휴즈는 비행에 천부적인 소질을 가지고 있었다. 하늘에 있을 때는, 사람들 사이에서 느끼는 수줍음에서 해방되는 안도감을 느끼는 것 같았다. 1927년 10월, 휴즈는 조종사 시험에 합격해 자가용 조종사 자격증(private pilot's license)을 땄다. 자격증 번호는 4223번이었다.

혼자서 비행할 수 있게 된 데다 돈까지 많았던 청년은 개인 비행기를 사기로 결심한다. 당시 휴즈는 스물두 살을 앞둔 젊은이였다. 휴즈는 보잉사의 와코(Waco) 10을 구입했다. 이 비행기는 220마력의 라이트(Wright) J-5 엔진을 장착하고 있었다. 하지만 휴즈는 이 성능에 만족하지 못했다. 그는 비행기를 클로버 비행장에 있는 더글러스사로 보내 개조하게 했다. 비행속도 개선은 물론 안전성도 높이기를 바랐다. 휴즈는 날개를 떼어내고 새로 할 것과 조종실 주변에는 가죽 커버를 씌운 고무를 대서 안전성을 높이라고 주문했다.

휴즈는 매일 골프 코스를 도는 도중에 더글러스사에 들러 비행기 개조 현황을 면밀히 살피곤 했다.

"이게 아닙니다. 해체하고 다시 하세요." 정비사들에게 그는 이렇게 말하곤 했다.

이런 식으로 비행기를 수차례 다시 고쳤기 때문에 더글러스사에서 청구한 수리비가 처음 비행기를 살 때 지불한 금액의 두 배에 달했다. 휴즈의 재정 담당 비서인 디트리히가 더글러스사의 경영진과 협상을 해서 가격을 깎았다. 하지만 휴즈는 깎은 가격에 만족하지 않았다. 결국 디트리히는 회사 소유주인 도널드 더글러스를 직접 만나서 협상을 계속했다. 여섯 달에 걸친 밀고 당기기 끝에 더글러스는 격분하고 말았다. 도널드 더글러스는 디트리히에게 휴즈가 원하는 액수대로 청구서를 작성해도 좋지만 다시는 자기와 일할 생각은 말라고 했다. 휴즈는 그 소식을 듣고 기뻐했다. 물론 그 뒤로 더글러스사에 맡겨 비행기를 개조할 일은 일어나지 않았다. 이후 휴즈는 자기 비행기를 고치고 개조할 정비사를 직접 고용해서 일을 진행했으니까.

하지만 휴즈는 와코 비행기 개조비용을 두고 도널드 더글러스와 벌인 협상을 결코 잊지 않았다. 이로부터 30년이나 흐른 뒤에 DC-6 수송기 구매를 놓고 더글러스사와 흥정을 할 때 휴즈는 도널드 더글러스를 피하고, 대부분의 거래를 그의 아들 도널드 더글러스 주니어와 진행했다.

휴즈는 자신의 비행기를 좀 더 안전하게 만드는 데 많은 돈을 썼다. 하지만 충분한 안전이 보장되지 않은 다른 항공기를 타지 않는 것은 아니다. 오히려 자기 비행기보다는 다른 사람의 비행기에 타는 걸 더 즐겼던 것 같기도 하다. 그는 경험의 폭을 넓히려고 닥치는 대로 가능한 모든 비행기를 운전했다. 휴즈는 판초 반스의 비행기, 트레블 에어 미스터리 십(Travel Air Mystery Ship)을 빌린 적이 있었다. 반스는 1920년대 여류 조종사로 화려한 경력을 자랑하는 유명인사이다. 휴즈는 반스의 비행기를 타고 착륙하다가 비행기가 뒤집혀서 프로펠러를 교체해 줘야 했다.

또, 언젠가는 영화에서 스턴트 비행을 하는 폴 만츠를 불러서 비행기를 빌려 달라고 했다. 이유인즉슨 골프를 함께 치는 동료를 태우러 산타바바라까지 가야 한다는 것이었다. 만츠는 보잉사의 스티어맨(Stearman)을 가지고 있었는데, 당시 30일 동안 비행을 하지 않은 상태였다. 휴즈는 자기가 도착하기 전에 엔진을 가열해 달라고 부탁했다. 그리고는 산타바바라까지 날아갔다. 돌아오는 길에 비행기 연료 -정확히 말하자면 가스탱크의 수분- 에 문제가 생겨 어쩔 수 없이 비상착륙을 해야 했다. 휴즈는 벨 에어 컨트리클럽의 잔디밭에 비상착륙을 했다. 그와 동행한 친구가 18번 홀을 치기로 했던 곳이었다. 골프장 측은 비상착륙에 무척 화가 나서 비행기를 압수했다.

휴즈는 디트리히에게 사태를 처리하도록 했다. 이런 일은 앞으로도 무수히 많이 반복될 사태였고, 항상 디트리히가 나서서 일을 처리하게 된다. 디트리히는 1,000달러를 들여서 휴즈를 곤경에서 구해 주었다. 이렇게 해서 디트리히는 이 일로 휴즈에 대한 평판이 나빠지는 것을 막아줄 수는 있었다. 하지만 휴즈는 이후로도 많은 자동차 사고와 비행기 추락사고를 낸다. 이 사고들 때문에 발생하는 제반 문제들을 디트리히가 다 막아줄 수도 감춰줄 수도 없었다. 디트리히가 애쓴다고 해서 가능한 일이 아니었기 때문이다.

1. 처녀비행

휴즈가 조종사 자격증을 따기 6개월 전, 찰스 린드버그가 처음으로 대서양을 혼자서 논스톱으로 횡단했다. 린드버그는 자신의 싱글엔진 비행기 스피릿 오브 세인트루이스(Spirit of St. Louis)를 몰고 이 여행을 감행했다. 이 사건은 시기심 많은 휴즈의 관심을 사로잡았다. 휴즈는 린드버그의 대서양횡단 비행에 대해 아주 세세한 정보까지 열심히 조사하고 공부했다. 이 과정에서 그는 독창적인 비행을 기획하고 그것을 뒷받침할 재정적인 지원만 확보된다면 비행사에 길이 남을 이정표를 세울 수 있다는 사실을 깨달았다. 린드버그는 비행을 하기 위해 세인트루이스에 있는 사업가들의 재정적인 지원을 받아야 했다. 하지만 린드버그와 달리 휴즈는 혼자서도 할 수 있었다. 휴즈는 린드버그에게 쏟아졌던 전국적인 관심과 환호를 갈망하고 있었다.

린드버그는 휴즈보다 먼저 조종사 자격증을 땄기 때문에, 당연히 훨씬 앞선 자격증 번호인 69번을 가지고 있었다. 휴즈는 상무부에 좀 더 이른 번호를 달라고 끈질기게 졸라서 결국 80번을 받았다. 린드버그보다는 여전히 늦은 번호지만, 처음 휴즈가 받았던 4223번에 비하면 훨씬 빠른 번호였다. 이후 휴즈는 계속해서 이 번호를 쓴다.

이듬해 휴즈는 많은 비행 경험을 쌓았고, 그 결과 1928년 10월 24일 운송용 조종사 자격을 얻는다. 휴즈의 비행 경력이 점점 쌓여감에 따라 운송용 조종사 자격증의 등급이 계속해서 높아졌다. 1930년 4월 4일에 기존 싱글엔진, 지상용에 중량 1,000파운드까지 가능했던 데서 중량이 3,500파운드까지로 상향 조정되었다. 1932년 7월 14일에는 다시 3,500 파운드에서 7,000파운드로 상향 조정되었다. 1933년 5월 11일에는 중량이 7,000파운드 이상으로 상향 조정되고, 멀티엔진 및 지상, 수상 비행기 모두를 조종할 수 있게 되었다.

1927년 자가용 조종사 자격증을 얻은 직후, 휴즈는 이제 그에게 너무나 소중한 존재가 된 '비행'을 소재로 한 영화를 제작하기 시작한다. <지옥의 천사들(Hell's Angels)>이라는 이 영화의 시나리오는 휴즈와 두 명의 시나리오 작가가 공동작업으로 만들어낸 것이다. 물론 오토바이 폭주족 이야기가 아니라 비행사들의 이야기였다.(1960년대 히피 문화가 창궐하던 시기 악명을 떨쳤던 오토바이 폭주족 클럽 'Hell's Angels'가 유명하기 때문에 이것과 구분하기 위하여 작가가 설명을 넛붙인 것이다) 영국 상류층 여성의 사랑을 쟁취하고자 경쟁을 벌이는 두 명의 영국인 조종사에 대한 이야기다. −진 할로우가 두 남자로부터 사랑받는 여성 역을 맡았는데, 그녀의 스크린 데뷔작이기도 하다− 각본, 감독, 제작 모두를 담당한 휴즈는 <지옥의 천사들>을 지금까지 만들어진 어떤 것보다 대작으로 만들려고 했다. 87대의 전투기와 폭격기를 구입해서 수리하는 데만 56만 3천 달러를 썼고, 로스앤젤레스 지역의 비행장을 대여하거나 건설하는 데 추가로 40만 달러를 썼다. 체펠린(Zeppelin) 비행선이 폭파되는 단 한 장면을 찍기 위해서 체펠린을 구입하는 식이었다. 지상 전투 장면을 연기할 군대가 필요했으므로 휴즈는 1,700명의 엑스트라를 주당 200달러를 주고 고용했다.

세세한 부분에까지 신경을 쓰는 휴즈의 꼼꼼함은 지나칠 정도였다. 비 오는 밤에 촬영되어야 할 장면이 있으면 배우들에게 비가 올 때까지 항시대기 상태로 기다리라고 했다. 그리고는 비가 오면 밤새 빗속에서 촬영을 했다. 휴즈는 한 장면을 계속해서 다시 찍으라고 요구하곤 했다. 같은 장면을 재촬영하는 것이 휴즈 자신의 실수 때문일 때도 많았다.

하지만 지상 신 촬영에서 보여준 그의 꼼꼼함과 세심함은 공중 신

영화 〈지옥의 천사들〉 촬영 장면

에 비하면 아무것도 아니었다. 맑게 갠 푸른 하늘을 배경으로 공중 신을 찍으면 비행기들이 움직이지 않고 정지해 있는 것처럼 보였다. 휴즈는 역동적인 장면, 즉 한껏 부푼 구름을 배경으로 찍었을 때나 강조되어 보일 수 있는 그런 장면을 원했다. 돈을 아끼지 않은 휴즈였지만, 구름을 돈 주고 살 수는 없다는 것쯤은 알고 있었다. 대신 휴즈는 꼭 두새벽에 일어나거나 때로는 아예 밤을 꼴딱 새면서 구미에 맞는 배경이 되어 줄 여명을 기다리는 방식을 택했다. 남부 캘리포니아에 태양이 떠오르면, 40대 아니 그 이상일지도 모르는 휴즈의 비행기들이 일제히 이륙했다. 비행기의 움직임을 역동적으로 보여줄 구름 낀 하늘을 기대하면서. 몇 마일이나 떨어진 먼 곳에 구름이 있을 기미라도 보이면, 휴즈와 조종사들 그리고 비행대가 하늘로 날아올랐다. 이번에야 말로 완벽한 배경이 되기를 기대하면서. 물론 이 힘겨운 촬영에 함께한 모든 사람이 최고의 배경을 찾아서 서성이고 기다린 것에 대한 대가를 돈으로 지급받았다.

    영화 촬영을 하는 동안 휴즈는 토머스 모스 스카우트(Thomas Morse Scout) 비행기의 곡예비행 장면을 촬영하고 싶어 했다. 이 비행기는 샌디에이고에서 만들어진 것으로 제 1차 세계 대전 후반기에 활용되었다. 스카우트는 프로펠러에 붙어서 프로펠러와 함께 돌아가는 회전식 엔진으로 가동되는 비행기로, 매우 드문 형태다. 이런 구조 때문에 스카우트는 이륙 시 꼬리 부분이 공중으로 뜰 때, 엔진과 프로펠러의 회전에 강한 영향을 받는다. 즉, 금속을 많이 넣어 만든 무거운 엔진이 프로펠러와 함께 강하게 돌아가면서 일어나는 현상이다. 이 현상 때문에 비행기가 코스를 이탈하려 하므로 조종사는 방향을 잡아 주기 위해서 커다란 방향타(rudder, 비행기 꼬리 부분의 수직안정판 끝부분에 위치. 비행기의 좌우 운동을 조종한다)에 온 신경을 쏟아야 한다.

휴즈에게 비행을 가르쳤던 알렉산더가 이 장면 촬영을 위해서 토머스 모스 스카우트 비행기를 9대나 끌어 모아야 했다. 휴즈는 비행기가 아주 낮은 고도에서 카메라 앞을 지나쳐 급강하하는 모습을 찍고 싶어 했다. 물론 카메라로 촬영할 수 있는 범위 내에서 비행기를 조종하면서 움직여야 했다. 각본에서 요구하는 장면을 찍으려면 조종사는 비행기가 공중에 뜨자마자 기체를 기울이면서 방향을 돌려야 했다. 미국에서 내로라하는 최고의 조종사들이 이 영화에서 스턴트 비행을 하고 있었다. 하지만 이 장면은 너무 어렵다는 이유로 모두들 촬영을 거부했다. 스턴트 비행을 하는 사람들조차 불가능한 장면이라고 했다. 누가 하든 비행기가 추락할 수밖에 없다는 것이다. 휴즈는 이들과 논쟁을 벌였고 가능한 장면이라고 주장했다. 하지만 경험 많은 스턴트 전문 조종사 중 누구도 그런 묘기를 펼치려 하지 않았다. 결국 휴즈는 자신이 직접 하겠다고 결심했다. 주변에서 아무리 설득을 해도 휴즈는 자기가 원했던 곡예비행을 포기하려 하지 않았다. 휴즈가 문제의 곡예비행을 시도했던 때의 상황을 유추해 볼 수 있는 사진이 남아 있다. 부드러운 흙 위에 나타난 비행기 바퀴 자국을 찍은 사진이다. 아 사진을 통해 보자면, 휴즈는 이륙하자마자 토머스 모스 스카우트를 제어할 수 없게 되었고, 심지어 공중으로 띄우지도 못한 채 먼지구름을 일으키며 추락했다.

그 자리에 있던 모든 사람이 사고 현장으로 뛰어갔다. 그리고는 비행기 잔해 속에서 인사불성인 휴즈를 끌어냈다. 휴즈는 구급차에 실려 근처에 있는 잉글우드 병원으로 옮겨졌다. 4일 뒤 다시 로스앤젤레스에 있는 세인트빈센트 병원으로 옮겨졌고, 거기서 뭉개진 얼굴을 치료하는 수술에 들어갔다. 휴즈가 수술실에서 나왔을 때 외과의들은 비서인 디트리히에게 수술을 하려고 얼굴을 절개했지만 아무런 조치도 취하지 못하고 다시 꿰맸다고 말했다. 할 수 있는 조치가 없었기 때문이다. 볼의 뼈가 심하게 부서져서 핀이나 와이어를 삽입해서 고정시킬 수 있을 만큼 큰 뼈가 아예 없었기 때문이다. 결국 휴즈는 볼 뼈가 푹 꺼진 채로 살 수 밖에 없었다. 이후 그는 예전 얼굴로 결코 돌아갈 수 없었고, 말년에는 그 후유증으로 통증이 심했다. 토머스 모스 스카우트를 타고 추락한 이 사건은 이후 휴즈가 겪게 되는 수많은 비행기 사고의 포문을 연 것이었다.

<지옥의 천사들> 제작이 거의 마무리된 시점에 알 졸슨이 주연한 영화 <재즈 싱어(The Jazz Singer)>가 나와서 할리우드 영화계에 유성영화 혁명을 불러일으켰다. -재즈 싱어는 1927년 워너브라더스가 제작한 최초의 유성영화다- <재즈 싱어>가 불러일으킨 유성영화 혁명으로 이제 영화를 평가할 때 사운드가 중요한 기준이 되었다. 휴즈의 대작 필름에 부족한 것이 딱 하나 있었으니 바로 이 사운드였다. <지옥의 천사들>은 소리가 없는 상태로 편집에 들어갔고, 자막을 넣어 로스앤젤레스의 작은 극장에서 비공개 시사회를 가졌다. 관객들의 반응은 선명했다. 2백만 달러를 들였더라도 무성영화로는 부족하다는 것이다. 하지만 휴즈는 그쯤에서 포기하려 하지 않았다. 그는 <지옥의 천사들>을 유성영화로 새로 만들기 시작했다.

비행 장면들은 소리를 녹음해서 맞추는 데 큰 어려움이 없었다. 하지만 배우들이 등장해서 대사를 말하는 장면들은 전체를 재촬영해야 했다. 먼저 해야 할 일은 각본을 새로 쓰는 것이었다. 무성영화에서는 배우들은 대사를 입속에서 우물거리기만 해도 되지만 유성영화에서

는 뜻이 통하고 알아들을 수 있게 발음해야만 하기 때문에 이에 맞는 새로운 대본이 필요했다.

영화 제작은 1930년 5월까지 2년 동안 계속되었다. 휴즈가 촬영한 필름의 총 길이는 3백만 피트에 달했다. -이중 최종 완성 작품에서 사용된 것은 겨우 1%에 불과했다- 거의 4백만 달러라는 거액이 투자되었다. 4백만 달러 중에 인건비가 75만 4천 달러, 세트와 의상비가 52만 4천 달러였으며, 비행기와 야외 촬영비용이 자그마치 1백만 달러였다. 영화가 개봉되자 로스앤젤레스가 떠들썩했다. 악평에도 불구하고 관객들은 <지옥의 천사들>에 열광했다. 영화는 상영되는 모든 극장에서 최대 흥행 기록을 세웠다. 또한, 이후 20여 년간 세계 곳곳의 극장에서 끊이지 않고 상영되었다. 결국 이 영화는 8백만 달러 이상의 흥행수익을 올렸다. 이는 얼추 잡아도 휴즈가 투자한 4백만 달러의 2배를 상회하는 금액이다.

* * *

<지옥의 천사들>개봉 몇 달 뒤, 휴즈는 워싱턴 주 시애틀에 본사를 두고 있는 보잉사에 100A 항공기를 특별 주문했다. 보잉 100A 항공기는 2인승 복엽기로 육군의 P-12B, 해군의 F-4B 전투기를 민간용으로 만든 것이다. 1930년 9월, 휴즈는 개인 비행기를 유지 보수할 사람으로 짐 페티를 고용한다. 페티는 휴즈가 항공 업무를 하는 인력으로 맨 처음 고용한 사람이었다.

1931년, 휴즈는 구입한 보잉 100A 항공기의 성능을 높이는 개조 작업을 진행하기 위해서 유니온 공항 터미널(캘리포니아 주 버뱅크

소재)에 있는 록히드 항공사에 가지고 갔다. 이 업무를 감독했던 리처드 팔머에 따르면, 각종 부품 교체를 비롯해서 개조 작업이 상당히 넓은 범위로 진행되었다고 한다. 당시 진행된 개조 작업은 엔진 덮개와 기체를 유선형으로 만드는 것, 랜딩기어 바퀴에 커버를 씌우는 것, 비행기 곳곳에 페어링(fairing, 유선형 덮개로 비행기에 가해지는 항력을 줄여서 좀 더 경제적으로 비행할 수 있게 해준다)을 설치하는 등이었다. 즉, 휴즈의 보잉 100A에는 당시 생각할 수 있는 공기역학적인 모든 기능 향상 기술들이 총 집합되었다. 플래트&휘트니(Pratt&Whitney)사의 450마력 엔진으로 개조하여 동력을 높이는 것도 포함되었다. 당연히 개조된 비행기는 훨씬 속도가 빨라졌다. 휴즈는 종종 지금은 마치 공군기지가 들어서 있는 로스앤젤레스 동쪽 마치 비행장까지 비행기를 몰고 가서, 표준형 P-12B 전투기를 타고 있는 공군 조종사들을 앞지르곤 했다. 그는 점점 속도광이 되어 갔다. 훗날 휴즈가 시도하게 되는 비행속도 기록에 대한 도전이 이미 싹트고 있었던 것이다.

이 개조 작업을 통해서 보잉 100A 항공기 속도가 향상된 것은 물론 휴즈에게 좋은 일이었지만, 이 작업을 통해 팔머를 만나게 된 것 또한 행운이었다. 팔머는 캘리포니아 공과대학에서 물리학과 공학 학사 학위를 받고, 미네소타 대학에서 석사 학위를 받았다. 그리고는 더글러스 항공사, 포커 항공사(Fokker Aircraft), 항공기개발조합(Aircraft Development Corporation) 등에서 엔지니어로 근무했다. 당시 31세였던 팔머는 조용하고 예의바르며 겸손한 사람이었다. 하지만 한편으로 활동적이고 빈틈없는 성격이어서 최고가 될 만한 자질을 갖추고 있었다. 팔머에게 알리지는 않았지만, 휴즈는 이미 이 똑똑한 젊은이를 위한 나름의 계획을 세워두고 있었다.

개조된 보잉 100A 복엽기

8인승 수륙양용 비행기 시코르스키 S-38(1938)

휴즈는 이처럼 속도를 즐기는 레이스 이외에 수륙양용 비행기를 타고 좀 더 넓은 지역을 여행하고 경험을 쌓고 싶어 했다. 이즈음 그는 아내 엘라와 이혼했다. 휴즈가 온통 골프와 비행기, 영화 만드는 일에 신경을 쓰느라 엘라에게 거의 관심을 쏟지 않았기 때문이다. 엘라는 휴스턴 사교계의 친구들과 떨어져 혼자서 시간을 보내는 것을 지루해했고, 결국 집으로 가버렸다.

휴즈는 <지옥의 천사들>를 만든 뒤에 남아 있던 6대의 전투기를 팔아서 새 비행기를 살 자금을 마련했다. 그는 트윈엔진에 8인승 수륙양용 비행기인 시코르스키(Silkorsky) S-38(민간항공국 등록번호 NC24V)을 5만 9천 달러를 주고 구입했다. 최대허용중량 10,000파운드, 시속 110mph(mile per hour, 시속을 마일로 나타낸 단위)였고, 특히 객실 한쪽에는 가죽 소파가 갖춰져 있었다. 휴즈는 1933년 4월에 이 비행정을 인수했다. 비행정에는 수많은 익형(翼型, 비행기 가로날개 뼈대)과 쇠줄이 있어서 꼭 새장 같아 보였기 때문에 휴즈는 이 비행기를 '새장(birdcage)'이라고 불렀다.

시코르스키 S-38 역시 구입한 뒤에 폭넓게 개조했다. 개조 작업은 버뱅크에 있는 퍼시픽 에어모티브사(Pacific Airmotive Corporation) 공장에서 진행되었다. 영화 <지옥의 천사들> 작업에도 참여했었던 젊은이 글렌 오데커크가 이 비행기의 개조 작업을 지휘했다. 오데커크는 조종사이자 정비사이기도 했다. 오데커크는 닉네임 '오데'로 불렸는데, 휴즈보다 6개월 먼저 태어났다. 원래 오리건 주 포틀랜드 출신으로, 최상의 실력에 독창적인 재능까지 갖춘 기술자였다. 1927년, 오데커크는 공장에서 만든 것보다 외형에서나 구조에서나 더 뛰어난 개인용 맞춤 자동차 몸체를 만들었다. 그의 능력을 높이 산 퍼시픽 에

어모티브사가 서비스 사업부서에 그를 고용했다. 오데커크는 날마다 S-38 개조 작업을 했고, 휴즈 또한 날마다 찾아와서 그의 일거수일투족을 관찰했다. 오데커크의 뛰어난 능력은 휴즈에게 깊은 인상을 주었고, 두 사람 사이에는 교감이 깊어진다.

휴즈와 오데커크는 함께 지내는 동안 많은 이야기를 나눴다. 오데커크는 휴즈가 보잉사의 복엽기를 가지고 경주에 출전하고자 한다는 것, 개조 작업을 통해 새롭게 탄생할 S-38을 타고 휴즈가 어떤 여행을 하고 싶어 하는가 등등을 알게 된다. 오데커크는 휴즈가 S-38을 타고 함께 여행할 사람으로 비행정에 대해 알고 있는 전직 해군을 고용하려 한다는 것을 알고, 자신이 그 일을 해보고 싶다고 말했다. 휴즈는 선뜻 대답하지 않고 멀리 걷기 시작했다. 그리고는 돌아와서 원한다면 그 일을 해도 좋다고 대답했다.

1933년 4월 12일, 오데커크는 휴즈의 고용인이 된다. 오데커크의 감독 아래 웨스턴 일렉트릭(Western Electric)사의 기술자가 와서 S-38에 무선송수신기를 설치한 뒤, 두 젊은이는 로스앤젤레스를 출발해 동해안으로 향한다. 당시 스물일곱 살의 다른 젊은이들은 꿈이나 꿀 뿐 감히 실행할 엄두조차 내지 못할 비행 속의 모험을 찾아서. 오데커크로서는 휴즈와 함께한 첫 비행이었다. 휴즈는 피닉스까지 가는 동안 내내 오데커크에게 조종을 맡겼고, 그는 무선송수신기를 만지작거리면서 빈둥빈둥 시간을 보냈다.

다음 날 두 사람은 폭풍우를 뚫고 휴스턴까지 갔다. 휴즈가 악천후 속에 비행을 한 것은 이때가 처음이었다. 휴즈와 오데커크는 그 주를 휴스턴에서 보냈다. 오데커크는 비행기 엔진을 20시간 동안 점검했고, 휴즈는 오데커크에게 휴즈공구회사를 구경시켜 주었다. 다음 착류지는 뉴올리언스였다. 유명한 마르디그라 축제(사육제 마지막 날인 참회 화요일에 열리는 축제로, 가장행렬과 케이크 먹기 등 다양한 프로그램으로 진행된다)를 즐기기 위해서였다.

두 사람은 밤에 뉴올리언스 근처에 도착했다. 하지만 천둥 번개를 동반한 강한 비가 내려서 즉시 착륙이 불가능한 상태였다. 폭풍우가 물러가기를 기다리면서 주변을 돌고 있는데 갑자기 왼쪽 엔진이 꺼져 버렸다. 아무런 사전 경고도 없이. 휴즈는 어쩔 수 없이 이 수륙양용 비행기를 뉴올리언스에서 남쪽으로 약 48킬로미터 떨어진 미시시피 강에 착륙시켰다. 닻을 내리고 해안 경비병에게 무선을 쳤다. 해안 경비병은 그들이 보낸 견인 요청에 응했다. 미시시피 강은 폭우로 인한 홍수 때문에 온통 아수라장이 되어 있었다. 나무와 나뭇가지, 물에 휩쓸려온 갖가지 잔해들이 강 하류로 흘러가고 있었다. 오데커크는 해안 경비병의 배 바로 뒤에 일직선으로 비행정을 위치시키느라 안간힘을 써야 했다. 그렇지 않고 한쪽으로 치우치거나 흔들렸다가는 물 위를 떠다니는 온갖 잔해들과 충돌하는 더 큰 위험이 도사리고 있었기 때문이다.

휴즈는 잠시 오데커크와 같이 있다가 눈을 붙이기 위해 비행기 안으로 들어갔다. 그리고는 뉴올리언스에 도착할 때까지 내내 잤다. 견인 시간은 10시간이나 되었다. 비행정 엔진 수리가 다 끝나기도 전에 그들이 보려고 했던 마르디그라 축제는 막을 내려 버렸다. 그도 그럴 것이 두 사람이 다시 비행을 할 수 있게 되기까지는 자그마치 10일이나 걸렸기 때문이다.

다음 행선지는 버지니아 주 리치몬드였다. 이곳에서 휴즈는 기차를 타고 가서 골프 토너먼트에 참가했고, 오데커크는 비행기를 지켰다. 4일 후에 두 사람은 코네티컷 주 브리지포트로 갔다. 브리지포트에 시코르스키 공장이 있어서 휴즈의 비행정을 이곳에 보관했다.

두 사람은 그해 여름을 뉴욕 주 일대에서 보냈다. 롱아일랜드 주변을 비행하고, 햄프턴에 2주간 머무르기도 했다. 두 사람은 일반인들에게는 독특한 매력을 가진 존재였다. 비행기를 타고 전국을 누비는, 일반인들은 해볼 수 없는 모험을 하고 있었기 때문이다. 여기에 휴즈의 큰 키, 구릿빛 피부, 젊고 잘 생긴 얼굴, —비록 상처가 있긴 했지만— 엄청난 부, 영화 제작자로서의 명성까지 더해졌으니 사람들의 관심은 더욱 커졌다. 때문에 여행하는 내내 상류층 사람들이 끊이지 않고 그를 찾았다.

1933년 여름이 끝나가던 무렵, 휴즈는 오데커크에게 다음 날 유럽으로 출발할 예정이며 두 달 정도의 여행이 될 것이라고 말했다. 휴즈는 자신이 멀리 떠나 휴가를 보내는 동안 지금 하고 있는 비행기 개조 작업을 마치라고 지시했다.

휴즈는 12월에 뉴욕에 돌아왔다. 그리고는 다시 짐을 꾸려 S-38을 타고 마이애미로 향했다. 오데커크와 함께였다. 겨울에 열리는 비행대회(All-Amercian Air Meet)에 참가하기 위해서다. 아마추어들이 참여하는 대회였다.

비행대회를 준비하면서 휴즈와 오데커크는 보잉사의 100A의 엔진을 튜닝하여 출력을 높였다. 장착된 엔진은 레이서들이 쓰는 1,344 세제곱 인치 와스프(Wasp) 엔진이었다. 튜닝 후 휴즈가 테스트 비행을 했을 때, 평균 속도가 225mph가 나왔다. 원래 이 비행기의 최대 속도 185mph를 크게 웃도는 주목할 만한 성능 개선이었다.

휴즈는 자격 제한이 없이 누구나 참가할 수 있는 종목에 출전했다.

아마추어 비행사들을 위해 마련된 이 종목은 경주로를 여러 바퀴를 돌아서 최초 출발 지점으로 돌아오는 방식으로 진행되었으며, 총 비행거리는 20마일 정도였다. 1934년 1월 14일, 휴즈는 성능 개선을 한 보잉사 비행기에 한껏 기대를 걸고 경기에 출전했다. 평균 185mph로 달린 휴즈는 2등을 거의 한 바퀴 차로 여유롭게 따돌리고 생애 첫 비행 경주에서 승자가 되었다. 휴즈는 덤으로 군중과 오데커크 앞에서 멋진 공중곡예까지 선보였다. 젊은 조종사는 승리의 쾌감에 흠뻑 취했다. 마치 최면에라도 걸린 것처럼. 그는 이제 세계 최고의 조종사가 되리라는 생각에 사로잡혔다.

이 비행대회에서의 승리는 스피드에 대한 휴즈의 욕망을 더욱 자극했다. 그가 가지고 있는 보잉 비행기는 물론 빨랐다. 하지만 클리블랜드에서 해마다 열리는 전국비행대회(National Air Races)에서 레이서들이 사용하는 저익형(低翼形, 날개가 동체의 하부에 부착되는 방식으로 높은 기동성을 자랑한다. 때문에 전투기나 곡예비행기, 소형 고속 비행기에 많이 활용되지만 상대적으로 안정성이 떨어진다)방식에 전체가 금속으로 만들어진 비행기들보다는 못했다. 1930년대 중반까지는 비행기의 성능 개선을 위한 많은 혁신안들이 현실화되지 못하고 구상 단계에 머물러 있었다. 이 구상을 현실화할 수 있을 만한 설계자와 제작자들이 한 비행기를 놓고 한 자리에 모였을 때 가능한 일이었기 때문이다.

오데커크는 휴즈에게 100% 만족할 수 있는 비행기를 갖는 유일한 방법은 직접 설계하는 것이라고 이야기했다.

II
'the Man' 으로 불리는 남자

하워드 휴즈는 오데커크의 과감한 의견을 받아들여 세계에서 가장 빠른 비행기를 직접 설계 제작하기로 마음먹었다. 1934년 봄, 휴즈와 오데커크는 뉴욕으로 돌아와서 시코르스키 S-38을 처분했다. 그런 다음, 휴즈는 이 야심 찬 프로젝트를 개시하기 위해 오데커크를 캘리포니아로 보냈다. 오데커크는 캘리포니아 글렌데일에 있는 그랜드 센트럴 공항 터미널에 있는 격납고의 일부를 빌렸다. 오데커크는 비행기 제작을 담당하기로 했고, 딕 팔머가 휴즈와 함께 비행기 설계를 담당하기로 했다. 팔머는 1929년 록히드 항공사에 제도공으로 들어감으로써 항공 산업 관련 경력을 쌓기 시작했다. 입사 후 그는 고속 승진을 통해 수석 엔지니어가 되었지만 대공황으로 인한 인원 삭감으로 해고되었다. 팔머는 이후 벌티 항공사(Vultee Aircraft)에 다니다가 휴즈가 구상 중인 새로운 비행기 제작 프로젝트팀에 합류했다.

휴즈는 오데커크와 팔머를 고용했던 것만큼이나 신중을 기해서 다른 직원들도 선발했다. 당시 59세였던 빌 자이델도 그들 중 한 사람이었다. 헝가리에서 태어난 자이델은 열세 살 때 미국에 왔다. 자이델은 미국에서 몇 년 동안 수공업 노동자로 일하다가 피아노 만드는 일을 했다. 그 후, 벌티 항공사의 전신인 항공기개발회사에서 비행기 모형을 만드는 일을 했다. 팔머는 풍동(風洞, wind tunnel, 인공적인 공기 흐름 속에서 물체가 받는 영향과 공기의 흐름 변화 등을 조사하는 장치로 항공기 설계 연구에 쓰인다)모델과 비행기 축소 모델을 만들 사람으로 자이델을 고용했다. 축소 모델은 1미터 정도 크기로, 최종 만들어질 비행기와 정확히 같은 비율을 지켜서 만들게 된다. ―물론 엔진과 비행기를 실제로 움직일 수 있는 제어장치들은 없는 채로― 팔머는 자이델을 도와 함께 일할 사람을 찾아보라고 했다. 자이델은 당시 26세였던 아들 거스를 추천했다. 거스는 아홉 살 때부터 아버지를 따라다니며 일을 배웠다. 두 부자는 버뱅크에 있는 알 고위의 차고에서 작업을 시작했다. 거스의 말에 따르면, 당시 한 시간에 25센트를 받고 1주일에 6일씩 하루 10시간 이상을 일했다고 한다.

휴즈는 매주 팔머의 연구와 설계 진척도를 점검하기 위해 들렀다. 팔머는 유명한 공기역학자이자 기상학자인 W. C. 록펠러를 통해서 캘리포니아 공과대학에서 만든 풍동을 볼 수 있었다. 캘리포니아 공과대학의 풍동을 가져와 살펴본 결과, 이것을 활용하면 비행기 속도를 365mph까지 개선시킬 수 있겠다는 결론을 얻었다. 휴즈는 그 결과에 고무되었고, 오데커크에게 그 설계대로 제작하라고 지시했다. 휴즈는 프로젝트의 보안에 각별히 신경을 썼다. 격납고 한쪽 코너를 담으로 막고 그 안에 최신 설비를 갖춘 작업장을 만들었다.

빌과 자이델 부자 외에 새로 충원한 6명의 작업자들이 그랜드 센트럴 공항 터미널 안에 있는 격납고 작업장으로 옮겼다. 알 고위의 차고에서 한 달 가량 테스트 모델을 만든 뒤였다. 그리고는 새로운 비행기 제작 업무를 분담해서 시작했다. 18명으로 구성된 팀은 1934년 중반까지 담으로 둘러싸인 작업장에서 오랜 시간을 일했다. 새로 만

2. 'the Man'으로 불리는 남자 *35*

들어질 비행기는 간략하게 레이서(Racer)라고 불렸다. 하지만 다른 사람들은 실버 불릿(Silver Bullet, 무엇이든지 뚫는 총탄, 즉 만병통치약이라는 의미)이나 H-1 또는 미스터리 십(Mistery Ship) 등으로 불렸다.

작업팀도 이름이 있었다. 오데커크는 '휴즈항공사'라고 인쇄된 편지지와 송장을 가지고 있었다. 물론 그런 회사는 실제로 존재하지는 않았다. 법적으로 이 팀은 휴즈공구회사의 한 부서였다. 하지만 미래에 정식으로 생겨날 휴즈항공사는 군사 전자공학 분야의 선두주자로 세계적인 명성을 떨치게 된다. 오데커크는 전혀 몰랐겠지만, 그는 이 최첨단 회사를 이미 문서상으로 창조해 냈던 셈이다.

1930년대 초, 덕지덕지 잇대진 데다 여기저기 관들이 튀어나와 있는 조악한 비행기 외형들은 휴즈를 만족시키지 못했다. 휴즈가 생각하기에, 당시의 엔진에서 나오는 마력대로라면 비행기들은 좀 더 빠른 속도를 낼 수 있었다. 하지만 외형 때문에 엔진의 동력만큼 속도가 나지 않는 것이었다. 대부분의 경주용 비행기 설계자들이 공기역학적인 비행기 모양을 설계했지만 아직은 시행착오를 거듭하고 있었다. 이런 비행기들은 아예 손으로 그려서 설계되는 경우도 많았으며, 정확한 방식으로 제작되지 않았기 때문이다. 하지만 휴즈는 설계의 질과 정확도를 함께 담보할 수 있는 충분한 돈을 가지고 있었다.

휴즈는 비행기를 만들기 위해 별도의 스폰서를 필요로 하지 않았다. 전체 프로젝트를 혼자서 진행할 만큼 충분한 돈을 가지고 있었기 때문이다. 따라서 레이서는 등록번호인 NR258Y(뒤에는 NX258Y)라는 문자 이외에는 어떤 심벌마크도 새기지 않았다. 25피트 길이인 짙은 청색 날개에 크롬 염료를 써서 노란색으로 등록번호를 써넣었다. 그리고 진한 액체 알루미늄으로 칠한 방향타에는 검은색으로 넘버를 새겼다. 동체는 광택을 낸 알루미늄으로 마감한 그대로 두었다.

레이서는 당시로는 매우 현대적인 특징들을 가지고 있었다. 우선 이 비행기는 엔진에 꼭 맞는 종 모양의 엔진 커버를 가지고 있었다. 동체에 오는 항력(抗力, drag, 항공기 추진력에 반대로 작용하는 힘)을 줄이고 엔진냉각 기능을 높이기 위해서다. 또한, 날개와 기체 사이에는 완만하게 굽은 윙 필렛(wing fillet, 날개와 기체가 연결되는 부위에 장착된 유선형 덮개. 접합 부위에 흐르는 공기의 흐름을 원활하게 해주고 항력을 감소시킨다)이 있어서 기류를 안정시키고 항력을 줄여주며, 어쩌면 있을지 모르는 위험한 회오리바람이나 난기류에 꼬리가 흔들리는 현상을 예방해 주게 되어 있었다. 모든 못과 이음새는 비행기 표면과 같은 높이로 만들어져 표면이 울퉁불퉁하지 않고 미끈했다. 게다가 이륙하거나 착륙할 때 날개 전체에 실리는 양력(揚力, lift, 항공기 날개 주변으로 흐르는 공기 흐름에 의해 발생하는 공기역학적인 힘으로 항공기가 뜰 수 있게 해준다)을 높이기 위해서 플랩(flap, 비행기 날개 뒤쪽에 보조날개와 나란히 붙어 있는 보조조종 장치. 양력과 항력 모두를 증가시키는 장치)이 뻗어 나와 있을 때 15도 아래로 처지도록 설계되었다. 꼬리 부분을 신축성 있는 자재를 써서 마무리함으로써 동체의 매끈한 라인이 더욱 강조되었다.

레이서는 기록비행을 하려는 개인적인 동기와 목적에서 설계된 것이지만, 이후 오랫동안 고성능 비행기 설계에 영향을 미쳤다. 레이서는 제2차 세계 대전 때 사용된 성형엔진(星形, 중앙에 크랭크 케이스가 있으며 원형으로 기통이 배열된 엔진. 별 모양과 비슷해서 성형엔진이라고 함)을 장착한 전투기로 발전되어 가는 과정에서 중요한 이정표가 된 항공기였다. 예를 들면, 그룹만(Grumman)사의 F6F 헬캣(Hallcat), 리퍼블릭(Republic)사의 P-47 썬더볼트(Thunderbolt), 일본 미츠비시사의 제로(Zero), 독일 포케-울프(Focke-Wulf)사의 190 같은 전투기들이다. 레이서가, 성형엔진 비행기도 잘 설계되면 직렬엔진(다기통 실린더를 한 줄로 늘어놓은 것)비행기를 충분히 능가할 수 있다는 것을 보여주었기 때문이다. 사실 성형엔진을 설치하려면 비행기 전면이 상대적으로 커져야 하고 이 때문에 공기역학적 항력이 더 커진다는 단점이 있다. 이에 비해 직렬엔진은 비행기 전면에서 받는 항력이 낮다.

5,500파운드의 레이서는 미륜형(尾輪形, 꼬리날개 부분의 미륜으로 방향을 조종하는 형식)이었고, 동력으로는 8,500피트 상공에서 700마력의 출력을 내는 플래트&휘트니사의 R-1535 트윈 와스프 Jr. 엔진을 장착하고 있었다. 오데커크는 튜닝을 통해 R-1535 트윈 와스프 Jr. 엔진의 최대 출력을 높였다. 새롭게 개발된 100-옥탄 연료를 사용했다. 뉴올리언스에 있는 셸(Shell) 정유회사 정제소에서 5갤런들이 컨테이너에 포장되어 특별히 수송된 것이었다. 이 연료를 사용한 덕분에 엔진의 최대 출력을 1,000마력까지 끌어올릴 수 있었다. 레이서는 날개의 전연(leading edge, 공기가 제일 먼저 접촉되는 날개의 앞부분)에 윤활유 냉각을 위한 공기 흡입구를 만든 최초의 비행기이기도 했다.

휴즈의 원래 계획은 레이서를 타고 톰슨 스피드 레이스(Thompson speed race)와 벤딕스 대륙횡단 레이스(Bendix cross-country race)에 참가하는 것이었다. 두 경기 모두 매년 클리블랜드에서 열리는 전국비행대회에 포함된 종목이다. 대륙횡단 레이스는 캘리포니아에서 출발하여 클리블랜드까지 가는 코스로 진행된다. 휴즈는 단거리 속도 경쟁과 장거리 비행대회 모두에서 우승하려면 두 종류의 날개가 있어야 한다고 생각했다. 25피트밖에 안 되는 짧은 날개를 만들어 단거리 경주에서 활용하고, 더 긴 날개는 장거리 비행에 활용하는 것이다. 날개는 나무로 만들었는데, 나무에 도료를 칠하고 완전히 부드러워질 때까지 문질렀다. 그리고는 겉을 천으로 쌌다. 또, 날개에는 유압으로 움직이는 분리형 플랩을 장착했다.

* * *

휴즈는 레이서가 완성되어 비행 가능한 상태가 되기를 기다리면서, 비치(Beech) A-17-F 비행기를 로버트 포그에게서 구입했다.(등록 번호 N12583) 이 비치 비행기는 다른 복엽기들과는 달리 스태거윙 형식(Staggerwing, 아래 날개가 위 날개보다 비행기 앞쪽으로 배치되는 형식. 보통 복엽기들은 이와 반대로 윗날개가 앞쪽으로 배치된다. 스태거윙 형식은 조종사의 시야가 넓어진다는 장점이 있다)이었다. 원주인 포그는 제 1차 세계 대전 때 군에서 비행기를 조종한 뒤, 미 육군 통신대에서 고급 비행기술 및 곡예비행을 가르치는 교관으로 활동했다.

690마력의 라이트 R-1820 9기통 성형엔진을 장착한 고성능 A-17-F 모델은 단 한 대만 만들어졌다. 이 비행기는 대공황기임에도 불구하고 2만 5천 달러에 팔렸는데, 같은 계열 모델 중에는 최고가였다. 비치 스태거윙은 미륜형 비행기로, 착륙할 때 기수가 꼬리 쪽으로 돌아가려 하는 경향이 있어 조종할 때 세심한 주의가 요구되었다. 조종사가 조금이라도 부주의하면, 땅에 닿은 뒤 비행기가 이상 선회 현상을 보일 수 있었다. 즉, 비행기 기수가 빠른 속도로 180도를 도는 과정에서 날개 끝이나 랜딩기어에 손상이 올 수 있었다. 때문에 스태거윙 형식의 비행기를 제대로 모는 조종사라면 어떤 비행기라도 몰 수 있었다. 휴즈가 이 비행기를 구입한 것은 바로 그 때문이었다. 휴즈는 이 비행기를 넣어둘 공간 확보를 위해서 버뱅크의 유니온 공항 터미널에 있는 격납고 대여 공간을 늘렸다.

비치 비행기의 순항속도는 205mph, 최고속도는 225mph로 벌티 VI 또는 노스롭 델타(Northrop Delta) 항공기와 맞먹는 수준이었다. 실용상승한도(항공기가 분당 100피트의 일정한 상승률을 유지할 수 있는 가장 높은 고도) 25,000피트에 연료 저장 용량은 155갤런, 항속거리는 820마일이었다.

휴즈는 이 비행기를 그리 많이 타지는 않았다. 어느날 아침 캐서린 헵번과 함께 이 비행기를 타고 버뱅크의 격납고를 방문한 적도 있었다고 한다. 캐서린 헵번은 수년 동안 휴즈와 사귀었다.

* * *

1935년 8월, 비밀리에 진행되던 프로젝트가 15개월째를 맞던 어느 날, 팔머와 오데커크는 자신들의 소중한 창조물을 캘리포니아의 눈부신 태양 아래로 굴리고 나왔다. 엔진에 꼭 맞는 덮개를 씌운 데다 날렵한 유선형으로 잘 다듬어진 단엽기, 레이서는 그 멋진 모습만으로 이미 승리자인 것 같았다. 주변 사람들의 반대에도 불구하고 휴즈는 자신이 직접 레이서의 테스트 비행을 하기로 했다. 사실 휴즈는 레이서만이 아니라 자신이 만든 모든 비행기의 테스트 비행을 늘 직접 했다. 자이델과 몇몇 다른 정비사들이 레이서를 트럭에 싣고 마인스 비행장으로 가져왔다. 현재 로스앤젤레스 국제공항 자리에 있었던 마인스 비행장에는 당시에는 몇 개의 작은 격납고와 동서로 뻗어 있는 활주로만이 있었다. 자이델에 따르면 휴즈는 엔진을 돌려보고 지상활주를 해보는 데만 며칠을 보냈다. 그런 후에야 레이서가 비행 가능한 상태가 되었다는 판단을 내렸다. 1935년 8월 15일 공항 터미널 관계자가 유명한 희극배우인 윌 로저스와 세계일주 비행기록 보유자인 와일리 포스트가 알래스카 공항에서 이륙하던 중 추락사고로 죽었다는 소식을 전했다. 그때 휴즈는 조종실에서 엔진을 시험해 보던 중이었다. 자이델의 말에 따르면 휴즈가 윌 로저스의 딸과 아는 사이였다고 한다. 로저스와 포스트에 대한 존경의 표시로 휴즈는 엔진을 끄고 정비사들에게 "레이서를 좀 치워 놓도록." 하고 말했다. 그리고는 자리를 떠서 3일 동안 돌아오지 않았다.

휴즈는 1935년 8월 18일에 처음으로 레이서를 타고 비행했다. 물론 팔머는 그를 말려보려고 했다. 하지만 휴즈는 계약직 테스트 조종사에게 레이서의 첫 비행을 맡기자는 말을 끝내 받아들이지 않았다. 스태거윙을 가진 비치까지 사면서 몇 달 동안 레이서의 첫 비행을 직접 하고자 준비해 온 휴즈였으니, 이 말을 들을 리 만무했다.

휴즈는 한참 동안 마인스 비행장 주변을 돌았다. 자이델과 다른 정비사들은 20마일 정도 떨어진 버뱅크 공항으로 차를 타고 이동했다. 거기서 이륙하는 휴즈를 기다리기 위해서였다. 휴즈는 활주로에서 벗어난 뒤 유도로에서 엔진을 껐다. 자이델이 뛰어나가서 보니 레이서의 앞 유리가 기름으로 범벅이 되어 있었다. 랜딩기어를 내리는 유압 시스템이 작용하지 않아서 휴즈는 엔진 오일탱크에서 기름을 빼오는 대체 시스템으로 전환했다. 그런데 이때 랜딩기어를 내리는 데 쓰인 기름이 다시 탱크로 돌아가지 않고, 흘러서 앞 유리를 덮은 것이다. 휴즈는 당시 평소 좋아하던 넥타이를 매고 있었는데, 이 넥타이를 풀어서 앞 유리를 닦고 시야를 확보했다. 그는 자이델에게 넥타이를 건네면서 "씻어질지 모르겠지만, 맡겨보게."라고 말했다.

레이서는 멋지게 날았고 이전에 만들어진 어떤 비행기보다 빨랐다. 그것도 무척 빨랐다. 휴즈는 레이서를 '아름다운 아가씨'라고 불렀다. 그는 레이서의 속도가 워낙 빨라서 클리블랜드 버뱅크에서 열리는 벤딕스 대륙횡단 레이스에서 트로피를 놓고 겨룰 것이 아니라, 육상비행기 3킬로미터 비행기록을 깨야겠다고 결심한다. 1년 전 프랑스에 빼앗긴 기록을 되찾아오기로 한 것이다. 프랑스 인 레몽 델모트가 코드론(Caudron) C-460을 타고 세운 기록이었다. 레몽이 탄 코드론 비행기는 프랑스 공군성의 설비를 이용해 백만 달러 이상의 비용을 들여 만든 비행기였다. 이에 비하면 휴즈가 레이서를 만드는 데 들인 비용은 십만 5천 달러에 불과했다.

휴즈는 1935년 9월 13일 금요일, 버뱅크 공항을 이륙해서 오렌지카운티에 있는 에디 마틴 비행장까지 갔다. 로스앤젤레스 남쪽 약 30마일 지점에 있는 곳이다. 세계기록을 세워서 정식으로 인정받으려면 공인 계시원들, 즉 당국에서 인정하는 시간을 재는 사람들이 있어야 한다. 유명한 여류 비행사 아멜리아 에어하트와 곡예비행사 폴 만츠가 심사관으로 비행을 지켜봤다. 불과 7년 전 찰스 린드버그는 싱글엔진이 탑재된 비행기를 타고 대서양을 횡단함으로써 비행사에 길이 남을 위업을 이룩했다. '럭키 린디'(Lucky Lindy, 언론에서 린드버그의 성공을 이야기하며 쓴 수식어)와 마찬가지로, 휴즈도 비행의 역사를 다시 쓰려는 결연한 의지를 가진 젊은 조종사였다. 휴즈는 기세 좋게 싱글엔진이 탑재된 자신의 비행기에 올랐다.

휴즈는 레이서를 타고 태평양 상공 1,000피트까지 올라갔다가 비행을 지켜보는 심사위원들 앞을 지나 급강하했다. 휴즈는 355, 339, 351, 340, 350, 354, 351mph의 속도로 심사위원들 앞을 빠르게 지나가며 수차례 비행을 거듭했다. 결국 평균 352.28mph를 기록하면서 신기록을 세웠다. 기존 기록을 38mph만큼 앞당긴 기록이었다. 하지만 휴즈는 한 번 더 시도해 보려 했다. 다시 군중 앞을 질주하면서 급강하한 레이서는 다시 위로 올라가지 못했다. 연료 부족으로 엔진이 꺼져 버렸기 때문이다. 휴즈는 보조탱크를 활용하려 했지만 엔진을 다시 살리기에는 고도가 너무 낮았다. 결국 레이서는 뽀얀 먼지구름에 휩싸인 채 산타아나에 있는 어느 사탕무 들판에 비상착륙을 했다. 다들 휴즈가 다치지나 않았을까 염려하면서 레이서를 향해 뛰어갔다.

오데커크가 제일 먼저 다가가서 "괜찮으세요?"라고 물었다.

"오데, 이 아가씨가 이번엔 더 잘했는데. 이번엔 365가 나왔어. 확실하다고." 휴즈의 답변이었다. 휴즈는 비행기를 버리고 낙하산으로 탈출할까도 생각했었다고 한다. 하지만 그 순간 이 비행기에 들인 모든 시간과 돈을 떠올렸다. 사실 새로운 기록을 세운다는 생각에 열중한 나머지 너무 흥분했었던 게 화근이었다. 휴즈는 추락이 자신의 불찰 때문이라고 인정했다. 결국 13일의 금요일은 불운으로 끝이 났다.

* * *

1935년 가을, 레이서를 타고 단거리 비행속도 세계신기록을 세운 뒤 휴즈는 더 큰 명성을 얻을 방법을 궁리했다. 그는 이제 단순한 속도만이 아니라 그 이상을 보기 시작했다. 속도와 거리 두 가지 모두에서 신기록을 세우고 싶어 했던 것이다. 이런 그의 마음을 무엇보다 끌어당기는 것이 바로 서쪽에서 농쪽으로 미 대륙을 횡단하는 대륙횡단 신기록 수립이었다. 당시 대륙횡단 최고 기록은 10시간 2분 57초로, 기록 보유자는 로스코우 터너 대령이었다. 터너 대령은 영화 <지

옥의 천사들>을 만들 때 휴즈와 함께 일하기도 했었다. 레이서는 최고속도가 시간당 350마일 이상이었다. 하지만 대륙을 횡단할 만큼 충분한 연료를 넣을 공간이 없었다. 휴즈는 팔머와 오데커크에게 장거리 비행을 위해 더 긴 날개와 추가 연료탱크를 만들도록 지시했다.

팔머와 오데커크가 레이서를 개조하고 있는 동안 휴즈는 고공비행에 대한 자신의 이론을 세우고 테스트하는 데 시간을 보냈다. 그는 15,000피트 높이에서 비행을 하면 겨울 몇 달 동안 미국 전역에 부는 강한 서풍을 이용할 수 있다는 사실을 알아냈다. 휴즈는 대륙횡단 비행에 알맞은 비행기를 찾기 시작했다. 레이서의 개조와 수리를 기다리는 동안 이 서풍을 이용할 수 있다는 자신의 이론을 테스트해 보고 비행도 해볼 수 있는 용도였다. 그는 마인스 비행장에서 적합한 후보 하나를 발견했다. 휴즈가 눈독을 들인 비행기 주인은 재클린 재키 코크란이었다. 당시 26세였던 코크란은 훗날 비행 분야에서 아멜리아 에어하트보다 더 많은 업적을 남기게 된다. 코크란은 제 2차 세계 대전 때 여성공군조종사회(WASP, Women's Air Force Service Pilots)를 이끌었고, 음속 장벽(sound barrier, 비행기가 음속에 가까운 속도로 비행할 때 공기 저항에 의해서 생겨나는 가상의 비행 장벽)을 넘은 최초의 여성 조종사가 되었다. 또한, 항공모함에서 이착륙을 한 최초의 여성이기도 했다. 코크란은 정규교육을 초등학교 2학년까지밖에 받지 않았지만 코크란 코스메틱스(Cochran Cosmetics)를 창시해 회장이 되었고, 1936년 부유한 금융업자인 플로이드 오드럼과 결혼했다. 코크란의 남편 오드럼은 휴즈에게 RKO 영화사를 판 사람이다.

코크란은 성능 좋은 1인승 노스롭 감마(Northrop Gamma, 등록번호 NX13761)를 가지고 있었다. 감마는 고정 랜딩기어(랜딩기어가 항상 밖

에 나와 있는 형태. 이럴 경우 항공기 공기저항이 2배가 되므로 비행 중에는 안으로 끌어올리는 수납식
이 1930년대부터 실용화되었다) 항공기로 660마력의 플래트&휘트니 R-1535
와스프 엔진을 장착하고 있었다. 날개 길이는 47피트 8인치로 레이
서의 2배에 가까웠다. 코크란은 돈이 궁하긴 했지만 감마를 팔 생각
은 전혀 없었다. 하지만 마음이 약해진 그녀는 결국 이 비행기에 투자
한 만큼의 돈을 받고 휴즈에게 비행기를 빌려주기로 했다.

휴즈가 직접 버뱅크에 있는 유니온 공항 터미널까지 감마를 몰고
갔고, 몇 달 동안 정비사들이 미세하게 기능을 조정했다. 육군 공병대
로부터 특별 허가를 받아서 라이트 사이클론(Wright Cyclone) R-
1820G 엔진을 장착했다. 이 엔진의 출력은 850마력으로 기본 감마
의 660마력에 비해 높았는데, 육군 공병대가 이 엔진 사용에 대한 권
한을 가지고 있었다. 좌석도 새로 바꿨고 기구나 계기들도 교체했다.
1935년 말에 노스롭 감마의 수리 및 테스트가 완료되었다. 이제 남은
것은 비행을 시작할 적절한 날씨를 기다리는 일뿐이었다.

1936년 1월 13일, 휴즈는 점심을 먹다가 비행하기에 적합한 날씨
라는 전언을 받았다. 대륙횡단 비행기록에 도전할 만한 최적의 날씨
라는 것이다. 당시 정장 차림이었던 휴즈는 비행 재킷, 고글, 산소마스
크, 가죽 헬멧 등을 들고 감마가 계류되어 있는 버뱅크 공항으로 뛰어
갔다. 감마는 700갤론의 연료를 적재한 채 비행을 위한 만반의 준비
를 마치고 휴즈를 기다리고 있었다.

태평양 표준시(그리니치 표준시보다 8시간, 미국 동부 표준시보다 3시간 늦다)로 오후
12시 15분에 휴즈는 유니온 공항 터미널을 이륙했다. 그리고 15,000
피트 상공으로 올라갔다. 이 시기에 미국 전역에 부는 강한 서풍을 이
용하기 위해서였다. 하지만 이륙 직후 무선 안테나가 망가져서 지상

에 있는 사람들과 교신이 불가능해졌다.

캔자스 주 위치타 북쪽에서 휴즈는 강한 폭풍우를 만났다. 감마는 이리저리 세게 요동쳤고 이 과정에서 나침반 바늘이 부서졌다. 때문에 남은 1,200마일을 여행하는 동안 육안으로 보이는 지상의 모습만으로 자신의 위치를 파악해야 했다. 무선도 없고 나침반도 없으므로 오로지 시계 비행으로 무릎에 펼쳐놓은 항로 지도를 따라서 갈 수밖에 없었던 것이다. 다행히도 날씨가 좋아져서 휴즈는 가는 길 위에 있는 도시의 불빛을 보면서 비행할 수 있었다. 사실 휴즈는 밤에 비행하는 것을 선호했다. 밤에는 난기류도 덜했고, 다른 비행기와의 공중 충돌 위험도 적었기 때문이다. 밤에 비행하기를 좋아하는 조종사는 아주 드무니까.

휴즈는 동부 표준시(그리니치 표준시보다 5시간 늦음)로 오전 12시 42분, 버뱅크를 출발한 지 9시간 27분 10초 만에 칠흑 같은 어둠이 깔린 뉴어크 공항에 착륙했다. 그를 반겨준 유일한 사람은 기록을 재러 나온 계시원이었다. 휴즈는 시간당 259.1마일의 속도로 비행하여 대륙횡단 비행기록을 갱신했다. 그는 4개월 후에 두 개의 장거리 비행기록을 추가로 갱신한다. 마이애미에서 뉴욕, 시카고에서 로스앤젤레스까지의 비행 소요시간을 단축한 것이다. 감마의 대여 기간이 만료되자, 휴즈는 코크란에게서 감마를 구입했다. 훗날 휴즈는 자기가 지불한 것보다도 싼 금액에 코크란에게 감마를 되팔았다.

감마를 타고 대륙횡단 비행기록을 갱신한 것 때문에 휴즈는 1936년 우수 비행사로 선정되어 하몬 인터내셔널 상을 수상한다. 백악관의 대통령 집무실에서 시상식이 거행되었고, 프랭클린 루스벨트 대통령이 휴즈에게 높이가 30인치나 되는 커다란 청동 트로피를 수여했다. 이 상은 시대를 앞서갔던 조종사 클리포드 하몬이 매년 뛰어난 업적을 남긴 조종사에게 주기 위해 1926년 설립한 상이다. 휴즈 이외에 이 상을 받은 미국인은 찰스 린드버그와 와일리 포스트뿐이었다. 휴즈는 미국 최고의 조종사가 되기로 한 여정에서 조종사로서 두 번째 상을 받았다. 하지만 여전히 자신보다 린드버그가 전국적으로 더 많은 인정을 받고 있다고 느꼈다.

* * *

레이서를 타고 단거리 속주 비행기록을 세우고, 감마를 타고 대륙횡단 비행기록을 세운 뒤, 휴즈는 갱신할 새로운 기록들을 찾았다. 그 사이 휴즈가 지시했던 더 큰 날개와 추가 연료탱크가 레이서에 장착되었다. 대륙횡단 비행기록을 또 한 번 단축할 수 있는 여건이 조성된 셈이다. 하지만 휴즈는 세계일주 비행기록에 시선을 돌렸다. 당시 세계일주 비행기록은 7일 19시간으로, 1933년 7월 와일리 포스트가 세운 기록이었다. 포스트는 록히드 베가(Lockheed Bega) 5C 위니 메이(Winnie Mae)를 타고 이 기록을 세웠다. 휴즈는 포스트의 기록을 깰 수 있을 만한 비행기를 찾기 시작했다. 휴즈가 고른 것은 더글러스사의 DC-1이었다.

DC-1은 매우 독특한 탄생 배경을 가지고 있는 비행기다. 1930년대 초 항공운송회사인 트랜스컨티넨탈앤웨스턴에어(Transcontinental and Western Air) —훗날 TWA 항공사가 됨— 는 유나이티드 에어라인(United Airlines)과 경쟁을 벌이고 있었다. 물론 경쟁의 내용은 누가 더 빠르고 안전한 항공수송으로 더 많은 고객을 끌어들일 것인가였다. TWA는 금속 엔진이 3개 달린 여객기, 즉 3발기 설계명세서를 작성했다. 물론 이 명세서의 밑바탕에는 엔진이 세 개 달리면 두 개 달린 것보다 더 안전할 것이라는 믿음이 깔려 있었다.

당시 찰스 린드버그가 TWA의 고문을 맡고 있었다. 린드버그는 이 새로운 비행기 설계에서 필수요소는 애리조나 주 윈슬로 같은 높은 고도에 있는 공항에서도 엔진 하나를 끈 채로 이륙해서 상승할 수 있는 기능이라고 생각했다. TWA는 승객들이 당연히 엔진이 두 개밖에 없는 것보다는 세 개 달린 항공기를 훨씬 신뢰할 것이라고 생각했다.

1932년 중반, TWA는 5개 항공기 제조회사에 엔진이 셋 달린 여객기 10대 이상을 구입할 예정이라는 내용을 담은 서한을 발송했다. 탑승 가능 인원은 승객 12인에 조종사 2인, 동력은 500~550마력의 엔진 3개, 항속거리 1,060마일 이상, 최고속도 185mph, 순항속도 146mph, 총 중량 14,200파운드 등이 요구사항에 포함되었다. 또한, TWA는 반드시 구현돼야 할 매우 중요 기능으로 다음과 같은 내용을 명시했다. "이 비행기는 최대 인원을 탑승시킨 채로 엔진을 2개만 켜고 TWA의 어떤 공항에서든 안정감 있게 이륙할 수 있어야 한다." 린드버그가 제시한 조건이었다.

더글러스사는 캘리포니아 산타모니카의 클로버 비행장에 있는 작은 회사였다. 이 항공사를 가장 유명하게 해준 것은 아마도 더글러스 월드크루저(Douglas World Cruiser)일 것이다. 크루저는 나무와 천을 재료로 써서 만든 커다란 복엽기다. 미 육군에서 이 비행기를 타고 최초로 세계일주에 성공했다. −덕분에 더글러스사는 회사 광고에 '최초로 세계일주를 하다' 라는 누구나 부러워할 타이틀을 쓸 수 있었다−

더글러스사는 군용 비행기와 항공우편용 비행기를 만들고 있었다. TWA의 서한은 더글러사에게 상당히 흥미로운 것이었다. 2주 후 더글러스사는 TWA의 요청에 응하는 제안서를 만들었다. 새로운 비행기 설계안은 더글러스사(Douglas Commercial)의 것이라는 의미로 DC-1으로 명명했다. 프리젠테이션은 그리 부드러운 분위기에서 진행되지는 않았다. 더글러스사가 제안한 새로운 설계안이 애초 TWA가 요구한 엔진 3개가 아니라 2개를 탑재한 모델이었기 때문이다. 흥정 끝에 DC-1 원형 한 대에 12만 5천 달러에 계약이 체결되었다. TWA가 결국 쌍발기를 받아들이기로 마음을 바꾸었기 때문이다.

그로부터 9개월 후, 독특한 트윈엔진 비행기 DC-1이 클로버 비행장 격납고에서 나와 세상에 첫선을 보였다. 두 달 동안 TWA와 더글러스사의 테스트 조종사들이 DC-1에 대한 강도 높은 평가 테스트를 했다. 테스트가 끝나갈 무렵, DC-1은 애리조나에 있는 윈슬로로 향했다. 찰스 린드버그가 요구했던 까다로운 과제를 시도하기 위해서였다. DC-1은 애리조나 윈슬로에서 뉴멕시코에 있는 앨버커키까지 비행했다. 물론 성형엔진 하나를 끈 채로 이륙했다. DC-1은 280마일을 비행하면서 4,500피트 고도인 비행장에서 이륙한 뒤, 매우 느린 속도로 서서히 상승하여 8,000피트에서 순항속도에 도달할 수 있다는 것도 검증했다. 테스트는 성공적이었다. 이론의 여지없이 DC-1은 TWA가 요구한 제반 사항을 충족시켰고, 오히려 그 이상의 성능을 보여주었다.

TWA는 약속대로 12만 5천 달러를 주고 더글러스사로부터 DC-1을 인수받았다. 더글러스사는 DC-1을 설계 및 제작하고 테스트 비행까지 하는 데 총 306,778달러를 들였다. 따라서 이 상태로는 적자

XF-11을 조종하는 하워드 휴즈(1947)

HK-1 헤라클레스 비행선

였으므로 추가 주문을 애타게 기다렸다.

나중에 875마력 엔진이 탑재되고 동체 안에 커다란 연료탱크가 추가되면서 DC-1의 총 연료 저장량이 510갤런에서 2,100갤런으로 높아졌다. 1935년, DC-1은 비행기록을 갱신하기 시작했다. 토미 톰린슨, H. 스니드, F. 레드패스 3인이 DC-1을 타고 버뱅크에서 뉴욕 사이를 11시간 5분 만에 주파했던 것이다. 하지만 이것은 DC-1의 화려한 비행기록 수립의 포문일 뿐이었다. 같은 해 5월 16~17일에는 3,107마일을 18시간 22분 49초에 주파하여 평균속도 169.03mph라는 새로운 기록을 세웠다. DC-1의 비행속도와 비행거리 관련 기록 갱신은 이후에도 계속되어 무려 22번이나 비행기록을 세웠다. 이즈음에는 TWA와 계약 사항도 마무리되어 이 독특한 비행기의 일반 판매가 가능해졌다.

하워드 휴즈는 이 역사적인 비행기 DC-1을 1936년 1월에 구입했다. 가스탱크 및 보조 오일탱크를 붙이고 좀 더 강력한 엔진을 장착해서 세계일주 비행을 할 생각이었다. 캔자스시티에서 비행기를 인수받아 개조를 위해 뉴욕으로 가져왔다. 휴즈는 이 비행기를 '날아다니는 실험실'이라고 부르며 우선 자동조종 장치들을 설치해 테스트하기 시작했다. 이 자동조종 시스템은 스페리(Sperry)사가 개발한 것으로 자이로(gyro) 시스템을 활용한 것이었다.

자이델은 DC-1을 '그 기종에 하나뿐인 비행기'라고 표현했다. 그는 항공사(flight engineer, 항공기와 관련 기관의 기계적 운용 상태에 대한 책임을 맡는 비행 승무원)로 2년 동안 휴즈와 함께 DC-1에 탑승했다.

자이델은 휴즈와 함께 DC-1을 타면서 희한한 경험을 하게 된다. 한번은 휴즈가 금요일 오후에 전화를 해서 다음 날 DC-1을 타고 팜스프링스로 출발할 수 있게 준비하라고 지시했다. 휴즈는 또 자이델의 아내 마지가 주말에 차를 가지고 팜스프링스로 와서 거기서 두 사람과 만나면 좋겠다는 뜻을 내비쳤다. NBC에서 근무한 경력이 있는 37세의 리처드 스토드다드도 무선기사로 DC-1에 함께 탑승했다. 스토드다드의 아내가 자이델의 아내 마지와 동행했다. 두 사람은 마지의 아담한 체비 쿠페(Chevy Coupe)를 타고 팜스프링스로 왔다. 휴즈와 자이델은 토요일 오후 팜스프링스에 착륙했다. 호텔에 들어온 뒤에 휴즈는 자이델의 부인이 도착했는지 물었다. 도착했다고 알리자 자이델의 아내가 몰고 온 차를 빌리고 싶다고 했다. 휴즈는 택시를 대절해 줄 테니 시내에 나가서 부인에게 멋진 저녁을 사주라고 하고는 자신은 로스앤젤레스에 갔다 올 테니 일요일에 보자고 했다.

　일요일에 휴즈는 로스앤젤레스 날씨가 좋지 않다고 전화를 해왔다. 그래서 월요일에 출발하기로 했다. 그리고는 월요일에 다시 전화를 해서 자이델의 차를 타고 다시 로스앤젤레스로 돌아가고 있다면서 주중에 돌아오겠다고 했다. 자이델은 이렇게 명확한 기한도 없이 다음 주말이 가까워올 때까지 대기 상태로 있었다. 스토드다드와 그의 아내는 일반 여객기를 타고 집으로 돌아갔다. 다음 날도 자이델은 휴즈에게서 별다른 연락을 받지 못했다. 대신 휴즈는 직원 한 명을 시켜서 자이델의 차를 팜스프링스로 가져다주었다. 결국 휴즈는 다음 일요일 오후 6시에 전화로 공항에서 오후 9시에 보자고 했다. 마지는 자이델을 공항까지 태워다 주고 비행기가 이륙한 뒤 로스앤젤레스로 혼자서 차를 몰고 갔다. 어찌 보면 마지와 자이델에게는 예기치 못했던 1주일간의 휴가였던 셈이다. 휴즈와 함께 일하는 직원들에게는 심심찮게 일어나는 일이었다.

로스앤젤레스로 돌아오는 길에 휴즈는 그랜드 센트럴 공항 터미널이 아니라 유니온 공항 터미널에 있는 격납고에 DC-1을 계류시키기로 했다. 자이델은 격납고에 DC-1을 계류시킬 만큼 충분한 공간이 있는지 걱정스러웠다. 하지만 휴즈는 비행기를 넣을 수 있을 것으로 생각했다. 두 사람은 어두워진 뒤에 착륙했다. 휴즈는 격납고 뒤로 비행기를 몰고 가서 180도 선회했다. 자이델은 조종실 밖을 쳐다보았다. 항법등(야간에 비행 방향을 나타내기 위해서 사용하는 항공기에 부착된 등)이 격납고 유리창에 비치고 있었다.

휴즈는 웃으면서 "할 수 있을 줄 알았다니까."라고 말했다.

자이델이 비행기 밖으로 나와서 날개 끝과 격납고 유리 사이의 간격을 재보니 겨우 1.2센티미터였다.

또 한번은 자이델이 새로운 무선자동유도장치를 설치했을 때였다. 자이델과 스토드다드, 휴즈는 해안가를 서너 시간 동안 오르락내리락하며 비행했다. 그리고는 오후 5시 30분쯤 착륙했다. 휴즈는 저녁을 먹고 밤에 다시 비행하자고 했다. 그들이 이륙하려 할 때 무선장치가 망가졌고, 무선기사인 스토드다드가 꺼내서 고쳤다. 무선장치가 고쳐진 뒤에는 한쪽 엔진이 말을 듣지 않아서 애를 먹었다. 결국 웨스턴 에어라인(Western Airline) 정비사의 도움을 받고서야 엔진을 고칠 수 있었다. 결국 그들은 새벽 1시에야 이륙할 수 있었다. 이륙 후 멕시코 서해안으로 내려갔다가 동쪽으로 방향을 돌려서 멕시코 만을 건너서 마이애미에 착륙했다. 착륙 시간은 다음 날 아침 6시였다.

착륙 후, 랜딩기어가 내려간 상태로 고정되지 않는 문제가 발생했다. 결국 수동 유압 펌프로 기어를 제어하고 있었다. 더글러스사 엔지니어들이 계속 눌러주기만 하면, 기어가 안전하게 아래로 고정될 것이라고 가르쳐주었다. 착륙 뒤 자이델이 비행기에서 내려서 기어 주변에 고정시키기 위한 케이블을 설치했다. 왼쪽 기어 주변에 케이블을 설치하고, 오른쪽에 케이블을 설치하고 있을 때 기어가 부러졌다. 작업을 하던 자이델의 왼쪽 팔이 받침대와 엔진실 바닥 사이에 끼어서 많이 찢어졌다. 휴즈는 급히 차를 불러서 자이델을 병원으로 데려갔고, 마취가 다 풀린 새벽 1시까지 자이델과 함께 있었다. 다행히 자이델은 사고에서 회복되었고, 다시 휴즈를 위해 일할 수 있었다.

랜딩기어가 부러지면서 DC-1의 오른쪽 날개도 수리가 불가능할 정도로 손상됐다. DC-1이 자이델이 말한 대로 '그 기종에 하나뿐인 비행기'였기 때문에 대체할 날개를 구할 수가 없었다. 더글러스사는 DC-1을 만든 뒤에 DC-2 모델을 만들어서 여러 항공사에 승객 수송용으로 판매하고 있었다. 두 모델의 차이점 중에 하나가 DC-1은 수평 날개인 반면 DC-2는 살짝 기울어진 상반각(上反角, 동체에 부착되는 양 날개가 1~3도 정도 살짝 위로 향하게 붙이는 방법으로 비행기의 횡적 안전성을 높여준다) 날개라는 것이다. 다행히 기본 구조와 부속 장치들은 같았다. 휴즈는 웨스턴 에어라인에서 여분의 DC-2 날개를 구입했다. 자이델이 이스턴 에어라인 정비사의 도움을 받아 DC-2 날개를 DC-1에 부착하는 데 성공했다.

DC-1은, 한쪽 날개는 수평이고 나머지 하나는 상반각인 상태가 되었다. 민간항공관리국(CAA, Civil Aeronautics Administration) 조사관이 설치 상태를 조사하기 위해 나왔다. DC-1을 타고 캘리포니아까지 갈 수 있는 임시비행 허가 발급 여부를 결정하기 위해서였다. 당시 조사관은 직접 동승해서 테스트하려고 하지 않고, 휴즈를 포함 테스트 비행에 참여할 모든 승무원들이 낙하산을 착용할 것을 권했다.

휴즈는 말했다. "글쎄요, 낙하산을 쓸 만큼 그렇게 높이 올라가지 않을 겁니다."

그들은 이륙해서 공항 주변을 15분 정도 돌고 착륙했고, 임시비행 허가를 받아냈다. 캘리포니아로 돌아온 뒤, 자이델은 함께 일할 승무원을 한 명 구했다. 그리고 정비사들의 도움을 받아 DC-1의 나머지 날개를 DC-2 날개에 맞게 개조하는 작업을 진행했다.

휴즈는 계획 중인 세계일주 비행을 함께할 승무원들을 선발하기 시작했다. 무선기사인 스토드다드 이외에 미국 상무부에서 일하다 온 37세의 해리 코너의 자질을 꼼꼼히 점검한 뒤 부조종사로 선발했다. 또, 육군 공병대에서 휴가 차 나와 있던 서른세 살 동갑내기 토미 소로우 중위를 항법사로 정했다.

늘 극단적으로 열중하는 버릇이 있는 휴즈는 이번 프로젝트에도 역시나 자신의 온갖 관심과 열정을 쏟아 부었다. 그러나 뜻하지 않은 복병을 만났다. 정부에서 비행 허가를 내주고 외국 영공 통과 요청을 해주는 작업이 지연되었던 것이다. 시간이 지연되면서 휴즈는 점점 그 비행에 흥미를 잃어가기 시작했다. 결국 휴즈는 시코르스키 S-43 비행정이 세계일주 비행에 더 적합하다는 결론을 내렸다.

휴즈는 DC-1을 유니온 공항 터미널에 계류시켰다. 그리고 공항 직원이 그에게 전화를 걸어서 비행기를 언제까지 여기 둘 것인지를 물어볼 때까지 거들떠도 보지 않았다.

당시 질문을 받은 휴즈는 "아, 내가 거기다 뒀었구먼. 까맣게 잊어버렸었네."라고 과장해서 말했다.

한편 휴즈는 감마를 타고 대륙횡단 기록을 세운 뒤에 레이서의 개조 작업이 끝나기를 학수고대하고 있었다. 레이서를 타고 기존 자신이 세운 것보다 훨씬 더 빠른 대륙횡단 비행기록을 세우고 싶었기 때문이다. 대륙횡단 비행기록을 새로 세울 수 있게 레이서를 개조하는 데는 4만 달러가 들었다. 팔머와 오데커크가 1935년 단거리 비행기록을 세울 때 썼던 것보다 7피트나 큰 32피트 길이의 새로운 날개를 만들었다. 또한, 저주파 수신기, 고공비행에 대비한 산소, 새로 날개에 다는 연료탱크 등의 작업이 수행되었다.

휴즈는 한 번에 몇 시간씩 레이서로 비행하면서, 매 비행 때마다 연료 소비량을 꼼꼼하게 체크했다. 1937년 1월 18일, 휴즈는 1시간 25분 만에 비행을 마치고 착륙했다. 착륙 후 휴즈와 오데커크는 비행기 옆에 서서 연료 소비량을 계산했다. 그리고는 레이서가 예정된 비행을 할 수 있는 상태가 되었다는 결론을 내렸다.

휴즈는 다음과 같이 지시했다. "이 상태라면 동해안까지 논스톱으로 갈 수 있겠군. 비행기를 꼼꼼히 체크하고 비행 준비를 해두게. 오늘 밤에 떠날 거야."

팔머와 오데커크는 휴즈의 계획에 반대했다. 왜냐하면 레이서는 야간 비행용으로 만들어진 것이 아니었기 때문이다. 하지만 어떤 말로도 휴즈의 생각을 바꿀 수는 없었다. 그날 저녁에 출발할 예정이라는 종래의 계획만 거듭 강조할 뿐이었다. 휴즈는 기상학자인 록키 록펠러에게 날씨를 체크했다. 록펠러는 날씨가 좋을 것으로 예상했다.

휴즈는 자이델에게 집에 가서 옷을 갈아입은 뒤 TWA 여객기를 타고 캔자스 주 위치타에 가 있으라고 지시했다. 가스를 넣기 위해 위치타에서 멈춰야 할 경우에 대비한 조치였다. 위치타에서 멈춘다 해도 가능한 시간을 적게 소비해야 하므로 레이서를 잘 알고 있는 사람이 작업을 도와줄 필요가 있다고 판단한 것이다.

위치타에 도착한 자이델은 회사에 전화를 했다. 휴즈가 이미 출발했다는 소식을 들었다. 자이델은 100-옥탄 가스 2드럼을 준비하고 소량의 엔진오일을 데워두고 기다렸다.

휴즈는 새롭게 개조한 레이서를 타고 태평양 표준시로 새벽 2시 14분에 이륙하여 18,000피트 고도로 동쪽을 향해 돌진했다. 레이서는 상승기류를 타고 일정한 속도로 수평비행을 했다. 그 어떤 경주용 비행기보다도 빠른 속도였다. 지상에서 보면 작은 연필처럼 보이는 은빛 비행기는 위치타에서 기다리고 있는 자이델을 그냥 스쳐 지나갔다. 레이서가 뉴저지 주 뉴어크에 착륙한 것은 동부 표준시로 오후 12시 42분, 정확히 점심시간이었다. 대륙횡단 비행을 하는 데 7시간 18분 25초가 걸렸으며, 평균속도는 327.1mph였다. 휴즈가 세운 이 기록은 1946년에 가서야 갱신된다.

뉴어크에 착륙함으로써 대륙횡단 비행기록 갱신이 마무리되자마자 휴즈는 곧장 다른 프로젝트에 관심을 가지기 시작했다. 때문에 레이서는 거의 2년 동안이나 뉴어크 공항 격납고에 방치되어 있어야 했다. 결국 윌리엄 랜돌프 허스트의 개인 조종사인 알렌 러셀이 레이서를 캘리포니아로 다시 가져다주어야 했다. 휴즈는 러셀에게 전해 달라며 허스트에게 5천 달러를 주었다.

그리고는 덧붙여 특이한 주문을 했다. "레이서를 타고 캘리포니아로 오면서 내가 세운 기록을 깨지는 마라고 하시오."라고.

휴즈는 이후 다시는 레이서를 타지 않았다.

* * *

　1937년 휴즈가 레이서를 타고 대륙횡단 비행 신기록을 세운 직후, 당시 스무 살이던 브루스 버크가 휴즈항공사에 고용되었다. 그를 고용한 사람은 고참 엔지니어였던 스탠 벨이었다. 휴즈항공사는 그전에는 서식에만 쓰이는 명칭일 뿐이었지만, 이제는 법적 실체를 갖는 어엿한 회사가 되어 있었다. 버크는 입사하기 몇 달 전 1936년 3월에 처음으로 휴즈를 보았다. 논스롭 감마를 타고 장거리 비행기록을 갱신한 뒤, 로스앤젤레스로 돌아와 착륙하는 모습이었다.

　버크는 노스다코타에서 태어나 1935년까지 아버지가 운영하는 회사에서 일했다. 그는 대공황기에 성장한 세대였다. 버크는 황진 피해로 허덕이는 노스다코타를 떠났을 때가 인생에서 가장 행복한 순간이었다고 말했다.

　버크는 캘리포니아의 커티스라이트 연구소에서 항공공학을 공부했다. 연구소는 글렌데일의 그랜드 센트럴 공항 터미널 안에 위치하고 있었다. 거기서 버크는 2년제 전문대학의 교육과정과 동등한 수준의 교육을 받았다. 그는 또 야간학교에 등록함으로써 또 다른 대학 2년에 맞먹는 교육을 이수했다. 제 2차 세계 대전 전에는 비행술을 배움으로써 항공 관련 교육을 계속해 나갔다.

　버크는 휴즈항공사에서 39년이 넘게 일했다. 재직 기간 대부분을 휴즈 직속으로 업무를 진행했으며, 휴즈의 개인 소유 비행기들을 담당했다. 버크는 휴즈 개인 소유 비행기를 관리하는 일종의 팀을 꾸렸는데, 다른 직원들은 그들을 '녹스는 것을 막는 자들(rust watchers)'이라고 불렀다. 나라 곳곳의 비행장 야외에 방치되어 휴즈의 비행기들을 유지 관리하는 일을 했기 때문이다. 그들이 관리해야 할 비행기 수는 점점 늘어만 갔다.

버크는 휴즈를 이름으로 부른 사람은 거의 없었다고 한다. 일부 정비사만이 휴즈의 이름을 불렀는데, 그것도 주변에 다른 사람이 없이 단 둘이 비행하고 있을 때뿐이었다. 사람들은 보통 그를 '미스터 휴즈'라고 불렀다. 버크는 자신의 수첩에 휴즈를 이름 첫 글자를 따서 'HRH'라고 표기했다.

해군에서는 사령관을 '노인(the old man)'이라고 부르는 관습이 있다. 비하하는 의미가 아니라 애정이 담긴 말이다. 휴즈가 나이에 민감할지도 모르므로 —그는 겨우 31세였다— 사적으로 몇몇 직원들이 'the old man'에서 'old'를 빼고 '더 맨(the Man)'이라고 불렀다. 이처럼 휴즈는 항공 관련 업무를 하는 친구나 동료들에게 존경을 받는 존재였다.

* * *

휴즈는 수륙양용 비행기인 시코르스키 S-43에 대해 들은 뒤 DC-1을 타고 세계일주 비행을 하려던 계획을 바꿨다. S-43은 전체가 금속으로 만들어진 중형 비행기로, 엔진 2기가 탑재되어 있었다. 당시 한 항공사에서 하와이 섬으로 승객을 실어 나르는 데 사용하고 있었다. 비행기는 원래 승무원 포함 9인승으로 설계되었지만 좌석 수를 25개까지 늘릴 수 있었다. 750마력짜리 플래트&휘트니 R-1650-52 엔진이 2기 탑재되어 있고, 7,000피트 상공에서 최고속도 194mph, 순항속도 178mph였다. 이것은 1933~34년에 휴즈가 가지고 있었던 S-38보다 70mph나 빠른 속도였다. 비행기의 실용상승한도는 20,000피트였다. 길이가 86피트인 캔틸레버식 날개(날개가 동체의 하부에 부착되어 날개를 지지해 주는 추가적인 버팀대가 필요하지 않은 형식)가 선체에서 뾰족하게 튀어나온 짧은 파일론(pylon, 비행기 동체에 날개, 엔진, 보조 탱크, 미사일 발사대 등을 연결할 수 있게 해주는 부분, 즉 현가장치) 꼭대기에 얹혀 있다. 전체 길이는 51피트 2인치였고, 중량은 19,500파운드로 S-38의 거의 두 배였다.

휴즈는 S-43 이야기를 듣자마자 즉시 세계일주 비행 신기록을 세우는 데 필요한 바로 그 비행기라고 판단하고 1937년 3월 15일 주문했다. 휴즈는 코네티컷의 시코르스키사 공장으로 가서 직접 비행기의 탄생을 감독하고 지켜봤다. 못이 튀어나오지 않고 표면을 고르게 하는 등의 몇 가지 원하는 요건들을 추가하기도 했다. 오데커크와 자이델은 S-43이 만들어지는 6개월 동안 아예 공장에 상주하면서 작업을 검사했다. 세계일주 비행을 하기 위해서 동체에 4개의 커다란 연료탱크도 설치했다. 비행기가 완성되자, 휴즈는 코네티컷에 있는 공장으로 와서 버뱅크로 옮기기 전에 최초의 시험비행을 했다.

휴즈는 4년 전 S-38을 타고 미 대륙을 횡단했을 때의 감격스러운 경험을 기억하고 있었다. 또한, 이미 17년 전 아버지가 처음으로 비행정을 탈 수 있게 해주었을 때의 흥분도 기억하고 있었다. 휴즈는 북대서양을 비롯해 자신이 계획하고 있는 여러 대양횡단 비행을 수륙양용 비행기를 타고 하는 것이 더 좋겠다고 판단했다. 비행기나 엔진에 문제가 생겼을 때 하늘에서 내려와 비행정을 물속에 두고, 드넓은 대양을 항해하는 함선이나 강 또는 호수에 있는 보트의 구조를 기다릴 수 있기 때문이다.

하지만 애석하게도 S-43은 너무 느린 데다 애초 생각했던 것에 비해 너무 많은 연료를 소비했다. 결국 휴즈는 S-43을 대체할 또 다른 비행기를 찾았다. S-43은 그랜드 센트럴 공항 터미널 격납고에 처박히는 신세가 되었다. 이후 오랫동안 휴즈는 S-43을 잊어버렸다. 시간이 흐르면서 이런 방식은 거의 그의 습관이 되다시피 했다. 휴즈는 짧은 시간 동안 특정 비행기에 지대한 관심을 갖다가, 비행 또는 프로젝트를 끝내고 나면 완전히 흥미를 잃어버렸다. 그리고는 버크에게 비행기를 유지 보수하고, 비행 가능한 상태로 준비시켜 두라고 지시했다.

* * *

1935년에 단거리에서 세계 최고 비행기록을 세우고, 1936년과 1937년에 두 번이나 대륙횡단 비행기록을 갱신하자 휴즈는 대중들에게 단순한 조종사 이상의 존재가 되었다. 항공 분야 발전에 대한 노력 덕분에 그는 이제 조종사일 뿐 아니라 기술 혁신가요 엔지니어로 생각되었다. 그는 항공사에서 가장 빛나는 스타 중에 하나가 되었다. 휴즈가 누리는 대중적인 인기는 린드버그를 무색하게 할 정도였다. 린드버그도 마찬가지였지만, 휴즈는 결코 자신의 비행을 대중의 이목을 끌기 위한 곡예비행 수준으로 만들지 않았다. 휴즈의 비행들은 모두 좀 더 효과적인 비행 방식을 개발하기 위한 과학적인 연구의 결과였다. 휴즈는 지금까지 이룩한 모든 성과를 바탕으로 조종사로서 이력의 정점이 될 세계일주 비행을 향해 나아가고 있었다. 이 세계일주 비행의 성공으로, 휴즈는 세계 최고의 비행사가 되겠다는 자신의 목표에 한 걸음 더 다가갔다.

세계일주 비행에 DC-1을 쓰겠다는 생각을 버린 뒤에 휴즈는 시코르스키 S-43을 구입했다. S-43이 너무 느리다는 것을 안 뒤에 휴즈는 록히드사에 새로 내놓은 L-14 수퍼 엘렉트라(Super Electra)를 선택했다. L-14는 트윈엔진에 저익형이었다. 1938년 초에 휴즈는 정상가인 6만 달러를 주고 L-14 수송기(등록번호 NX18973)를 구입했다. 이 비행기의 최고속도는 250mph였다. L-14는 12인승 수송기였는데, 휴즈는 세계일주 비행에 알맞게 개조시켰다. 개조 작업은 버뱅크에 있는 유니온 공항 터미널에서 진행되었다. 오데커크와 버크, 그리고 다른 정비사들이 두 달 동안 L-14 개조 작업에 매달렸다. 새로 나온 1,100마력짜리 라이트 엔진 2기를 커티스라이트사에서 기부를 받아 장착했다. 1,500갤런의 연료와 150갤런의 엔진오일을 비축할 수 있도록 했다. 휴즈는 또한 비등점이 높은 가솔린과 섞기 위해서 가스를 첨가한 에틸도 실었다. 비행 도중 착륙한 나라에서 적절한 연료를 찾지 못했을 때를 대비하기 위해서였다.

휴즈는 이 비행기에 최신형 통신 장비와 항법 장비를 갖추는 데 돈을 아끼지 않았다. 스페리사에서 새로 나온 자동조종 장치를 달았다. 이 장치는 자동으로 수평비행을 유지시켜 주고, 물 위에서 오랫동안 날아야 하는 상황에서도 정확하게 방향을 파악할 수 있도록 해주는 것이었다. 유명한 여성 조종사 아멜리아 에어하트가 전 해에 태평양 상공에서 길을 잃었다는 것을 알고 있었기 때문에, 최신형 항법 장비와 전자 장비들을 설치했던 것이다. 그리고 승무원들이 이 새로운 기기를 다룰 수 있도록 훈련시켰다.

이즈음까지 휴즈는 아직 자신과 함께 일할 특출한 인재들을 알아보는 재능을 가지고 있었다. 휴즈는 이미 무선기사 리처드 스토드다드와 육군 조종사 토미 소로우를 고용했다. DC-1에 함께 탑승시켜 기록비행을 하기 위해서였다. 휴즈는 추가로 37세의 해리 코너를 고용했다. 코너는 부조종사이자 항법사로 상무부에서 일한 경험이 있었다. 코너는 특히 대양횡단 경험이 있는 전문 항법사였다.

원래 휴즈는 항공사로 오데커크를 데려갈 생각이었다. 버크의 말에 따르면, 그와 오데커크는 L-14가 세계일주 기록비행을 할 수 있게 준비하느라 오랜 시간을 버뱅크에서 일했다고 한다. 둘 다 무척 지쳐 있는 상태였다. 버크는 너무 피곤해서 휴즈가 세계일주 비행을 하는 내내 자신은 잠을 잤다고 말했다. 버크는 또 오데커크가 특히 물 위로 비행하는 것을 좋아하지 않았다고 말했다. 그런 이유로 오데커크는 휴즈에게 다른 항공사를 찾아보라고 부탁했다. 오데커크 대신 32세의 에드워드 랜드가 선발되었다. 랜드는 휴즈항공사 직원으로 항공기 엔진 유지 보수 전문가였다. 대륙횡단 비행 때 휴즈와 함께 일한 경험이 있는 기상학자 록키 록펠러는 일기예보를 분석해 세계 곳곳의 날씨에 대한 조언을 해주었다.

휴즈는 이 비행을 계기로 트윈엔진 비행기가 육지는 물론 바다 위로 장시간 비행하는 데도 안전하고 믿을 만하다는 것을 널리 알리고자 했다. 따라서 1939년 뉴욕세계박람회 의장인 그로버 휠른과 함께 그의 비행이 이런 선의의 목적을 달성할 수 있도록 몇 가지 준비를 했다. 휠른은 라디오, 영화, 신문 등 매스미디어를 이용한 캠페인에 불을 붙였다. 출발과 도착은 물론 비행 진행 과정이 모두 언론을 통해 공개되었다. 비행기 이름도 공식적으로 '뉴욕세계박람회(New York World Fair), 1939'로 붙였다. 전 세계 수백만의 사람들이 휴즈의 비행을 자세히 보고 듣게 된 것이다.

1938년 7월 10일, 기상학자 록펠러가 휴즈에게 연락을 해서 비행을 시작하기에 알맞은 날씨라고 알려주었다. 오후 7시 30분, 휴즈와 승무원들은 뉴욕의 플로이드베네트 비행장을 이륙해서 대모험의 막을 올렸다. 그들이 비행기를 타고 전 세계를 일주하게 해주었을 뿐 아니라 항공사에 길이 남을 수 있게 해준 대모험이었다.

역풍을 맞아 씨름하면서 첫날 밤 대서양을 건넌 뒤 휴즈와 승무원들은 파리 근처 르브루제 비행장에 안전하게 착륙했다. 르부르제 공항은 11년 전 찰스 린드버그가 스피릿 오브 세인트루이스를 타고 착륙했던 바로 그 비행장이다. 대서양을 건너는 데 걸린 시간은 겨우 16시간 38분으로 평균 비행속도는 220mph였다. 이 기록은 찰스 린드버그의 기록을 거의 반으로 줄인 것이다. 착륙 뒤 휴즈는 뉴욕에서 이륙할 때 뒷바퀴 받침대가 손상된 것을 발견했다. 다시 비행을 시작하기 전에 고쳐야 했다. 자정에 수리 작업이 끝났고 L-14는 연료 보급도 완료되어 출발할 수 있는 상태가 되었다.

역사적인 비행의 다음 코스는 독일 상공을 통과하는 것이었다. 당시 독일은 나치 지배하에 있었다. 나치 정권은 공중 염탐 활동을 우려했다. 이미 유럽의 몇몇 나라를 정복했고, 더 큰 전쟁을 준비하고 있었기 때문이다. 휴즈는 그 때문에 12,000피트 이상의 고도로 비행하겠다고 약속했다. 이렇게 높은 고도에서는 염탐 활동이 사실상 불가능하기 때문이다.

다음 날 오전 11시 15분, 휴즈는 모스크바에 착륙했다. 애초 스케줄에 맞추기 위해서 휴즈는 지상에서 단 2시간만 머물렀다. 그리고는 곧장 황량한 시베리아 북부를 건너는 긴 비행을 위해 이륙했다. 이어 옴스크, 야쿠츠크에 착륙한 다음 7월 13일 오후 3시에 다시 미국 땅에 발을 디뎠다. 그가 착륙한 곳은 바로 알래스카 주 페어뱅크스였다. 당시 세계일주 비행기록을 보유하고 있는 고(故) 와일리 포스트의 미망인이 페어뱅크스에서 이들을 맞았다. 포스트의 미망인에게는 희비가 엇갈리는 일이 아닐 수 없었다. 그녀의 남편이 3년 전에 알래스카에서 사고로 죽었기 때문이다. 당시 유명한 희극배우 윌 로저스가 와일리와 함께 비행을 하고 있었다.

다음 착륙지는 캐나다의 위니펙, 이어서 미네소타 주의 미니애폴리스였다. 휴즈는 3일 19시간 8분이라는 기록을 세우면서 출발지인 플로이드베네트 비행장에 도착했다. 이로써 휴즈는 와일리 포스트가 세운 7일 19시간이라는 세계기록을 갱신했다. L-14는 평균 206mph의 속도로 14,824마일이라는 긴 거리를 완벽하게 비행했다.

휴즈의 이 비행은 이후 계속되는 국제적인 비행의 표준이 되었다. 또한, 세계적인 비행기 여행이 가능하다는 것을 입증했다. 이전에는 대부분의 비행기 여행이 한 국가 내에서 혹은 인접한 국가들 사이에서만 이루어졌다. 휴즈는 이 비행에서 몇 년 후 표준이 되는 통신, 일기예보, 자동조정 장치 시스템 등을 만들어 선보였다.

신기록을 수립한 비행 후 휴즈와 승무원들은 축하 퍼레이드를 위해 L-14를 타고 휴스턴으로 갔다. 휴즈는 자이델에게 L-14를 관리하라고 지시했다. 휴즈는 L-14를 비행 가능한 상태로 유지하면서 엔진도 날마다 가열해 주도록 지시했다.

노동절 전인 금요일에 휴즈는 자이델에게 전화를 해서 다음 날 L-14를 타고 로스앤젤레스로 놀아갈 예정이라고 말했다. 자이델은 토요일 오전 일찍 비행장에 나가서 준비를 마치고 휴즈를 기다렸다. 휴즈는 오후에 전화를 해서 다음 날 떠난다고 알려왔다. 자이델은 다음 날 다시 나가서 휴즈가 오기를 기다렸다. 하지만 휴즈는 정오쯤 전화를 해서 떠나지 않는다고 얘기했다. 휴즈는 자이델에게 주말 동안 푹 쉬라면서 나중에 다시 전화하겠다고 했다. 다음 주 화요일에 휴즈는 자이델에게 전화를 해서 캘리포니아로 가는 여객기를 탔다면서 2주 후에 비행기를 타러 올 것이라고 했다. 하지만 휴즈는 2주가 아니라 8개월 후에야 돌아왔다.

자이델은 휴즈를 기다리면서 브루클린의 세인트조지 호텔에 머무르고 있었다. 1938년 가을, 허리케인이 뉴욕 시를 강타하고 뉴잉글랜드 주로 계속 북상했다. 휴즈는 허리케인이 지나간 다음 날 아침 자이델에게 전화를 해서 L-14가 파손되지 않았는지를 확인했다. L-14가 안전하다는 사실을 확인한 뒤, 휴즈는 L-14에 5갤런의 물병을 싣고 비행할 조종사를 찾아보라고 지시했다. 휴즈는 그 물을 코네티컷에 있는 캐서린 헵번에게 전달해 주라고 했다. 물론 헵번은 이 물을 받을 수 있었다.

자이델이 캐서린 헵번에게 물을 전해 주고 얼마 되지 않아 헵번이 자이델에게 전화를 했다. 헵번은 휴즈가 자이델의 이름과 전화번호를 알려주면서 휴즈와 연락할 일이 있을 때 활용하라고 했다고 말했다. 나중에 헵번은 자이델에게 자기의 집으로 와서 뭘 좀 도와줬으면 한다고 말했다. 헵번은 자이델에게 휴즈가 지금까지 이룩한 모든 기록 갱신 비행 리스트를 써달라고 했다. 그리고 랜드 맥날리에게 지도를 만들어 표시하도록 했다. 자이델이 정보를 모아서 전해 주었다. 이 작업을 하면서 헵번의 집에 머무르고 있을 때 휴즈가 전화를 했다.

헵번은 전화를 받아서 얘기하고는 "잠시만요, 당신 친구가 여기 와 있어요."라면서 전화기를 자이델에게 건네줬다.

휴즈는 "아니 자네 도대체 거기서 뭘 하고 있는 건가?" 하고 물었다.

자이델은 자신이 휴즈의 일에 이러쿵저러쿵 참견하는 게 아니라는 것을 알리기 위해서 약간의 변명과 유창한 언변을 더해 재빨리 휴즈에게 상황을 설명했다.

* * *

비교적 짧은 기간이긴 하지만 1935년부터 1938년까지 최소한 언론이 관심을 가지는 부분에서는 휴즈는 결점이 없는 사람이었다. 휴즈는 놀랍도록 대담무쌍한 당대의 영웅이었다. <타임>지는 '게리 쿠퍼의 외모에 찰스 린드버그의 비행 실력을 갖춘 사람'이라고 그를 묘사했다. 휴즈는 드디어 명성과 영예 면에서 명실 공히 린드버그를 제압했다. 사람들은 이제 어디서나 휴즈가 세계 최고의 조종사라고 말하고 다녔다.

서른셋의 나이에, 하워드 휴즈는 비행 분야에서 인류의 오랜 숙원들을 혼자 힘으로 이루어낸 마지막 인물이 되었다. 한 개인이 그처럼 귀중한 여러 가지 업적을 일궈낸 경우는 그가 마지막이었다. 휴즈가 갖가지 기록비행을 한 뒤로 60여 년의 세월을 돌아보면, 오늘날의 우리는 그 시대 비행 선구자들이 갖가지 기록들을 남기면서 경험한 감격과 흥분의 순간들을 상상조차 하기 힘들다는 생각이 든다. 그들은 1930년대에 단연 가장 중요한 영웅들이었다.

특히나 휴즈는 여러 가지 면에서 당시 관심을 끌었던 영웅의 전형이었다. 가장 중요한 것은 휴즈가 린드버그처럼 고독한 독불장군이었다는 것이다. 초기에, 비행이라는 것은 확실히 한 개인이 자연의 제약

요건들에 맞서 모험심을 한껏 발휘함으로써 이루어지는 형태였다. 두 번째로 휴즈의 신체적인 조건이 '하늘의 기사(knight of the air)'라는 전설을 만들어내기에 충분했다는 점이다. 휴즈는 훤칠하고, 잘생긴 젊은이였다. 더구나 그는 강철 같은 결단력과 배짱을 내면에 감추고 있으면서도 외면적으로는 수줍어하는 묘한 매력까지 갖추고 있었다. 세 번째로 그가 백만장자라는 사실이 휴즈의 낭만적인 이미지를 더욱 강화시켰다. 그는 상금 같은 현실적인 이익 따위에는 관심이 없는 유일한 조종사라고 생각되었다.

휴즈는 세계 최고의 조종사가 되겠다는 야심을 이룬 것 같았다. 국립항공협회는 1939년 휴즈를 올해의 조종사로 선정했다. 그는 또 옥타브 샤뉴트 상(Octave Chanute Award, 비행기 설계사인 옥타브 샤뉴트가 1901년 기금을 내놓아 만들어진 상으로, 해마다 비행기 설계 분야에서 노고를 치하할 만한 연구 논문을 내놓은 이에게 수여하는 상이다)을 수상했다. 1939년 11월 21일, 휴즈는 세계일주 비행 신기록을 세운 공로로 유명한 콜라이어스 상(Colliers Trophy, 출판인이자 조종사였던 콜라이어스가 제정한 상으로, 해마다 1명의 항공인을 선발하여 미 대통령이 직접 수여한다)을 수상했다. 이 상을 받은 것은 휴즈가 특별한 목적 —예를 들어, 특정 분야의 기록을 갱신한다든가 하는— 에 맞는 최고의 비행기를 만들기 위해 부단히 연구한 공로를 인정받았기 때문이다. 거의 완벽에 가까운 최고의 결과를 얻지 않는 한 쉽게 만족하지 않는 휴즈의 고집스러움에 대한 상이기도 하다. 휴즈는 계속해서 더 좋은 성능을 가진 비행기를 요구함으로써 항공기 발전을 촉진시켰다. 1936년과 1938년에 하몬 상을 받은 것에 이어 1939년 콜라이어스 상까지 수상함으로써 휴즈는 이제 세계인들의 눈에 린드버그보다 훨씬 위대한 조종사로 비쳐졌다.

* * *

세계일주 비행기록을 세운 6개월 뒤, 휴즈의 항공 분야에 대한 관심은 주목할 만한 전기를 맞는다. 휴즈는 항상 비행과 관련된 모든 부분에 탐욕스러울 정도로 왕성한 호기심을 보였다. 심지어 1932년에는 가명으로 아메리칸 에어라인에 부조종사로 들어가 하루 동안 일하기도 했다. 당시 찰스 하워드라는 가명을 썼는데, 항공사 조종사들이 비행하는 모습과 항공사가 운영되는 모습을 직접 보고 싶어서였다. 물론 하워드 휴즈가 거기 있다는 사실을 숨긴 채. 하지만 그의 정체가 곧장 들통이 났고 1일 취업으로 끝나고 말았다.

1939년, 휴즈는 TWA 항공사 설립자 중에 한 명인 잭 프라이를 만나게 된다. 휴즈보다 한 살 위인 프라이는 오클라호마 주 스위트워터에서 소를 모는 목동의 아들로 태어났다. 프라이는 1920년 대대적인 이농(離農)의 물결을 따라 자연스레 로스앤젤레스로 흘러들어 왔고 비행을 배웠다. 얼마 지나지 않아 프라이는 비행 교관이 되었고 이어서 항공 회사를 함께 차릴 동료를 만났다. 1925년 말, 프라이는 7대의 비행기로 사업을 시작했다. 주로 전세 비행과 농약 살포, 스카이라이팅(Skywriting, 비행기가 연기 같은 것으로 공중에 글씨나 무늬를 그리는 것. 공중 광고 수단 중에 하나), 항공사진 촬영, 배너 광고 게재 등을 위한 용도였다.

프라이와 그 파트너는 그 해가 끝나갈 무렵 운항 비행기 숫자를 더 늘렸다. 그들은 비행기 대여와 경치 감상을 위한 비행으로 8천 명 이상의 승객을 수송했다. 이 성과에 힘입어 두 사람은 웨스턴에어익스프레스(Western Air Express)라는 이름으로 항공회사를 차렸다. 1930년 웨스턴에어익스프레스는 트랜스컨티넨탈항공(Transcontinental

Air Transportation)을 합병하고, 이름을 트랜스컨티넨탈앤웨스턴항공(Transcontinental and Western Air)으로 이름을 바꿨다가 다시 트랜스월드에어라인(Trans World Airline), 즉 TWA로 바꿨다.

TWA는 점점 번창했고, 프라이와 파트너는 다른 투자자들에게 주식을 팔았다. 1939년 초, 프라이는 휴즈에게 회사 주요 주주들과 사이가 좋지 않으며, 더 이상 TWA에서 일하고 싶지 않다는 뜻을 내비쳤다. 프라이는 휴즈에게 퍼시픽 항공을 매입하라고 권했다. 당시 퍼시픽 항공은 로스앤젤레스와 시애틀 사이를 왕복하는 노선을 운행하고 있었다. 그러면 프라이가 TWA를 떠나 휴즈를 위해 퍼시픽 항공을 운영하겠다는 계획이었다. 프라이의 제안은 휴즈가 상업적인 비행에 처음으로 발을 들여놓는 계기가 되었고, 항공회사 운영은 이후 휴즈가 평생 동안 정열을 바친 주제이기도 했다.

휴즈는 현 TWA 주요 주주들보다 더 많은 주식을 사들여서 TWA에 지배권을 행사하는 방법을 내놓았다. 휴즈는 주당 8달러에 200,000주를 사들였다. 겨우 1백 6십만 달러를 투자해서 TWA에서 견고한 발판을 마련했고, 보유주식이 78%가 될 때까지 계속 주식을 사들였다. 1940년 초, 휴즈가 보유한 주식은 TWA에서 지배력을 행사할 수 있는 양이 되었다. 이렇게 해서 하워드 휴즈는 TWA라는 회사의 역사에서 중요한 한 장을 차지하게 되었다. 그 결과 좋든 나쁘든 간에. 휴즈가 TWA의 소유주가 됨으로써 TWA는 휴즈가 가진 막대한 재산의 뒷받침을 받는다는 이득을 얻었지만, 전반적인 운영에 휴즈의 지극히 개인적인 욕구가 반영됨으로써 적지 않은 손실을 입었다.

* * *

하워드 휴즈는 1939년 초에 31만 5천 달러를 들여서 보잉 307 스트라톨리너(Stratoliner, 등록번호 NC19904)를 구입했다. 1938년에 세운 세계일주 비행기록을 갱신하고 세계의 주요 수도들을 친선 목적으로 방문하기 위해서였다. B-17 플라잉포트리스(Flying Fortress) 폭격기를 기본으로 만들어진 보잉 307은 최초로 선보이는 여러 가지 기술들이 결합되어 있는 기종으로, 민간 항공기 발전에 큰 영향을 주었다. 스트라톨리너는 민간 항공기로서는 최초로 가압형(고공비행하는 항공기의 실내에 압력을 가해서 지상과 같은 상태의 압력 및 온도를 유지하도록 한 것)으로 설계되었다. 때문에 기상 현상에 영향을 받지 않는 20,000피트 이상 고도로도 비행이 가능했다. DC-3 같은 비가압형 비행기들의 실용상승한도는 10,000피트 정도다. 보잉 307은 또한 세계 최초의 4발기였고, -엔진을 4개 장착한 비행기- 항공사가 필수 승무원에 포함되었다. 항공사가 출력 조절과 가압 유지 등 항공기의 시스템 부분을 책임지므로, 기장은 비행에만 몰두할 수 있었다.

낮 시간에 보잉 307은 비교적 넉넉하고 호화로운 환경에서 33명의 승객을 수송할 수 있었다. 선실 넓이가 거의 12피트나 되었는데, 밤에는 16명이 침대를 이용하면서 여행할 수 있을 만큼 넓었다. 라이트 R-1820 엔진을 4개나 탑재한 보잉 307의 최고속도는 246mph, 순항속도는 220mph였으며, 항속거리는 2,390마일이었다. 오늘날 기준에서 보면 비행기 크기는 작았다. 기수부터 꼬리까지 길이가 74피트 4인치에 불과했고, 날개와 날개 사이의 전체 폭은 107피트 3인치였다.

보잉 307은 총 10대가 만들어졌다. 휴즈는 1939년 6월 13일 TWA를 위해 구매한 보잉 307 중 하나를 소유하게 되었다. TWA 항공사에는 아직 정식 인도도 되지 않은 상태였지만, 휴즈는 오데커크와 자이델을 시애틀에 있는 보잉사 공장으로 보냈다. 자신이 소유하게 될 보잉 307의 제작 과정을 면밀히 살피게 하기 위해서였다. 두 사람은 보잉 307이 비행 가능한 상태가 될 때까지 몇 달을 그곳에 머물렀다. 또한, 비행기를 인수받기 전에 보잉사 공장에서 대규모 개조 작업을 진행했다. 기체에 연료탱크를 설치하고 수상에서 긴급 상황이 발생했을 때 활용할 응급구호 장비 등을 포함해서 여러 가지 특수항법 보조 장비들도 설치했다. 개조 작업에 1년 이상의 시간이 걸렸고, 이 비행기에는 SB-307B라는 별도의 이름도 부여되었다.

휴즈는 완성된 SB-307B를 점검하기 위해서 시애틀에 갔다. 당시 41세였던 조지 홀드만은 연방정부의 민간항공관리국(CAA) 대표로 활동하고 있었다. 홀드만은 캔자스 주 맥퍼슨 출신으로 육군 사관생도로 항공 관련 교육을 이수한 뒤 1918년 미 육군 통신대 장교로 임관했다. 1928년 홀드만은 항속시간 세계 신기록을 수립했고, 1929년에는 미국 민간기 상승고도 신기록을 수립했다.

시애틀 지역 CAA 대표였던 홀드만은 워싱턴 D.C의 본부에서 온 메시지를 받았다. 휴즈가 SB-307B를 점검하기 위해서 시애틀에 갔으며, 시애틀에서 비행기의 성능 및 안전성 검사를 받고 싶어 한다는 내용이었다.

다음 날 홀드만은 휴즈로부터 전화를 받았다. 시애틀의 한 호텔에 있으며, 홀드만을 만나러 공항으로 가는 중이라고 했다. 휴즈는 약간 더럽혀진 흰 바지를 입고 택시에서 내렸다.

"홀드만 씨를 찾고 있습니다." 휴즈가 말했다.

"바로 접니다." 홀드만이 자신의 신분을 밝혔다.

"현금 좀 있습니까? 돈을 전혀 가져오지 않았네요. 택시비를 좀 내주셨으면 합니다." 휴즈가 말했다.

이것이 홀드만의 휴즈에 대한 첫인상이었다. 주머니에 동전 한 푼 가지고 다니지 않는 사람. 홀드만은 휴즈와 SB-307B를 타고 네 번 비행했다. 홀드만은 비행기의 특징을 재빨리 파악하는 휴즈의 능력을 보고 깊이 감명 받았으며, 휴즈를 매우 뛰어난 조종사라고 생각했다. 홀드만은 휴즈에게 착륙할 때 기수를 최대로 들기 위해 승강타(Elevator, 수평꼬리날개의 끝부분에 위치하며 비행기의 상하 운동을 조종하는 기능을 한다. 조종간과 케이블을 통해 연결되어 있다) 트림을 활용하는 법을 가르쳐주었다. SB-307B의 비행 조종 장치가 매우 무거웠기 때문이다. 휴즈가 4발기를 운전해 본 것은 이때가 처음이었다.

SB-307B는 실험비행 허가를 받고 버뱅크에 있는 유니온 항공 터미널로 옮겨졌다. 버크는 휴즈와 함께 SB-307B를 타고 몇 번 비행했다. 엔진을 R-1280에서 라이트 R-2600으로 교체해 출력을 1,700마력까지 올렸다. 엔진 성능을 높여서 추진력이 매우 높아졌지만 엔진이 크면 연료 소모량도 커지는 법이다. 때문에 비행기의 항속거리는 짧아졌다. 휴즈는 SB-307B를 타고 공항에서 접지후이륙(touch-and-go, 항공기가 활주로에 착륙하여 정지 또는 활주로 이탈 없이 곧장 이륙하는 것)을 반복했다. 버크는 휴즈가 한 번 비행에 나설 때마다 여기저기서 20~30회 정도의 접지후이륙을 되풀이했다고 기억했다. 비행조종 장치의 성능을 개선시키긴 했지만, 그래도 조종간(yoke, 승강타와 보조날개를 조종해 기체를 전후좌우로 움직이는 장치)을 움직이려면 상당한 힘이 필요했다. 버크는 착륙할 때 승강타 트림을 최대로 조절해 놓았다. 그러면 기수를 위로 들어 올리기 위해서 비행사가 들여야 하는 당기는 힘의 크기가 줄어들기 때문이다.

하지만 휴즈는 새로운 세계일주 비행기록을 세우겠다는 계획을 접어야 했다. 유럽에 임박한 전쟁 때문에 안전하게 착륙할 비행장과 항로가 확보되지 않았기 때문이다. 휴즈는 SB-307B를 유니온 항공 터미널 격납고에 넣어두었고, 늘 그렇듯이 오랫동안 잊어버렸다.

비행 분야에서 세계 신기록을 세우려는 휴즈의 노력은 여기서 끝난다.

Ⅲ
비행기 추락사고와 자동차 사고

휴즈는 미국이 머지않아 유럽에서 일어나고 있는 전쟁에 휘말려들 것으로 보았다. 따라서 그런 충돌 상황이 왔을 때 쓸 수 있는 군용 비행기를 설계 및 제작하려 했다. 휴즈항공사의 엔지니어들은 동체가 2개 달린 트윈엔진 비행기를 구상했다. 비교적 승무원실을 작게 하되 공기역학상의 항력을 최소화하는 데 노력을 아끼지 않는 식으로 제작할 예정이었다. 이 비행기는 전체적으로 록히드사의 P-38 라이트닝(Lightning)과 같은 구조였다. 라이트닝보다 더 크고 무겁긴 했겠지만. 휴즈는 미 육군 공병대에 트윈엔진에 트윈 붐(비행기 동체) 형식의 비행기를 만들겠다는 제안서를 제출했다. 록히드사가 P-38 라이트닝에 대한 제안서를 낸 것과 거의 비슷한 시기였다.

이 비행기는 처음에는 테일드래거 방식(tail dragger, 메인 랜딩기어가 앞에 있고 꼬리날개 부근의 테일 휠로 방향 조종을 하는 방식. 구형 비행기에서 주로 쓰인 방식)이었지만 나중에 랜딩기어를 트라이사이클 구조(tricycle, 메인 랜딩기어가 뒤에 있고 방향을 조종하는 바퀴가 앞에 있는 방식으로 대부분의 현대 비행기들이 이 구조로 되어 있다)로 바꿨다. 비행 시 뒷바퀴는 접어서 동체 안으로 들어가고, 앞바퀴는 뒤로 접은 다음 90도 회전시켜서 동체와 동체 사이에 평평하게 놓이게 했다. 전폭(wingspan, 항공기의 전체 폭을 나타내는 것으로, 보통 오른쪽 날개 끝부터 왼쪽 날개 끝까지의 길이로 나타낸다)은 66피트로 P-38의 거의 2배에 가까웠다. 42기통에 수랭식 성형엔진인 라이트 토네이도(Wright Tornado) 2개가 탑재되었다.

휴즈가 동체의 대부분을 듀라몰드(Duramold) 합판으로 만들기를 원해서, 이 비행기에는 D-2라는 이름이 붙여졌다. 듀라몰드 합판은 높은 압력과 열을 가해서 나무에 플라스틱이 스며들게 한 복합재료다.

듀라몰드를 설계에 쓴다는 결정은 독특한 발상이었다. 육군 대령 버지니어스 클락은 공기역학자이자 대학에서 전문 훈련을 받은 항공공학자였다. 1922년, 클락은 오하이오 주 데이턴에 있는 맥쿡 비행장의 부대장으로 근무하고 있었다. ─나중에 이 비행장은 육군 공병대의 모든 비행 테스트가 이뤄지는 본부인 라이트 비행장이 되었다─ 클락은 비행기 속도를 높이는 해법은 바로 표면을 좀 더 매끄럽게 만드는 것이라고 생각했다. 휴즈가 못이 튀어나오지 않고 표면과 높이가 같게 레이서를 만든 것도 바로 이 때문이었다. 클락은 휴즈에게 아예 못을 쓰지 않고 비행기를 만들 수 있다고 제안했다. 그러려면 알루미늄이 아닌 다른 재료를 써서 만들어야 했다. 결국 못을 사용하는 금속보다 더 매끄러워야 하므로 나무로 비행기를 만들어야 했다. 이처럼 듀라몰드 공정은 유리 같은 표면의 매끄러움 때문에 선택되었다. 클락은 과거에 듀라몰드 합판을 써서 클락 Y라고 명명한 항공기 외장을 만든 경험이 있었다. 이 경험을 토대로 D-2에 이 외장을 추천했던 것이다. 휴즈는 이 제안을 수용한 뒤 클락을 회사에 채용했다.

1939년 9월, 독일이 폴란드를 침공했다. 휴즈는 미국이 곧 이 전쟁에 말려들게 될 것으로 판단하고, 육군 공병대에 D-2 비행기를 팔 생각이었다. 휴즈는 이에 앞서 작성된 설계안을 트윈엔진 요격기를 만들려는 군 계약을 따내기 위해서 육군에 전달했었다. 당시 군에서는 휴즈항공사가 제작 능력이 부족하다고 답변했다. 물론 휴즈의 입장에서 보면, 군의 그런 판단은 현실을 무시한 자의적인 판단일 뿐이었다. 사실 트라이사이클 기어에 깔끔한 공기역학적인 외형을 한 록히드사의 설계안이 훨씬 우수했다. 결국 록히드사가 계약을 따냈고 그 결과 P-38 라이트닝이 탄생했다. P-38은 제 2차 세계 대전에서 가장 빠르고 강력한 폭격기로 활약한 기종 중 하나다. 하지만 P-38은 휴즈가 정부에 제출했던 설계안과 상당히 유사했다. 휴즈는 부정행위가 있지는 않았는지 의심했고, 오데커크에게 보안에 좀 더 철저를 기하라고 지시했다.

휴즈는 디트리히에게 군수물품 생산 사업을 할 예정이며, D-2 비행기를 제작할 시설이 필요하다고 말했다. 1940년대 초반 버뱅크 유니온 공항 터미널에 있는 휴즈항공사 작업장은 그야말로 미어터질 것 같은 상태가 되었다. 더 넓은 공간이 절박하게 필요한 시점이었다. 휴즈는 멀리 떨어진 외딴 곳의 부동산을 찾아야겠다고 결심했다. 작업 공간을 넓힐 수 있을 뿐 아니라 좀 더 철저한 보안이 지켜질 테니까.

휴즈와 오데커크는 로스앤젤레스 근처에서 넓은 토지를 찾아야 한다는 시급한 목적을 가지고 비행을 나갔다. 두 사람이 찾은 지역 중에 하나는 산페르난도 계곡으로 지금 반누이스 공항이 있는 곳이다. 휴즈가 더 마음에 들어 했던 또 하나의 후보지가 컬버시티에 있는 태평양에 인접한 땅이었다.

오데커크가 해안가의 깎아지른 듯 수직으로 떨어지는 기다란 땅을 가리켰다. 오늘날 로욜라 대학이 서 있는 웨스트체스터 해안 절벽과 평행하게 뻗어 있었다. 그곳에는 2마일 정도의 활주로를 만들 공간도 있었다.

휴즈가 오데커크에게 말했다. "이 땅을 사도록 하게. 그리고 바로 인접한 공터들도 모두 사들이게. 사람들이 우리 공항에 가까이 접근하지 못하도록 말이야."

1940년 9월, 200여 명의 휴즈항공사 직원들에게 공장 이전 계획과 새로 회사가 들어설 위치가 사보 <휴즈 뉴스(Hughes News)>를 통해 공식 발표되었다. 휴즈는 컬버시티 서쪽과 베니스 남쪽에 면한 13,000에이커의 땅을 사들였다. 그리고 즉시 4개의 건물을 지었다. 2층짜리 사무실 건물, 공학실과 제조 및 각종 공정을 처리하기 위한 건물, 주공장과 조립이 이루어지는 건물, 주조소와 동력, 연장실 등을 갖춘 빌딩이었다.

당초 목표는 3개월 안에 이사를 들어가는 것이었다. 하지만 건축업자들이 8시간씩 2교대로 일했지만 2월의 비와 홍수 때문에 이전이 지연되었다. 휴즈는 새로운 작업장을 만드는 데 비용을 아끼지 않았다. 새로운 제도용 테이블, 건물 맨 위층에 들어선 공학 작업실, 청사진을 만드는 기계와 복사기 등이 갖추어졌다. D-2를 만드는 데 사용할 접착제와 합성수지를 만들어 실험해 볼 수 있는 실험실도 들어섰다. 또한, 비상 발전 시설도 있었다. 공장은 최신식 기계 장비를 모두 갖추고 있었다.

한편 밖에서는 야외 작업조가 바쁘게 산허리에서 모래를 고르고 있었다. 도로와 활주로를 포장할 때 쓰일 모래였다. 주위에 사는 농민들은 활주로 옆에서 대두와 리마콩을 심고 있었다.

항공산업 전체 기준에서 보자면 아직 작은 규모였지만 휴즈항공사는 비약적인 성장을 해오고 있었다. 직원들이 처음 그랜드 센트럴 공항 터미널에서 컬버시티 공장으로 이주한 것은 7월 4일 주말이었다.

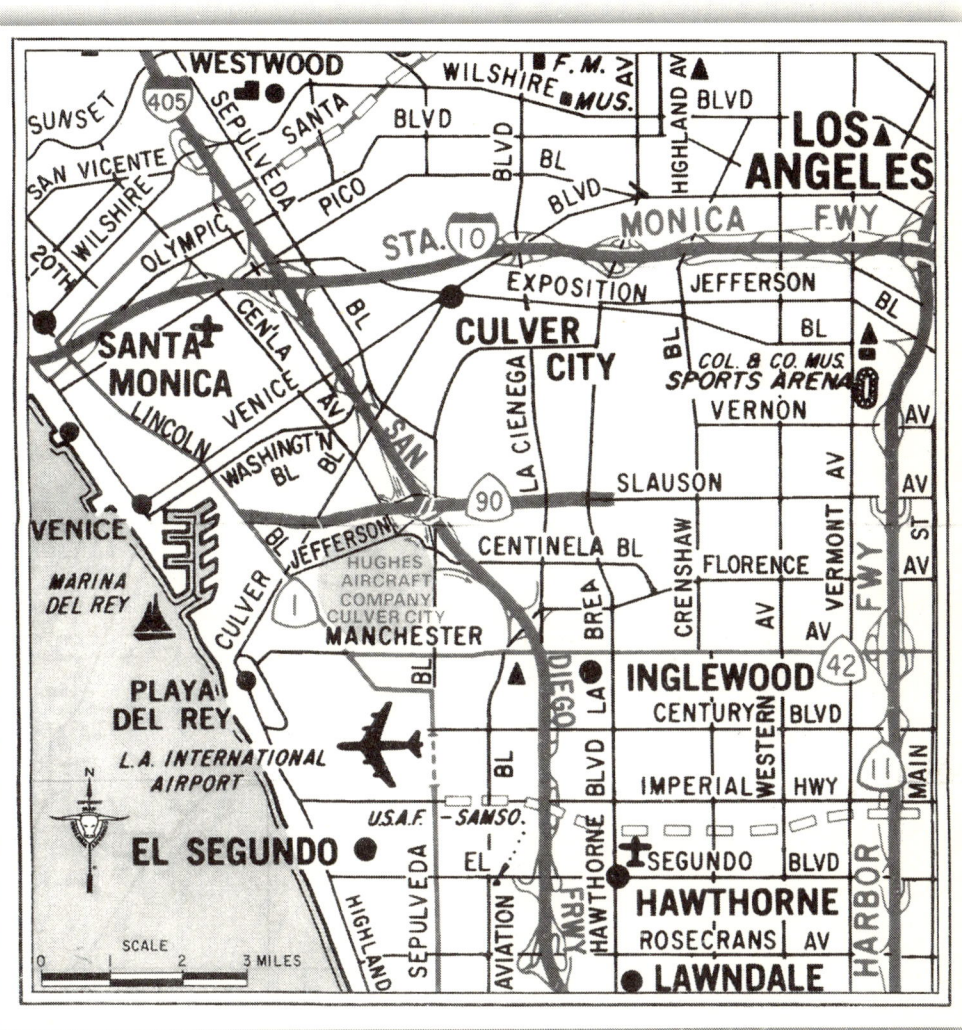

산타모니카 공항이 그려진 LA 서부 지역의 지도

그때 직원 수는 거의 5백 명으로 불어 있었다. 그중에 100명 정도는 엔지니어와 과학자들이었다. 휴즈의 명성 때문에 최상급 직원들을 끌어올 수 있었다.

휴즈가 레이서를 설계하기 위해 벌티 항공사에서 데려온 재능 있는 엔지니어 팔머는 스탠리 벨을 데려왔다. 항공 엔지니어와 과학자들이 처음 6명에서 이제 100명 이상으로 늘어난 시점에서, 벨은 D-2 프로젝트의 감독을 맡게 되었다. 그가 이끌고 있는 엔지니어 그룹이 새 공장의 설비들을 가장 먼저 차지했다.

리 호퍼도 1939년 말부터 휴즈항공사에서 일하기 시작했다. 팔머와 마찬가지로 캘리포니아 공과대학 출신으로 더글러스사에 있다가 이곳으로 오게 되었다. 호퍼는 이후 35년 동안 D-2, XF-11, HK-1, XH-17 프로젝트의 수석 설계사로 일했다. 마지막에는 휴즈공구회사의 항공기 분과 총 관리자가 되었다. 나중에 이 분과는 휴즈헬리콥터스(Hughes Helicopters)라는 이름으로 독립하게 된다. 케네스 리들리는 스탠포드 대학을 졸업한 엔지니어로 역시 더글러스사에 있다가 휴즈항공사에 고용되어 D-2 프로젝트에 참여하고 있었다.

휴즈는 1940년 초, 육군 공병대에 D-2의 구매를 제안하면서 D-2의 설계가 추격기에 적합한 형태가 될 것이라고 내비쳤다. 휴즈는 D-2 프로젝트에 관심을 갖도록 육군을 끌어들였다고 믿었다. 육군에서 또 다른 계약자에게 주기로 약속했던 라이트 토네이도 엔진 2개를 휴즈가 사용할 수 있을 것이라는 언질을 주었기 때문이나. 그러나 육군은 나중에 이 토네이도 엔진을 록히드사가 XP-58 프로젝트를 진행하는 데 쓰도록 했다. 때문에 D-2에 쓸 엔진이 없는 상태가 되었다. 휴즈는 어쩔 수 없이 플래트&휘트니 R-2800-49 엔진 2개로 바

뛰야 했다. 하지만 이 엔진은 사실 2년밖에 쓰이지 못할 운명이었다.

시간이 흐르면서 휴즈는 D-2의 설계 목적에 대해서 뚜렷한 확신을 가지지 못하게 되었다. 휴즈는 D-2를 더 이상 추격용이라고 하지 않고 듀라몰드 폭격기라고 불렀다. 더 나중에는 공격용이라고 불렀다. 하지만 사실 D-2는 폭격기의 핵심인 폭탄 투하실이 없는 설계였다. 폭격기나 공격기로 운용할 만한 상태는 아니었던 것이다.

1942년 초, 휴즈는 육군에 D-2에 대해서 명확한 결론을 내려 달라고 압력을 넣었다. 이 재촉에 대한 대답으로 1942년 6월 16일 육군 항공대(Army Air Forces, 1941년 6월 육군 공병대에서 육군 항공대로 명칭이 바뀌었다) 지휘관인 해럴드 아널드 중장이 라이트 비행장에서 D-2 시제기를 테스트해 보겠다는 제안을 해왔다. 항상 전 과정을 직접 컨트롤하고 싶어 하는 휴즈는 자신이 직접 테스트해 보고 싶다고 육군에 전했다. 그러자 육군은 D-2의 정부 조달을 보류했다. 그때까지 휴즈는 D-2 시제기 제작에 2백만 달러를, D-2를 위한 현대식 공장을 짓는 데 2백만 달러를 투자했다. 이 최신식 공장은 항공업계에서는 선망의 대상이었다. 이 엄청난 비용 집행을 지원해 줄 정부와의 계약이 체결되지 않았으므로 휴즈는 디트리히에게 휴즈공구회사에서 비용을 지불하라고 지시했다. 휴즈는 고집스럽게 D-2 개발에 몰입했고, D-2를 완성하기까지 추가로 4백만 달러를 더 썼다.

곧 휴즈는 컬버시티 공항에서 지상활주 테스트를 시작했다. 지상활주 테스트란 비행기를 지상에서 조작하면서 브레이크와 방향타 조정, 대기 속도계 등을 체크하는 것이다. 비행조종 장치를 테스트할 때는 비행기가 거의 이륙할 때까지 동력을 서서히 올리면서 테스트한다. 활주로가 너무 짧거나 활주로에 어떤 문제가 있을 때는 지상활주

버뱅크 유니언 공항 터미널 창고의 비치 A-17F

시코르스키 S-43(1938)

테스트가 위험해질 수도 있다. D-2 지상활주 테스트에서는 휴즈가 조종사였고, 오데커크가 부조종사로 동승했다.

24세인 레이 커크패트릭은 1939년 11월부터 비행장에서 허드렛일을 하고 있었다. 그는 비행기에 연료를 보충하고, 청소하고, 견인하는 일을 했다. 커크패트릭은 나중에 비행기 정비사가 된다. 휴즈와 오데커크가 지상활주 테스트를 하던 어느 날, 커크패트릭은 D-2 비행기 기수 아래쪽에 누워서 작은 구멍을 통해서 앞바퀴 버팀목을 살피고 있었다. 휴즈가 비행기가 잔디 활주로에서 위아래로 튀면서 움직일 때 이 버팀목이 바닥에 닿는지 안 닿는지를 알고 싶어 했기 때문이다. 휴즈는 오데커크에게 스로틀(throttle, 비행기 엔진의 출력을 조절하는 장치)을 조종하게 하고, 자신이 조종간을 잡았다.

이 지상활주 테스트에서 두 사람은 공중으로 20~30피트 떠올랐다. 오데커크는 스로틀을 당겨 엔진을 끄라는 지시를 기다리고 있었다.
"오디, 스로틀을 잡아당기게." 하고 휴즈가 소리쳤다.

비행장 끝에 가까워졌을 때, 오데커크는 재빨리 스로틀을 뒤로 당겼다.

커크패트릭은 비행기가 링컨 가 아래로 뻗어 있는 활주로 끝 부분에 구멍을 내고야 말 것으로 생각했다. 휴즈는 D-2를 착륙대에 집어넣었다. 비행기는 울타리 쪽으로 방향을 틀면서 잔디 활주로 끝부분에서 미끄러지듯 움직였다.

커크패트릭은 그의 아들 지미 패트릭과 함께한 미공개 인터뷰에서 당시 상황을 다음과 같이 말한 바 있다. "정말이지, 너무나 가까웠단다. 휴즈는 미끄러지면서 젖은 바닥 위에 동그라미 같은 것을 그렸지. 나는 작은 구멍 사이로 바닥을 내려다보면서 그 동그라미를 봤어. 사실 좀 두려웠단다."

 1942년 말, D-2 프로젝트의 문제점들이 서서히 드러나기 시작했다. 휴즈는 컬버시티 공항에서 거의 30번 정도 고속으로 지상활주 테스트를 한 뒤에 비행기를 분해해서 트럭에 싣고 모하비 사막에 있는 비밀 장소로 가져갔다. 휴즈는 모하비 사막에서도 하퍼 드라이 호수를 골랐다. 이곳은 현재 에드워드 공군기지가 있는 지역으로 염탐의 눈길을 멀리 따돌린 사막에서도 대단히 외진 곳이었다. 휴즈는 보안에 점점 더 많은 관심을 쏟았는데, 이런 성격은 그가 죽을 때까지 계속되었다.

 휴즈는 D-2를 네다섯 번 날려보았다. 휴즈와 함께 D-2에 탑승한 유일한 사람은 해밀턴 스탠다드(Hamilton Standard)사의 프로펠러 관련 기술고문을 맡고 있던 빌 딕맨이었다. 최초 비행 테스트 결과는 실망스러운 것이었다. 비행기는 영 불완전하고 서툴게 날았다.

 휴즈가 테스트 비행을 마치고 돌아왔을 때, 수석 엔지니어가 물었다. "하워드, 비행이 어땠어요?"

 휴즈는 "글쎄, 잘 모르겠네. 물고기가 입질하는 것 같더군." 하고 대답했다.

 엔지니어는 '물고기가 입질한다'는 말의 의미를 이해하지 못했고, 휴즈도 그 의미를 자세히 설명해 주지 않았다. 필자의 생각으로는, 조종간이 물고기가 미끼를 물었을 때 낚싯대가 흔들거리는 것처럼 흔들렸다는 의미였을 것이다. 휴즈는 그 문제를 기술적인 용어를 사용하지 않고 말한 것이다.

 이 비행기의 근본적인 문제는 가로조종성(lateral control, 항공기의 가로 방향 자세나 운동에 대한 조종)이 사실상 전무하다는 것이었다. 휴즈는 나중에 비행기를 조종할 때 보조날개를 누르는 강한 힘이 있었다고 지적했다. 클락 Y 외장 디자인 때문에, 흐르지 못하고 막힌 기류가 보조날개를 감쌌던 것이다. 이 문제를 해결하기 위해서 보조날개의 익현(翼弦)을 과감하게 늘였다. 이렇게 하자 그나마 비행기가 겨우 날아갈 수 있을 정도의 가로조종성이 생겼다. 하지만 날개를 완전히 다시 설계하는 작업이 필요했다. 엔지니어 버크는 클락 대령이 날마다 비행기 날개를 다시 설계하는 작업을 하고 있었다고 회상한다.

더욱 안 좋은 소식은 라이트 비행장의 엔지니어들이 D-2 비행기가 군용기로 적합하지 않다는 결론을 내렸다는 것이다. 전면 유리의 방탄 기능이 부족하고 방탄을 위한 외장 도금도 부실했다. 더구나 전투기의 특성까지 결합시키느라 무게도 너무나 무거워서 군용으로는 쓸모가 없었기 때문이다. 1943년, 육군은 시간만 허비했다면서 D-2를 퇴짜 놓았다. 돈 많은 젊은이의 취미 생활수준이라고 비꼬면서.

* * *

이보다 1년 전에 미국 기업가 헨리 카이저가 휴즈를 비행정 사업에 끌어들이려고 노력했다. 그는 휴즈에게 대서양에서 독일 U보트가 아군에게 얼마나 큰 공포의 대상인지, U보트의 맹활약으로 군수품은 물론 얼마나 많은 미국인들이 목숨을 잃었는지를 이야기했다. 결국 비행정이 있어야 독일 잠수함의 공격 위협에서 벗어나 유럽에 안전하게 보급품을 전달할 수 있다는 요지였다. 카이저는 갖가지 비행 신기록들을 세울 수 있었던 휴즈의 항공 지식을 치켜세우면서 비행정 제작에서 부딪히게 되는 무수한 설계상의 어려움들을 이야기했다. 불가능하다는 이야기를 들으면 오히려 흥미를 보이는 것이 휴즈의 전통적인 패턴이었다. 카이저는 두 사람이 공동으로 비행정을 설계하고 만들고 테스트하는 데 10개월 정도가 걸릴 것으로 추정했다. 결국 두 사람은 휴즈가 설계와 제작, 시제기 테스트를 맡고, 카이저가 제작비용 조달을 책임진다는 데 합의했다.

휴즈는 하늘을 나는 화물수송선 제안에 필요한 밑그림과 설계서를 완성했다. 1942년 11월 16일, 카이저와 군수시설공단(Defense Plant Corporation) 사이에 1천 8백만 달러의 개발 계약이 체결되었다. 계약에 따르면 10개월 동안 HK-1 -첫 번째 휴즈-카이저 화물수송용 비행정이라는 의미- 시제기 3대를 제작하기로 했다. 이 계약에는 이 비행기를 대량 생산한다는 조항은 없었다. 훗날 이 계획을 비판했던 많은 사람들이 이 사실을 간과했지만, 이것은 전쟁 기간에 정부가 체결한 많은 다른 개발 계약과 유사한 형태였다.

비행정은 120,000파운드의 화물과 750명의 전투원 또는 60톤짜리 셔먼 탱크 1대를 수송할 수 있도록 설계되었다. 최고속도는 보통 등급의 동력 장치를 사용했을 때 5,000피트 상공에서 230mph가 나올 수 있도록 했다. 실용상승한도는 20,900피트였다.

어느덧 약속한 10개월이 지나고, 그 후로도 시간이 흘렀다. 첫 번째 비행정이 설계, 제작 및 테스트까지 완료되어야 할 시점이었다. 하지만 비행정들은 아직 제도판 위를 떠나지 못하고 있었다. 휴즈가 지나칠 정도의 완벽을 추구했기 때문만은 아니었다. 사실 10개월에 설계를 완벽하게 끝낸다는 것도 기적이었다.

시간이 흐르면서 대서양에서 독일 잠수함의 위협이 점점 사라지기 시작했고, 더 이상 거대한 비행정에 대한 필요가 없어졌다. 방위에서 공격으로 군의 전략도 빠르게 바뀌고 있었다. 유럽에서의 전쟁이 연합군에게 유리한 국면으로 바뀌고 있었기 때문이다. 거대한 수송선이 필요할 것이라던 카이저의 비전 자체가 점점 희미해지고 있었다. 카이저는 실망하고 좌절했지만, 애초 프로젝트에 따라 일은 진행되고 있었다. 휴즈가 전략적으로 중요한 알루미늄 같은 원료를 쓰지 않겠다고 하고, 다른 항공사에서 엔지니어를 데려오는 것도 반대하긴 했지만.

개발 계약은 아직은 유효했다. 휴즈는 1943년 초, 컬버시티 공항에 이 비행정의 거대한 부분 부분들을 제작하는 데 필요한 새로운 빌딩들을 짓기 시작했다. 비행기 몸체가 한 건물에서 만들어지고, 날개와 제어기기들이 또 다른 건물에서 만들어졌다. 비행기 자체와 마찬가지로 두 건물도 전체가 나무로 만들어졌고 거대했다. 건물은 길이 750피트, 넓이 250피트, 높이 100피트에 달했는데, 당시에는 세계에서 가장 큰 목조 건물이었다.

계약 후 16개월이 지났지만 첫 번째 비행정이 이제야 제작되는 중이었고, 기술적인 문제들이 여전히 산재하고 있었다. 애초 계약은 1천 8백만 달러에 3대를 만들기로 되어 있었으나, 이미 1천 2백 5십만 달러를 써 버린 상태였다. 부흥금융공사(Reconstruction Finance Corporation, 1932년 설립된 연방정부의 융자 기관)는 HK-1에 대한 계약 해지 경고를 해왔다. 카이저는 의기소침해졌고, 추후 대량생산 주문을 따낼 가망이 없어보이자 프로젝트에서 손을 뗐다. 휴즈는 혼자서 새로운 계약서에 사인을 했고, 한 대만 만들기로 수량을 축소했다.

* * *

휴즈항공사가 D-2와 비행정을 만드는 프로젝트로 고전하고 있는 동안에도 휴즈가 시작한 또 하나의 프로젝트인 록히드 컨스털레이션은 큰 성공을 거두고 있었다. 전쟁 전 하워드 휴즈와 TWA 회장 잭 프라이는 새로운 수송기 설계서를 내놓았다. 잠을 잘 수 있는 침대 의자로 20명 -일반 의자로 했을 때는 44명- 을 수송할 수 있고, 6,000파운드의 화물을 수송할 수 있으며, 20,000피트 상공에서 250~300mph의 속도로 3,500마일을 날 수 있는 비행기 설계서였다. 휴즈는 이 비행기를 모델 049라고 이름 짓고 극비리에 제작할 것을 요구했다. 경쟁자들보다 유리한 입장에 서고 싶었기 때문이다. 휴즈와 프라이가 설계서를 내놓았지만, 직접 설계하고 제작한 것은 록히드사였다.

록히드사는 매우 강력한 라이트 18기통 R-3350 엔진을 탑재한 설계안을 선택했다. 라이트 18기통 R-3350 엔진은 출력이 2,200마력으로 직경이 15피트 2인치나 되는 프로펠러를 돌릴 수 있는 강력한 엔진이었다. 강력한 동력과 거대한 프로펠러라는 조건이 결합됨으로써 과거의 비행기들과는 다른 새로운 비행기가 설계되었다. 우선, 커다란 프로펠러 때문에 지상과의 안전거리를 확보하려면 보통보다 더 긴 착륙장치가 필요했다. 또한, 프로펠러가 커짐에 따라 날개를 따라서 넓은 간격을 두고 엔진이 배치될 수밖에 없었다. 엔진이 날개를 따라 넓게 배치되자 이번에는 비행기 꼬리 부분이 상당히 클 필요가 생겼다. 어떤 비정상적인 상황에서도 방향을 제대로 제어할 수 있게 하기 위해서였다. 그 결과 독특한 3중 수직안정판(항공기가 수직 축을 중심으로 좌우 안정을 유지할 수 있도록 꼬리 쪽에 수직으로 부착한 것)을 배치한 커다란 방향타가 엔진의 후류(프로펠러에 의해 뒤로 말리는 기류)때문에 생겨났고 기체 뒷부분에 높이 장착되었다. 이것이 바로 지금은 전설이 된 코니(Connie, 록히드 컨스털레이션의 애칭)의 외관, 즉 동체가 살짝 휘어 있는 독특한 형태가 생겨난 이유다.

1943년 4월, 휴즈는 컨스털레이션이 록히드사의 조립 공장에서 나오자마자 직접 테스트 비행을 해보고 싶다고 했다. 코니는 곧 신생 TWA 항공사의 가장 대표적인 비행기가 된다. -일부 사람들은 TWA를 '하워드의 항공사'라고 불렀다-

테스트 비행에서 휴즈는 코니의 조종석에 앉아서 비행을 지휘하는 역할을 했다. 록히드사의 수석 테스트 조종사였던 밀로 버캠이 테스트 비행을 안전하게 이끌 실질적인 책임을 지고 있었다. 당시 39세의 버캠은 1933년 자신의 보잉 100 항공기를 타고 4시간 5분의 배면비행(동체의 아랫부분이 위가 되도록 뒤집은 상태에서 비행하는 것) 기록을 세운 바 있다. 버캠은 1940년대 초반 대부분의 P-38 라이트닝의 테스트 비행을 했고, 다음 해에 새로 나올 P-80 제트 전투기의 테스트 비행도 진행하기로 되어 있었다. 버캠은 당시 미국에서 가장 유능한 테스트 조종사 중에 한 사람이었다.

록히드사의 수석 엔지니어인 켈리 존슨도 함께 탑승했다. 존슨은 후에 미국의 첫 제트 전투기인 P-80의 개발 책임자가 된다. 또한, 존슨은 고공비행 정찰기였던 U-2 항공기, 비행속도 기록을 갱신한 F-104 스타파이터(StarFighter), YF-12 블랙버드(Blackbird), 초극비로 진행됐던 SR-71 등을 설계했다. 휴즈는 최상급의 록히드사 테스트 비행 승무원들과 함께 비행하고 있었던 것이다.

존슨이 <하워드 휴즈와 비행정(Howard Hughes and His Flying

Boat)>의 작가 찰스 바턴에게 이야기한 내용에 따르면, 모하비 사막 위로 올라갔을 때 휴즈가 "어떻게 이 녀석을 실속(實速, Stall, 비행기를 날게 하는 힘인 양력을 더 이상 발생시키지 못해 속도를 잃는 현상)시키지?" 하고 물었다고 한다.

버캠이 무동력 실속 상태를 만들고 조종간을 완전히 뒤로 당겨 기수를 최대한 상승시켰다. 그리고는 코니가 실속 상태에서 얼마나 잘 조종되어 회복하는가를 보여주었다.

휴즈는 말했다. "이런! 이런 녀석을 실속시키는 건 이렇게 하는 게 아냐."

존슨은 휴즈가 버캠이 했던 것과 같은 순서대로 실속 테스트를 할 것으로 생각했다. 하지만 휴즈가 생각한 비행기 실속은 플랩을 이용하는 것이었다. 휴즈는 엔진 4개의 동력을 최대한으로 가동하고, 조종간을 최대한 뒤로 당겼다. 그리고는 가파르게 10,000피트 고도까지 올라가서 대기속도(airspeed, 항공기가 공기 속을 통과하는 비율)가 거의 0이 되게 했다.

비행기가 기수를 처박고 뒤집혔을 때 존슨은 "플랩 상향! 플랩 상향!" 하고 소리쳤다. 이어지는 급강하에서 비행기가 플랩 운용 한계 속도를 초과하지 않게 하기 위해서였다. 휴즈가 대답이 없자, 버캠이 플랩을 위로 올리고 비행기를 조종했다. 존슨은 휴즈가 코니를 극한 상황으로 몰고 갔다고 생각했다. 한쪽 날개로 동체가 쏠려 안전하게 정상을 회복하기 힘들 수도 있는 상황이었다는 것이다.

실속 상태에서 코니를 소생시킨 다음, 버캠은 코니의 착륙 방법을 보여주었다. 휴즈는 6번이나 이륙과 착륙을 반복했다.

"휴즈의 이륙은 좀 이상했습니다." 존슨의 말이다. "휴즈는 코니를 대기속도가 너무 느린 상태에서 활주로에서 이륙시켰어요."

엔진이 하나라도 꺼진다면 비행기 조종이 불가능해지는 속도인 데다, 이륙할 때 비행기가 왼쪽으로 표류하게 했다고 한다.

"세상에! 여섯 번째 이륙할 때는 왼쪽으로 치우친 나머지 관제탑에 너무 가깝게 떠 갔습니다." 존슨의 말이다.

당시 TWA 회장 잭 프라이가 비행기에 함께 있었다. 존슨은 뒤로 가서 프라이를 만났다.

"잭, 사태가 점점 더 악화되고 있습니다. 어떻게 해야 합니까? 전 이 비행기의 안전을 책임지고 있습니다." 존슨이 프라이에게 물었다.

"존슨, 자네 생각대로 하게." 프라이가 대답했다.

존슨은 조종실로 돌아가서 "버캠, 이제 돌아가도록 하세."라고 말했다.

휴즈는 마치 한방 얻어맞은 사람처럼 고개를 돌려 존슨을 쳐다봤다. 휴즈는 조종을 포기하고 자리에 앉아 있었다. 버캠이 버뱅크에 비행기를 착륙시켰다. 록히드사 영업부서 임원들은 존슨과 버캠에게 화를 냈다. 두 사람이 록히드사의 최대 고객에게서 비행기 조종권을 빼앗는 '무례'를 범했기 때문이다. 하지만 그들이 현명했다. 휴즈는 어쩌면 그들을 죽음으로 몰고 갔을 수도 있다. 이 일로 휴즈와 존슨은 관계가 나빠졌고, 이후 두 사람은 계속해서 반목하는 사이로 남는다.

* * *

1943년 말, 비행정 설계 및 D-2 개조와 관련한 여러 가지 문제가 최고조에 달했을 때, 휴즈는 오히려 더 정력적으로 활동하는 한편 과거의 기분전환 꺼리들에 몰입함으로써 이 압박감에서 벗어났다. 하지만 이것이 두 사람을 죽음으로 몰고 가는 원인이 되었다.

휴즈가 사람을 죽게 한 것이 이번이 처음은 아니다. 7년 전 휴즈는 자신의 듀센버그 승용차에 여자 친구를 태우고 집으로 가고 있었다. 로스앤젤레스 3번가에서 서쪽으로 달려 로레인 가에 이르렀을 때, 시내 전차에서 늙은 재단사가 내렸다. 휴즈의 듀센버그가 그 노인을 치였고, 노인은 즉사했다. 휴즈는 여자 친구에게 약간의 돈을 주고 다음 전차에 태워 보내면서 한동안 숨어 있으라고 말했다. 휴즈는 경찰에게 노인을 보지 못했으며 자신은 죄가 없다고 주장했다. 디트리히는 그 사고가 신문에 나오지 않도록 손을 썼고, 법정 밖에서 합의하는 선에서 마무리했다.

새로운 사건은 휴즈가 한때 무척 아꼈었지만 한동안 소홀히 했던 과거 비행기에서 일어났다. 1943년, 미 공병단에서 휴즈가 애지중지하는 시코르스키 S-43을 활용하겠다며 팔라고 요구했다. S-43은 휴즈가 세계일주 비행을 하려고 구입했던 수륙양용 비행기였다. 육지나 바다 어디에서든 조종이 가능하기 때문에, 군이 노바스코샤 주와 아이슬란드에 있는 기지 사이를 오가는 공병들을 실어 나르기에 딱 좋은 기종이었다. 당시 육군은 이 지역에 전쟁에 대비한 여러 개의 공군기지 건설 작업을 벌이고 있었다. 사실 S-43은 1937년 휴즈가 구입한 이래 대부분의 시간을 격납고 안에 쳐박힌 채 먼지를 뒤집어쓰고 있었다. 그렇다 하더라도 휴즈는 개인 비행기를 절대로 팔고 싶어 하지 않았다. 더구나 S-43처럼 소중하게 생각하는 것은 절대로 내놓고 싶어 하지 않았다. 휴즈는 이 비행기에 많은 시간을 들였고, 3십만 달러라는 거금을 투자했지 않은가.

휴즈는 이런저런 핑계를 대면서 가능한 시간을 벌었다. 하지만 육군이 비행기를 강제로라도 몰수하겠다는 의지를 보이자, 마지못해 파는 데 동의했다. 휴즈는 S-43을 수년에 걸쳐서 개조했었다. 공장에서 처음 장착되어 나온 플래트&휘트니 엔진을 더 강력한 라이트 R-1820 엔진으로 교체했다. 엔진 교체로 비행기는 성능이 크게 향상되었다. 이런 성능 개선은 캘리포니아 시에라 산맥에 있는 타호 호수 같은 높은 고도의 수상에서 특히나 돋보였다. 하지만 이 개조로 인해서 비행기의 무게중심이 앞으로 이동하게 되었다. 때문에 이를 보완하기 위해서 꼬리 부분에 무게 중심을 맞춰줄 모래주머니를 실었다. 이런 연유로 이 비행기는 실험용에 붙는 X등급을 받고 운행되고 있었다. 이처럼 S-43에 너무 많은 개조 작업이 진행되었기 때문에, 군은 S-43을 인수하기 전에 민간항공관리국에 비행을 통해 비행기의 성능을 증명해 달라고 요청했다.

과거 휴즈는 시코르스키 S-43을 가지고 수차례의 선체 테스트를 한 바 있다. 테스트는 한 번에 몇 시간씩 라스베이거스 근처 미드 호수 위를 활주하는 식으로 진행되었다. 활주하는 동안 카메라맨을 실은 쾌속정이 비행기와 나란히 달리면서 수백 장의 사진을 찍었다. 이 사진들은 HK-1 비행정을 설계하는 기초 자료로 활용되었다. 오데커크는 휴즈가 넉 달 동안 6,000번 정도는 이착륙을 반복했을 거라고 추정한다. 물론 이것은 과장된 것이라고 생각된다. 휴즈의 테스트 항공사였던 진 브랜드포드는 작가 찰스 바턴에게 촬영은 하나의 구실에 불과하고 실은 휴즈는 비행 자체를 즐기고 있었다고 말했다.

1943년 5월 16일, 휴즈는 시코르스키 S-43을 타고 마지막 테스트 비행 임무를 수행한다. 민간항공관리국 테스트 조종사 테드 폰 로젠버그가 부조종사를 맡았다. 민간항공관리국 조사관 윌리엄 클라인,

휴즈의 정비사인 리차드 펠트, 항공사 진 브랜드포드가 동승했다.

로젠버그가 휴즈에게 물었다. "휴즈 씨는 직접 테스트 비행을 할 시간이 사실 많지 않을 텐데, 왜 사람을 따로 고용하지 않으세요?"

"저런! 이렇게 즐거운 일을 하라고 내가 돈까지 들여서 사람을 고용해야 한단 말인가?" 가당찮다는 휴즈의 대답이었다.

사고는 첫 착륙을 할 때 일어났다. 당시 S-43은 무게중심을 맞추기 위해 후미에 두었던 모래주머니들이 치워진 상태였다. 육군이 이곳에 무선 장치를 설치할 예정이었기 때문이다. 육군 무선기사가 장치를 시험 중이었지만, 아직 장착하지는 않았다. 하지만 휴즈는 착륙을 위해 서서히 하강하면서 비행정의 무게중심의 변화를 파악하지 못했다. 그는 육군이 후미의 모래주머니를 치워 버렸기 때문에, 앞쪽 무게가 초과되어 안전하게 조종할 수 있는 상태가 아니라는 것을 눈치 채지 못했다.

착륙은 정상적으로 이뤄졌지만, 착륙 직후 비행기가 오른쪽으로 거칠게 선회했다. 비행정은 통제 불가능한 상태가 되었다. 결국 선회하는 힘과 강한 관성력이 충돌하면서 날개와 몸체를 잇는 구조물이 무너졌고, 왼쪽 날개와 엔진이 떨어져 나가 아래로 떨어졌다. 프로펠러가 동체의 왼쪽 위, 조종실 바로 뒤쪽을 두 동강 냈다. 조종실 칸막이 벽 바로 뒤에 서 있던 클라인이 프로펠러에 맞아 비행기에서 떨어졌다. 그의 시신은 호수에서 끝끝내 발견되지 않았다. 펠트도 프로펠러에 맞아 떨어졌다가 구명뗏목 위에서 죽었다. 아름답게 개조된 수륙양용 비행기, 10톤짜리 시코르스키 S-43은 수심 160피트의 물속으로 가라앉아 버렸다.

로젠버그는 사고로 부서진 척추를 고치기 위해서 수술을 받았다.

3개월 동안 전신 깁스를 하고 지냈고 이후 1년 동안 척추 받침대를 하고 다녀야 했다. 하지만 등의 통증에서 완전히 해방되지는 못했다. 브랜드포드는 다행히 베인 상처와 타박상만 입었다.

휴즈는 조종실 옆쪽으로 쓰러져서 머리에 상처를 입었다. 이마 전체에 상처가 나서 피가 흘러내렸다. 다행히 부상자들은 근처에 있던 어부에게 곧장 발견되어 구조되었다. 이것은 휴즈가 낸 네 번째 비행기 추락사고였고, 머리를 다친 것으로는 일곱 번째였다. 그는 이번에는 치료나 X-레이 촬영도 거부했다. 이 추락사고는 그에게 심각한 정신적인 타격을 주었다. 사고로 두 사람이 목숨을 잃었고, 그 책임이 자신에게 있었기 때문이다.

연방 조사원은 휴즈와 지상 요원 사이의 원활치 못한 교신과 비행기의 무게중심이 한쪽으로 쏠려 있었던 것이 사고의 원인이라고 지적했다. 휴즈는 많은 돈을 들여서 미드 호수에서 비행기를 건져 올렸다. 비행기는 컬버시티로 옮겨졌고 다음 해까지 수리 작업이 진행되었다. 전쟁이 끝나기 전에 휴즈는 이 비행기를 다시 한 번 타게 되는데, 무척 특이한 여행을 위해서였다.

* * *

1943년 8월, 미 육군 고위 장교를 태운 비행기 한 대가 태평양 해안으로 향하고 있었다. 장교의 임무는 국내 항공회사들과 육군이 찾고 있는 새로운 정찰기 제작 관련 사항을 협의하는 일이었다. 이 장교는 바로 루스벨트 대통령의 아들이기도 한 엘리어트 루스벨트 대령이었다. 그는 육군 항공대에 전문 사진정찰용 비행기가 필요하다고 생각하고 있었다. 잘 생긴 총각 루스벨트 대령은 이 임무와 관련한 제반 권한을 위임받은 상태였다.

루스벨트 대령과 동행한 장교 중에는 클래런스 숩 중령도 있었다. 숩 중령은 나중에 노르망디 상륙작전을 촬영한 사진정찰 비행대를 지휘한다. 그는 전쟁 후에 휴즈항공사 직원이 되었으며, 비행 테스트 부서를 관리했다.

휴즈는 며칠 동안 이 육군 장교들을 위한 파티를 열었다. 호텔 숙박비는 물론 식사비용도 모두 휴즈가 지불했다. 1943년 8월 11일 아침, 세계일주 비행을 할 때 입었던 재킷을 입고 중절모를 쓴 깔끔하고 멋진 휴즈는 친히 장교들의 휴즈항공사 투어를 안내했다. 그리고는 장교들을 비행기에 태워 모하비 사막의 하퍼 드라이 레이크로 데려갔다. 거기에는 나무로 만든 D-2가 전시되어 있었다. 대통령의 아들은 융숭한 대접과 자신에게 쏟아지는 쇼걸들의 관심에 한껏 흡족해하고 있었다. 그는 휴즈에게 필요한 비행기를 찾은 것 같다고 속삭였다.

휴즈는 마지못해 비행기 재료를 금속으로 바꾸고 플래트&휘트니 R-4360 트윈엔진을 쓰겠다는 데 동의했다. 휴즈의 동의가 있은 지 1주일 뒤 육군은 2대의 실험용 XF-11과 98대의 F-11에 대한 개발 계약을 체결했다. 정부는 완전히 새롭고 규모가 크며 강력한 성능을 갖춘 비행기를 요구했다. 총 계약금액은 4천 3백만 달러였고, 이 계약으로 휴즈는 D-2에 그동안 쏟아 부은 수백만 달러를 보상받을 수 있을 것으로 기대했다. 이 XF-11 비행기는 휴즈의 인생을 크게 바꿔놓는 역할을 하게 된다. 물론 이 시점의 휴즈는 그것까지 내다보지는 못하고 있었지만.

* * *

    8개월 후, 휴즈와 TWA 회장 프라이는 코니를 일반인에게 선보였다. 그들은 C-69 컨스털레이션 시제기를 타고 1944년 4월 17일 새벽 3시 56분(태평양 표준시)에 버뱅크의 유니온 공항 터미널을 출발해서 6시간 58분 후에 워싱턴 D.C에 착륙했다.

    이 비행으로 휴즈는 자신이 1937년에 세운 대륙횡단 비행기록을 또 한 번 갱신했다. 하지만 이번의 비행기록은 과거와 다른 몇 가지 중요한 차이점을 가지고 있었다. 기존에 휴즈가 탔던 비행기들은 경주를 위해서 특별히 제작된 것으로 다른 곳에는 전혀 쓸모가 없었다. 하지만 이번에 조종한 코니는 엄청난 사회적 효용이 있는 비행기였다. 더구나 이 비행기는 과거 10년 동안의 기술적인 발전이 집약되어 만들어진 것이었다. 따라서 이 비행은 휴즈가 1936년 대륙횡단 비행기록을 세우기 위해 뉴어크를 향해 돌진하면서 시작된 제반 작업의 논리적인 귀결점이라고 볼 수 있다.

    프라이가 부조종사로 휴즈와 함께 비행기를 조종했다. 두 사람은 정확히 중간 지점에서 교대했다. 휴즈가 뇌우를 뚫고 콜로라도 덴버를 통과할 때 승객 중에 일부가 착석하지 않고 조종실 주변을 서성였다. 그러다가 3명이 다쳤다. 당시 비행기에는 TWA와 록히드사 임원 12명도 함께 탑승했다.

    휴즈는 코니를 TWA 회사 색상으로 칠하고 회사명을 써넣으라고 지시했다. 이 비행기를 인수하기로 되어 있었던 육군 항공대가 이 사실을 알았을 때는 이미 바꾸기에 너무 늦은 시각이었다. 작업자들은 코니의 꼬리에 TWA를 상징하는 붉은 두 줄 무늬를 넣고 몸체 뒤쪽에는 붉은색으로 TWA라는 이니셜을, 날개 위에는 "The Transcontinental Airline"이라는 풀네임을 써넣었다. 육군 장교들은 일개 항공사의 광고로 도배한 코니를 타고 국립공항에 착륙하는 광경을 보고 격노했다. 물론 금세 지워지는 수성 페인트를 썼지만 어쨌든 육군으로서는 화가 나는 일이었다. 착륙하자마자 코니를 육군에 인도한다는 계획이었지만, 휴즈와 프라이는 이 비행기를 정부 관료들에게 보여주고 선전하는 데 며칠을 보냈다.

두 사람은 비행 도중 오하이오 주 반달리아에 들렀다. 당시 72세의 고령이 된 오빌 라이트(Orville Wright, 세계 최초로 동력 비행기를 개발한 라이트 형제 중 한 사람. 형 윌버 라이트는 이미 오래 전에 세상을 떠났다)를 만나기 위해서였다. 그들은 오빌 라이트를 부조종석에 태우고 잠깐 동안 비행했다. 오빌 라이트는 컨스털레이션을 보고 매우 감격스러워했다. 1903년, 그가 역사적인 최초의 동력비행을 할 때 탔던 날개 길이보다 컨스털레이션의 날개 길이가 훨씬 크다고 말했다. 이 비행은 오빌 라이트의 마지막 비행이 되었다.

휴즈항공사는 제 2차 세계 대전 중에 비행 훈련용으로 많이 사용된 BT-13 발리언트(Valiant)의 주요 부품 생산을 담당했다. 당시 육군과 해군 항공대의 거의 모든 조종사들이 발리언트를 타고 훈련을 받았다. 수천 명의 사관생도들도 발리언트를 타고 기본 훈련을 받았다. 레이서를 만든 엔지니어 중에 한 사람이자 D-2의 프로젝트 엔지니어였던 잭 저먼이 벌티 항공사 및 육군 항공대와 부품 생산 계약을 성사시켰다. 휴즈항공사가 BT-13에 쓰일 날개 패널(wing panel)과 모노코크(monocoque, 별도의 지지대가 없이 외피만으로 비행의 모든 하중을 지탱하도록 한 구조)식의 동체, 나무 의자 등을 만들기로 한 것이다. 당시에는 전투기와 폭격기를 제작하느라 금속 공급량이 부족한 시기였으므로 목재를 사용했다.

전쟁 기간에 총 11,537대의 발리언트가 만들어졌다. 이 비행기는 전통적인 저익형 비행기로 450마력짜리 플래트&휘트니 R-985 성형엔진을 탑재하고 있었으며, 훈련생과 교관 총 2인을 태우고 최대속도 182mph로 516마일을 갈 수 있었다. 발리언트는 벌티 바이브레이터(Vultee Vibrator)라는 이름으로도 알려져 있다. 비행기가 급강하하거나 선회할 때 캐노피(canopy, 조종석 위를 덮는 투명한 뚜껑)가 흔들리기 때문에 붙여진 이름이다.

휴즈항공사는 컬버시티 공장에서 3~4마일 떨어진 곳에 있는 새로운 건물을 얻어서 발리언트 부품 제작 시설을 만들기 시작했다. 이 빌딩은 전에 베이비라인 가구회사 소유였기 때문에 이 빌딩에서 일하게 된 듀라몰드 부서 직원들은 이곳을 베이비라인이라고 불렀다. 목조 부품을 생산하는 데 필요한 대부분의 장비가 이미 갖춰져 있었다. 휴즈항공사는 조립을 위한 설치물과 조립 라인만을 추가로 들여놓았다. 레이서를 만들 때 참여했었고, DC-1에 항공사로 탑승했던 자이델이 부품 제작을 관리했다.

휴즈항공사는 정부가 비행 훈련생 수를 줄일 때까지 1년 여 동안 약 6천 개의 모노코크 동체를 생산했다. 군수물품 생산 프로그램으로 매우 성공적인 것이었다. 게다가 이 사업은, 휴즈는 전혀 관여하지 않고 자이델의 감독만으로 원활히 굴러갔다.

* * *

전쟁 기간 동안, 휴즈는 주변 사람들을 불안하게 하는 행동 패턴을 보이기 시작했다. 그는 너무 많은 것을 시도하고, 복잡한 방식으로 진행해 갔다. 얻은 것이 없었음은 물론 심지어 거의 대부분을 마무리하지조차 못했다. 휴즈는 XF-11 프로젝트를 밀고 나갔다. 첫 번째 비행기가 나오기도 전에 전쟁이 끝날 것 같다는 전망이 육군에서 점점 커지고 있었지만 휴즈는 멈추지 않았다. 한편으로 비행정의 설계와 완성에 온통 신경을 쏟았지만 이 또한 일정에 대지 못했다. 휴즈는 영화 관련사업도 진행했다. TWA의 운영과 코니의 개발 작업도 병행했다. 또한 할리우드에 있는 대스타나 신인 여배우들과 끊임없이 염문을 뿌리고 다녔다. 계속해서 상대를 바꿔가면서.

휴즈는 <지옥의 천사들> 촬영과 S-43 비행기 추락사고 때 입은 외상으로 계속 고통받고 있었다. 그런데 1944년 5월 7일, 또 한 번의 심각한 자동차 사고를 냈다. 당시 휴즈는 디트리히의 차를 타고 로스앤젤레스 비벌리 가를 따라 운전하고 있었다. 그가 로스무어 가로 좌회전하려 할 때, 맞은편에서 달려오던 차가 그의 차를 향해 맹렬히 돌진했다. 핸들이 부서지고 휴즈는 앞 유리에 머리를 세게 부딪쳤다. 이 사고로 그는 또 한번 심각한 머리 부상을 입었다. 사고 당시 휴즈는 거의 정신착란에 가까운 멍한 상태였지만 차를 얻어 타고 집으로 갔다. S-43을 타고 미드 호수에서 사고를 냈던 선 해에 휴즈를 보살핀 바 있는 의사 래리 채핀이 진찰을 했을 때, 얼굴 오른쪽이 찢어져 있었다. 굿사마리탄 병원에서 상처를 꿰맸다. 채핀은 벨 에어에 있는 휴즈의 집으로 네 번 왕진을 갔다.

디트리히가 휴즈를 방문했을 때 의식이 완전하지 않은 상태였다. 휴즈는 일관성 없이 횡설수설했다. 이런 상태는 며칠 동안 지속되다 멈췄지만 그 후에도 가끔 사업상의 이야기를 하다가 같은 말을 되풀이하는 증세를 보였다. 이 사고는 휴즈가 겪은 세 번째 심각한 자동차 사고였다. ―1930년대에도 휴즈는 디트리히의 차를 빌려 타고 추돌사고를 내서 머리 앞쪽에 큰 상처를 입었었다―

이 마지막 교통사고를 낸 뒤에 휴즈는 두 번째 의사를 만났다. 의사는 휴즈가 신경쇠약 일보 직전에 있으며 모든 일을 접고 당면한 모든 스트레스에서 벗어나야 한다고 경고했다. 그렇지 않으면 정말로 몸을 망칠 수 있다는 것이다. 디트리히나 다른 사업 관련자들에게 이 사실을 알리지도 않고, 그렇다고 의사가 지시한 대로 정확히 따르지도 않은 채 휴즈는 몇 달 동안의 장기 비행 여행을 계획하고 있었다.

시코르스키 S-43은 미드 호수 바닥에서 인양된 뒤 수리가 끝나 있었다. 당시 비행기는 두 동강 난 채 호수 바닥에서 견인되었고, 트럭에 실려 컬버시티로 옮겨졌다. 이제 비행기는 완전히 수리되었고, 휴즈는 매주 로스앤젤레스 근처 전화박스에서 전화를 해서 첫 테스트 비행시간을 정하곤 했다. ―늘 그렇듯이 휴즈는 근무 시간을 지키지 않았다― 하지만 몇 달 동안 격납고 주변 비행대기선에 모습을 드러내지 않았다. 몇 달이 흐른 뒤에 드디어 모습을 드러낸 휴즈는 30분 동안 S-43을 타고 비행했다. 그리고는 정비사인 조 페트랄리에게 연료를 가득 채우고 여행할 채비를 하라고 지시했다. 페트랄리는 전직 자동차 레이서로 비행기 전문가는 아니었다. 휴즈는 나중에 항공 지식이 부족함에도 그를 관리자 자리에 앉혔다.

다음 날 휴즈와 페트랄리는 S-43을 타고 컬버시티를 떠나 동쪽

라스베이거스를 향해 날았다. 휴즈는 이 여행을 비밀에 부치고 싶어 했다. 그래서 라스베이거스 시내에서 가까운 맥캐런 비행장이 아니라 더 북쪽에 있는 작고 지저분한 비행장을 착륙지로 선택했다. 바람이 측면에서 부는데다 페트랄리가 랜딩기어를 너무 강하게 아래로 밀어 내려서 착륙하면서 비행기가 튀어 올랐다. 힘들게 착륙에 성공했지만 비행기는 다시 고장이 났다. 페트랄리가 S-43을 수리하는 데 몇 주의 시간이 흘러갔다. 휴즈가 컬버시티에 있는 사람들에게 자신이 또 비행기 추락사고를 냈다는 사실도, 자신이 어디 있는지도 알리고 싶지 않았기 때문에 전문가의 도움을 받을 수 없었다.

비행기가 수리된 뒤 휴즈와 페트랄리는 레노로 가서 1주일간 머물렀다. 그리고는 다시 팜스프링스에서 1주일을 머물고 라스베이거스로 돌아왔다. 3개월 동안 같은 패턴이 되풀이되었다. 매주 두 사람은 어딘가로 이동해서 차를 렌트하고 호텔을 잡았다. 페트랄리는 전보를 쳐서 수천 달러를 요청했고 현금으로 바꿔서 휴즈에게 가져다주었다. 페트랄리는 매일 짐을 챙겨서 공항으로 갔다. 그리고는 휴즈가 그날 어딘가에 가고 싶어 할 것에 대비해서 비행 준비를 했다. 휴즈가 비행하기를 원치 않으면 다시 호텔로 돌아와서 먹고 잠을 잤다. 그동안 휴즈는 현금을 가지고 방에서 동면하거나 아니면 여자들과 즐겼다. 휴즈는 컬버시티에 있는 누구에게도 이 사실을 알리지 않았다. 심지어 디트리히조차도 몇 달 동안 휴즈의 소식을 듣지 못했다.

라스베이거스에서 휴즈는 다시 페트랄리에게 비행준비를 하라고 지시했다. 그리고는 동해안으로 출발했다. 다음 정착지는 플로리다 주의 올랜도였다. 집을 떠난 지 다섯 달째를 넘기고 여섯 달이 되어가자, 페트랄리는 오데커크에게 전화를 해서 집으로 갈 수 있게 해달라고 부탁했다. 컬버시티에 있던 항공사 관리자들은 전보로 송금되는 돈을 통해서 휴즈의 이동 경로를 대충은 알고 있었다. 하지만 휴즈가 여기저기를 쉴 새 없이 옮겨 다녀서 현재 어디에 있는지 파악할 수 없었다. 커크패트릭이 올랜도에서 페트랄리와 교대했다. 커크패트릭은 휴즈항공사에 있는 누구보다 S-43에 대해서 잘 아는 인물이었다.

원래 커크패트릭은 정비사들과 함께 하퍼 드라이 호수 나무 격납고 안에 있는 D-2를 관리하고 있었다. 하지만 D-2는 1944년 11월 11일 원인을 알 수 없는 화재로 불타 버렸다. 개조 작업이 진행 중인 상황이었다. 한 직원의 말에 따르면, D-2가 벼락을 맞았다고 한다. 커크패트릭은 오래된 디젤 발전기의 전력 시스템이 고장 나면서 화재가 난 것이 아닌가 생각하고 있었다.

화재가 있는 지 약 1달 후 커크패트릭이 페트랄리를 대신해 휴즈의 여행에 동참했다. 이제 D-2를 관리하는 임무를 더 이상 할 필요가 없었기 때문이다. 그는 B-23 자가용 비행기를 타고 라스베이거스로 갔다. 커크패트릭은 휴즈가 하퍼 드라이 호수 남서쪽을 비행할 때 부조종석에 앉아 있었다. 휴즈가 아래를 내려다보고 불타고 남은 잔해라도 찾아보려고 할 거라고 기대했다.

"그는 주변을 아예 바라보지도 않았습니다. 똑바로 앞만 보고 있었죠. 제가 알기로는 휴즈는 그곳에 다시는 가지 않았습니다. 정말 이상한 일이에요." 커크패트릭은 말했다.

커크패트릭은 휴즈가 D-2 프로젝트가 이런 식으로라도 끝나서 오히려 행복해했다고 생각했다. 이 사고는 오히려 뭔가를 새롭게 시작할 수 있는 기회를 주었다. D-2의 랜딩기어 작업을 하고 있던 브루스 버크는 불이 난 뒤 하퍼 드라이 호수에 가봤다. 남아 있는 것이라곤 불탄 전선과 부서진 쇠 배관, 그리고 랜딩기어 잔해뿐이었다고 한다.

"차라리 잘된 일이었지요." 버크는 회상했다.

라스베이거스를 방문한 뒤 휴즈와 커크패트릭은 북쪽으로 비행해 뉴어크에 갔다. 뉴욕 주에 있는 동안 커크패트릭은 지방 신문기사를 통해 휴즈가 유명한 스타 예비생과 사귀면서 뉴욕 시 나이트클럽에 드나들고 있다는 것을 알았다.

전쟁이 끝난 1945년 9월 어느 날, 휴즈는 일반 여객기를 타고 컬버시티로 돌아왔다. 거의 아홉 달을 비운 뒤였다. 커크패트릭은 S-43과 함께 뉴욕에 남았다. 10월에 커크패트릭은 오데커크에게 전화를 해서 S-43을 컬버시티로 가져가도 되느냐고 물었다. 오데커크는 비행기를 컬버시티로 가져올 수 있도록 비행사 프랭크 윌리엄스를 보냈다.

커크패트릭은 윌리엄스에게 물었다. "전에 시코르스키 S-43을 조종해 본 적 있나?"

"아니, 없습니다. 하지만 모를 것도 없죠." 그가 대답했다.

커크패트릭은 윌리엄스가 대단히 자존심이 강한 사람이라고 평했다.

연료를 가득 채우고 이륙할 때 비행기가 활주로를 벗어나 오른쪽으로 표류했다. 그리고는 바닥으로 기울어지다가 결국에는 꼬리 바퀴가 손상되었다. 커크패트릭과 윌리엄스는 모두 휴즈가 라스베이거스에서 낸 사고 이야기를 듣지 못했다. 페트랄리는 비밀을 지키고 싶어하는 휴즈의 바람을 너무나 존중한 나머지, 사고와 수리에 대해 커크패트릭에게 한 마디도 하지 않았다. 그 때문에 일어난 사고였다.

휴즈는 전쟁이 끝난 몇 달 뒤에야 컬버시티로 돌아왔다. 육체적 정신적 상처를 치유하기 위해 거의 1년 가까운 시간을 비운 뒤였다. 그 동안은 컬버시티 공장에서 복잡하게 진행되고 있는 사업에 대한 관심도 끊었다. XF-11 프로젝트와 비행정 프로젝트 모두 그가 떠나 있는 동안 마무리되지 않은 상태였다. 휴즈가 두 프로젝트에 대한 전반적인 지휘를 하고 있었기 때문이다. 결국 휴즈는 질병과 실수, 부주의함으로 전쟁 기간에 군수품 사업으로 큰돈을 벌 기회를 놓쳐 버렸다.

IV
세계에서 가장 큰 비행기

1946년, 휴즈는 오데커크와 육군 항공대에 있는 지인들에게 군 조종사를 한 명 추천해 달라고 부탁했다. 개인 조종사로 비행을 해주면서 XF-11 사진정찰기 프로젝트를 보조해 줄 사람을 찾는 것이었다. 모든 사람이 이구동성으로 존 포스터를 추천했다.

존 포스터 소령은 뉴욕 출신으로 서른한 살의 대담한 젊은이였다. 전쟁 동안 그는 태평양 전역에서 F-5 라이트닝을 모는 조종사로 근무했다. 포스터는 제8 사진정찰대대 소속이었는데, 이들의 임무는 뉴기니에 있는 일본군의 움직임을 정찰하고 촬영하는 것이었다.

P-38을 정찰용으로 변형시킨 기종인 F-5 라이트닝은 카메라 이외에는 어떤 무장도 하지 않았다. 때문에 이 대대는 비행기를 가볍게 하기 위해서 가능한 모든 것을 비행기에서 떼어 버렸다. 그래야만 속도를 높여 일본 폭격기들을 따돌릴 수 있기 때문이다. 하지만 지상에서 공격하는 일본 포병대원들은 여전히 문제였다. 포스터는 이 포병대원들을 두렵게 하는 기발한 방법을 생각해 냈다. 비행기에서 적 머리 위로 빈 맥주병을 떨어뜨리는 것이었다. 맥주병이 지상으로 떨어질 때 휘파람 소리 같은 것을 내는데, 이 소리를 듣고 포병대원들이 긴장을 하면서 머리를 숙였던 것이다.

포스터가 동료 조종사들의 눈길을 끌었던 또 다른 에피소드도 있다. 포스터의 대대에는 마틴(Martin) B-26 항공기가 있었다. 포스터는 이 B-26을 타고 오스트레일리아 시드니에서 포토모르즈비로 가는 도중 시드니 다리 아래로 비행을 해서 승객들을 혼비백산하게 했다. 나중에는 그의 능숙한 조종 솜씨를 칭찬하긴 했지만. 포스터는 다리 아래로 비행한 최초의 조종사였다. 이것은 사실 상식을 벗어난 행동이었다. 포스터는 고참 조종사였고 젊은 군인들의 귀감이 되어야 할 존재였다. 하지만 그는 오히려 놀기 좋아하는 사람이었고, 후배들의 모범이 되는 것과는 거리가 있었다. 그의 별명은 '주정뱅이(Rummy)'였다.

포스터는 타고 있던 L-4 라이트닝 항공기의 가압장치가 적 영토 상공에서 전투 임무 수행 도중 폭발하는 바람에, '명예전상장(名譽戰傷章, Purple Heart)'을 받았다. 가압장치에서 떨어져 나온 부품이 캐노피를 뚫고 들어와 목을 때렸다. 제 2차 세계 대전이 진행되는 동안 포스터는 전투 임무를 받고 89번의 비행을 했고, 은성무공훈장(Silver Star), 공로훈장(Legion of Merit), 수훈비행십자훈장(Distinguished Flying Cross)을 받았다.

전쟁이 끝난 뒤 포스터는 미국으로 돌아와서 줄리아 위버와 결혼했다. 그는 1946년까지 마치 비행장에 배치되어, 처음으로 작전에 활용된 제트기인 록히드사의 P-80을 조종했다. 전후 미국에는 공군에서 현역으로 남아 있고 싶어 하는 모든 조종사들을 수용할 만큼 충분한 비행기와 연료가 없었다. 더구나 관사가 비좁았는데 포스터의 아내는 첫 아이를 임신하고 있었다. 때문에 포스터는 하워드 휴즈를 위해 일해 보지 않겠느냐는 오데커크의 제안에 흔쾌히 응했다.

포스터와 그의 아내는 샌페르난도밸리로 이사를 왔고, 정비사 커크패트릭과 그의 아내 자넷과 좋은 이웃이 되었다. 아일랜드 출신인 커크패트릭은 키가 작고 검은 피부에 쾌활하며 술을 잘 마시는 사람이었다. 엔지니어 브랜드포드와 그의 아내 케이트도 사적인 모임이나 지방 호텔에서 열리는 회사 파티 등에서 다른 커플들과 어울렸다. 브랜드포드는 1943년 미드 호수에서 일어난 S-43 추락사고로 인한 상처에서 완전히 회복되어 있었다.

당시 회사는 그리 크지 않은 규모였다. 직원은 다 합쳐서 700명 정도였고, 대부분이 레이더시스템이나 미사일을 설계하고 제작하는 일을 하고 있었다. 30명만이 조종사나 비행기 유지 보수자로 항공기와 관련된 일을 했다. 가끔 휴즈는 흰 셔츠에 테니스화를 신은 편안한 차림으로 파티에 나타나곤 했다. 줄리아 포스터는 큰 키에 잘 생긴 40세의 휴즈가 무척 인상적이었다고 말했다. 그는 늘 사람들의 관심을 끌었다고 한다.

포스터가 휴즈항공사에 와서 처음으로 조종한 것은 더글러스사의 B-23 드레곤(Dragon)이었다. B-23은 1930년대에 나온 모델로 중량급 폭격기다. 라이트 R-2600-3 공랭식 성형엔진 2개를 탑재하고 있다. 이륙 시 엔진의 출력은 1,600마력, 순항속도는 210mph에 4,000파운드의 폭탄을 싣고 1,400마일을 이동할 수 있었다. 7.62mm 기관총으로 무장하고 있으며, 승무원은 총 6명이다. 비행사, 폭격수, 항법사, 무선기사, 카메라 기사, 미포 담당 포병대원이었다.

B-23의 처녀비행은 1939년 7월 27일 산타모니카에 있는 클로버 비행장에서 실시되었고, 1940년에 38대가 생산되었다. 그러나 육군 항공대는 B-23의 성능이 B-18보다 못하다는 것을 알게 된다. B-

23은 노스아메리칸(North American)사의 B-25, 마틴사의 B-26보다 속도도 느리고 무장도 더 약했다. 결국 B-23은 애초의 용도인 폭격기로 활용되지 않았다. 물론 해외 전투에서 B-23의 모습을 볼 수도 없었다. 진주만이 공격당한 뒤 몇 대가 태평양 해안에서 순찰을 돈 적은 있지만 짧은 기간이었고 곧이어 훈련용으로 격하되었다.

전쟁이 끝난 뒤, 정부는 남는 B-23을 헐값에 민간에 팔아넘겼다. 당시 휴즈항공사의 제작실은 비어 있었고 직원들은 일이 없었다. 휴즈는 회사용으로 개조하여 되팔 계획으로 시장에 나온 12대 중 10대를 사들였다.

"사람들에게 일거리를 주고 바쁘게 하려는 계획이었습니다." 브루스 버크의 말이다. 직원들은 B-23의 군용 장비들을 제거하고 적당한 실내 장식을 했다. 일부는 12명의 승객을 위한 좌석 -2개는 침실이 딸린 것이었다- 과 세면실이 딸린 것으로 개조되었다. 회사는 B-23의 민간용 사용 허가를 받았다.

휴즈는 B-23을 특히 마음에 들어 했다. B-23은 군용 C-47 또는 민간용인 DC-3보다 빨랐으며, 혼자서 조종할 수 있는 기종이었다. 또, 조종실에 여유가 있어서 소파를 놓고 의자를 들여놓을 수 있었다. 휴즈는 개인용으로 하나를 골라서 기호에 맞게 폭넓은 개조를 했다.

가끔 휴즈는 포스터와 함께 B-23을 탔다. 잠을 잘 때 대신 조종할 조종사가 필요하기 때문이다. 어떤 때는 항공사인 얼 마틴을 태우기도 했다.

마틴은 휴즈와 비행하면서 그를 잘 알 수 있는 기회를 가졌다. 그는 주변에 사람이 없으면 휴즈를 '하워드'라고 부르고, 사람들과 함께 있을 때는 '휴즈 씨'라고 불렀다. 보통 휴즈는 공항에서 만날 때 와이

셔츠 차림으로, 여행가방 같은 짐은 전혀 없이 왔다. 잠시 후 시종이 깨끗한 셔츠를 넣은 박스를 가지고 오는데, 이 셔츠와 쿠키 한 봉지 그리고 우유가 휴즈가 여행갈 때 챙기는 전부였다. 마틴은 휴즈가 궤양이 있어서 민간요법의 하나로 우유를 마시는 것은 아닌가 하고 생각했다.

마틴은 휴즈가 식습관이 좋지는 않았다고 말했다. 휴즈와 함께 다니면 하루 종일 식사를 거른 채 돌아다니다가 밤 12시쯤에야 식사를 했다. 휴즈는 그 시간에 제대로 차린 정찬을 먹었다. 반면 마틴은 시간이 너무 늦어서 피곤한 나머지 먹는 둥 마는 둥 했다. 휴즈는 보통 스테이크와 프렌치프라이, 완두콩을 먹었다. 이 메뉴는 거의 변하지 않았다. 마틴은 휴즈가 세균에 대해서는 무척 신경을 쓰면서 영양에는 무관심한 것을 이상하게 생각했다.

마틴은 휴즈에게 식습관에 대해서 조언을 한 적도 있었다. "좀 더 규칙적으로 먹고 더 좋은 음식을 찾아서 먹으면 두통이 없어질 겁니다." 하지만 휴즈는 마틴의 말을 듣지 않았다. 마틴은 낮에는 먹지 않고 밤에 많이 먹는 식습관 때문에 휴즈가 변비에 걸렸다고 생각했다. 변비는 평생 휴즈를 따라다니며 괴롭혔다. 마틴은 또 휴즈의 두통이 산소 부족 때문일 것이라고 보았다. 휴즈는 보통 비가압형인 B-23을 타고 15,000피트 이상의 고도를 날았다. 보조 산소도 없었기 때문에 마틴은 되도록 움직이지 않고 가만히 있었다. 가끔 비행기 상태를 점검하기 위해서나 휴즈가 동체 후미 쪽에 놓아둔 물건을 가지러 뒤쪽으로 기어가야 할 때면 숨이 찼다. 산소 부족을 보충하려고 마틴은 각설탕을 한줌씩 가지고 다녔다. 각설탕에 산소가 들어 있다고 믿었기 때문이다.

마틴은 고공비행이 휴즈의 청력에도 해가 되었다고 보았다. 그는 휴즈의 난청이 이 때문이 아닌가 생각했다. 특이하게도 휴즈는 B-23에서 무선 볼륨을 맞추고 있을 때 오히려 지상에서보다 소리를 잘 들었다. 휴즈는 늘 무선 교신을 직접 했다. 마틴은 비행사 자격증이 없었지만 때로 B-23에 부조종사로 비행하기도 했다.

마틴은 휴즈와 무척 잘 지냈다. 그는 휴즈가 양심적인 사람이며 좋은 조종사요 항법사라고 생각했다. 휴즈는 함께 일하는 사람들에게 인기가 있었고, 사람들을 늘 공평하게 대했다. 마틴은 휴즈에게 안식을 주는 것은 바로 비행뿐이라고 믿었다.

이즈음 휴즈는 단독으로 국토횡단 비행을 하여 미주리 주 캔자스시티에 착륙한 적이 있었다. 무선 나침반이 제대로 작동하지 않아 착륙 후 수리를 요청했다. 감독관이 정비사들을 소집하기 시작하자 휴즈는 "정비사가 아니라 엔지니어를 불러주시오." 하고 말했다.

그래서 젊은 전기공학자 윌리엄 미어도르가 휴즈의 비행기를 살피러 가게 되었다. 미어도르는 재빨리 원인을 파악하고 진공관을 교체했다. 그러자 나침반은 완벽하게 작동했다. 일을 마친 미어도르가 비행기 밖으로 뛰어내리자마자 휴즈가 걸어왔다.

"뭐가 문제던가?" 휴즈가 물었다.

"관이 문제였습니다. 휴즈 씨. 이제 괜찮습니다." 미어도르가 대답했다.

"교체한 관은 어디 있나?" 휴즈가 물었다.

미어도르가 관을 휴스에게 건넸다. 휴즈는 관 테스트하는 기계에 대고 고장 난 부위를 조사해서 미어도르의 말을 확인했다.

"맞군. 가스가 차 있어." 휴즈는 동의했다. "자 그럼 새 관이 제대로 작동하는지 볼까." 미어도르를 옆에 세운 채로 휴즈는 무선 나침반을 점검했다. 그리고는 정중하게 미어도르에게 감사를 표했다. 미어도르는 떠날 준비를 했다.

"잠시만, 이 비행기를 예전에 볼 기회가 있었나?" 휴즈가 물었다.

"네, 전쟁 때 라이트 비행장에서 B-23을 본 적이 있습니다."

"아마 이 녀석 같은 B-23은 본 적이 없을 걸세." 휴즈는 무척 자랑스러워하며 이야기했다. "내가 이 비행기를 어떻게 개조했는지 보여주고 싶네."

그리고는 20분에 걸쳐서 비행기 가이드 투어를 시켜주었다. 항법 장치부터 가죽 커버를 씌운 소파와 간이부엌 등 호화로운 인테리어까지 모든 특징적인 부분들을 설명해 주면서 무척이나 흡족해했다. 로버트 설링이 쓴 <하워드 휴즈의 항공사 : TWA의 감춰진 역사 (Howard hughes' Airline : An Informal History of TWA)>에 언급된 내용을 보면, 미어도르에게 휴즈는 무척 외로운 사람처럼 보였다. 자기가 직접 만든 고립된 독방에 살면서 사람들과의 작은 교제와 소통 기회라도 붙잡으려고 하는 그런 사람. 이 독방은 의심과 공포, 불신, 그리고 경계심이라는 벽으로 둘러싸인 곳이었다. 휴즈는 어디선가 불쑥 고개를 들지 모르는 그의 부와 지배력, 권력에 대한 도전을 막으려고 안간힘을 썼다. 그래서 혼자 비행하기를 더 좋아하고 혼자서 보내는 시간을 즐겼다. 미어도르가 목격한 휴즈의 모습은 매우 드문 모습이었다. 휴즈가 고립된 독방에서 걸어 나와 자신이 아끼는 비행기와 비행 경험을 다른 사람과 함께 나누는 일은 흔치 않았다. 비행기와 비행은 그가 완전한 평온함을 누리는 유일한 영역이었다. 비행기를 타고 날고 있을 때, 그는 다른 사람에 대해서는 물론 자기 자신에게도 비로소 편안함을 느꼈다.

1947년, 휴즈와 포스터는 동해안으로 비행을 떠났다가 로스앤젤레스로 돌아왔다. 두 사람은 휴즈항공사 활주로에 B-23을 착륙시키기 위해서 하강하고 있었다. 그때 태평양 쪽에서 수면 위를 낮게 날고 있는 소형 연식 비행기가 보였다. 휴즈는 새 영화 <무법자(The Outlaw)> 홍보에 사용하기 위해 이 기종을 사고, 운전할 조종사도 함께 고용한 터라 주의깊게 살펴보았다.

영화 <무법자>는 1940년 하워드 혹스 감독, 하워드 휴즈 제작으로 촬영되기 시작했다. 하지만 혹스는 촬영 시작 후 2주간 휴즈와 말다툼을 벌이다가 떠나 버렸다. 결국 휴즈가 감독까지 맡았다. <무법자>는 여배우 제인 러셀의 영화 데뷔작으로, 당시 제인은 열아홉이었다. 휴즈는 전국에 걸쳐서 연기자를 찾아본 뒤 제인 러셀을 발탁했다.

영화 내용을 간략히 살펴보면 다음과 같다. 독 홀리데이(월터 휴스턴)가 자기 말을 훔쳐간 악명 높은 도둑 빌리 더 키드(잭 부에텔)를 만나게 된다. 독의 오랜 친구이자 현직 보안관인 팻 가렛이 살인 혐의로 키드를 체포하려 한다. 하지만 독은 그 젊은이가 은신처로 도망갈 수 있도록 도와준다. 그곳에서 키드는 아름다운 아가씨 리오(제인 러셀)를 만나고 두 사람은 곧 사랑에 빠진다. 독과 리오, 키드는 법망을 피해 돌아다니면서 인디언과의 조우, 총격전 등 일련의 모험을 하게 된다. 이런 과정을 거치면서 영화는 격렬한 막판 대결의 클라이맥스로 치닫는다.

신징직인 요소들 상소한 데다 특히 제인 러셀의 풍만한 가슴 굴곡에 지나치게 관심이 쏠리면서 휴즈는 영화 검열관들과 계속되는 씨름을 해야 했다. 때문에 1941년에 촬영이 끝났지만 1943년까지 개봉

하지 못하다가 겨우 6주 동안 상영했다. 하지만 검열을 둘러싼 논쟁은 영화에 대한 대중의 관심을 더 부추기는 효과를 낼 뿐이었고, 영화는 개봉 후 관객 동원에서 큰 성공을 거뒀다. 사실 휴즈가 나서서 검열 논쟁을 부채질 한 측면도 없잖아 있었다. 제인 러셀은 나중에 감독인 휴즈가 이 신출내기 여배우를 감상하는 개인적인 즐거움을 위해 자신이 나오는 장면을 재촬영했다고 이야기했다. 영화를 촬영하는 동안 제인 러셀은 휴즈가 직접 디자인한 브래지어 -하프컵 브래지어-를 착용했는데, 가슴 윤곽을 특별히 강조한 것이었다.

어쨌거나 B-23을 타고 하강하는 동안 휴즈는 포스터에게 "저 소형 연식 비행기를 좀 보게나." 하고 말했다. 그들이 고도를 좀 더 낮추자 팔로스버데스 반도 앞바다 2마일 상공 위를 약 50피트 고도에서 날고 있는 비행기가 잘 보였다. 휴즈는 지금 보이는 비행기가 자기가 산 것이라고 확신했다. 밤에 로스앤젤레스 상공을 비행하면서 영화 <무법자>를 광고하기 위해서 비행기 몸체에 설치한 네온사인이 번쩍이고 있었기 때문에 의심의 여지가 없었다. 하지만 해변에서 떨어져서 멀리 있으면 전혀 광고 효과가 없을 터였다.

비행기 가까이 다가가자 조종실에 앉아서 낚싯대를 잡고 있는 두 사람이 보였다. 두 사람은 휴즈가 광고용으로 산 비행기를 타고 낚시를 하면서 휴즈의 돈을 낭비하고 있었던 것이다.

"세상에 저 꼴 좀 보게!" 휴즈는 포스터에게 말했다.

휴즈는 소형 비행기와 같은 고도로 내려가서 고속으로 가까이 나가갔고, 비행기 바로 주위를 날면서 그들의 낚시질을 방해했다.

중고 전투기를 살 다시없이 좋은 기회가 제 2차 세계 대전 직후에 있었다. 정부가 전후 남아도는 비행기를 염가에 판매했기 때문이다.

A-20 같은 전투기용으로 만들어진 비행기들이 매우 싼 가격에 팔렸다. 휴즈항공사도 10~12대 정도를 사들였다. 일반 회사용으로 개조해서 이윤을 남기고 되팔 예정이었다.

더글러스사는 1930년대 후반에 육군 항공대의 싱글엔진 공격기들을 대체할 유망한 경비행기로 A-20을 만들었다. 이 비행기는 트라이사이클 방식 랜딩기어와 매우 좁은 동체를 가지고 있었다. 4,000파운드의 폭탄을 적재할 수 있었으며, 탑승 승무원은 3명이었다. 또한, 50구경 기관총 9대로 무장했다. 이 비행기의 최고속도는 340mph, 순항속도는 290mph였다. A-20G는 A-20 변형 기종 중 가장 많이 생산된 기종이다. A-20G 모델은 1,700마력짜리 라이트 R-2600-23 사이클론 엔진 2기를 장착하고 있었다. 총 2,850대나 되는 A-20 시리즈들이 산타모니카의 더글러스사 공장에서 1943년에서 1944년 사이에 만들어졌다.

휴즈는 오데커크에게 더글러스 A-20G 해벅(Havoc) 트윈엔진 공격기 5대를 사들이라고 지시했다. 오데커크는 비행기를 구매한 뒤, 쓸 부품을 떼어내거나 특정 부품을 제거하는 식으로 개조 작업을 진행했다. 결국 총 5대 중 2대가 비행 가능한 상태로 개조되었다. 비행기 한 대당 가격은 2,000달러로 당시 수송용 비행기에 비해서는 싼 편이었다. 휴즈항공사는 또 약 60개의 엔진을 사들였다. B-23은 A-20G와 같은 엔진을 쓰고 있었다. 때문에 엔진에 문제가 생겼을 때 수리하는 것보다 교체하는 것이 더 수월하게 되었다.

오데커크는 개조된 두 비행기 중에 하나를 개인용 비행기로 쓰고 싶어 했다. 브루스 버크에게 군용 인테리어들을 떼어내고 폭탄 투하실 위 선실 뒤쪽에 4개의 승객용 좌석을 설치하라고 지시했다. 버크는 또 조종실 뒤에 자리를 하나 더 만들어 오데커크의 부인이 선실에 함께 탑승할 수 있게 했다. 또 하나의 A-20은 승객과 짐을 수송하는 데 실제 사용되었다. 이 비행기는 6명의 승객을 태울 수 있었고, 폭탄 투하실 부분에 화물용 선반을 장착했다.

 A-20G(등록번호 NX34920)는 산타모니카의 더글러스사 공장에서 생산되어 1944년 육군 항공대에 인도되었다. 인도 직후 새크라멘토 근처의 맥켈란 비행장 창고로 보내졌다. 결국 이 비행기는 실제 작전에서 한 번도 쓰이지 않았지만 1945년 중반이 되자 잉여 군수물자로 분류되었다. 군은 이 비행기를 캘리포니아 온타리오 근처 치노 비행장으로 보내서 매각을 위해 부흥금융공사에 양도했다. 휴즈항공사가 1945년 11월 15일 이 비행기를 1,500달러를 주고 구매해 민간용 등록증을 받았다. 처음 받았던 실험비행용 감항증명(항공기가 안전하게 비행할 수 있는 상태라는 증명서)은 특별한 경우에만 조종이 허락되는 증명서다. 하지만 휴즈항공사는 당시 비행기를 새로운 장비 테스트와 공기역학 관련 테스트를 포함한 모든 종류의 테스트에 사용할 수 있는 증명서가 필요했다. 1947년, 이 비행기는 한정된 감항증명에 적합하다고 판명되었고, 등록번호가 NL34920으로 변경되었다. 휴즈가 첫 번째 제작한 XF-11은 추락사고 후, 수직꼬리날개만이 온전히 남아 있었는데, 이 수직꼬리날개를 떼어내서 A-20G에 장착해서 동력비행 조종장치를 실험했다. 그리고는 다시 원래 꼬리를 붙여서 추적용 항공기로 사용했다.

산타모니카 해변을 날아오르는 트윈 비치(위) 휴즈 공항에서 더글러스 A-20G(아래)

* * *

종전 후, 휴즈항공사 경영진에게 중요한 관심사는 군용 시장에서 민간 시장으로 이행하는 것이었다. 컬버시티에도 상황에 발 빠르게 대응하기 위한 민간용 조립라인 설비가 필요했다.

휴즈항공사 경영진은 엔지니어와 설비를 활용하기 위해서 18인승 트윈엔진을 장착한 비행기를 구상하고, 피더라이너(Feederliner, 지선 운항 여객기)라고 이름 붙였다. 휴즈항공사 경영진은 록히드사의 컨스털레이션이 동서로 논스톱 대륙횡단 비행을 할 것으로 예상했다. 따라서 도시와 도시 사이를 이동하려는 승객들의 욕구를 충족시켜줄 비행기가 필요할 것으로 판단했다. 즉, 뉴어크, 트렌튼, 필라델피아 같은 도시에서 뉴욕이나 워싱턴으로 실어다 줄 그런 노선을 생각했다. 뉴욕이나 워싱턴에서 출발하는 대륙횡단 비행기를 탈 수 있도록 말이다.

휴즈항공사 엔지니어들은 10,000피트 상공을 186mph의 순항속도로 날 수 있는 18,000파운드짜리 비행기를 구상했다. 6,000파운드 상당의 승객 또는 화물을 적재할 수 있는 실용적인 크기였으며, 실속 속도가 57mph로 매우 낮게 설계했다. 이 비행기는 휴즈항공사가 민간 수송기 및 중역용 항공기 제작회사로서 처음으로 내놓는 제품이기도 했다.

가능한 모든 범위의 승객을 끌어들이려는 노력의 일환으로 휴즈항공사는 경주마를 위한 마구간까지 갖춘 '경주마 수송' 변형 기종까지 생각했다. 또 다른 변형 기종은 우체국 직원이 비행 도중 우편물을 분류할 수 있는 공간을 제공하는 것이었다.

하지만 뭐니 뭐니 해도 이 비행기의 가장 혁신적인 면모는 승객 수송에 대한 새로운 접근이었다. 이 비행기는 동체 넓이가 복도를 사이에 두고 4명이 나란히 앉을 수 있을 정도로 넓었다. 휴즈항공사는 전후에는 버스 형식의 항공운송 수단에 대한 수요가 늘어날 것으로 확신했다. 오늘날 모든 도시에서 버스를 이용하는 것처럼, 비행기 승객들이 예약 없이 비행기에 탑승하기만 하는 체제가 될 것으로 생각한 것이다. 기관사 또는 버스 기사 역할을 하는 부조종사에게 표를 구입하는 방식으로 말이다. 승객들은 개인 짐을 가지고 탑승해서 자기 자리 밑에 둔다는 발상도 추가되었다. 9.11 테러 이후에는 오늘날의 우리도 생각하기 힘든 개념이다.

좌석이 다 차면 나머지 손님들은 비행하는 동안 복도에 서서 천장에서 내려온 가죽 끈을 잡고 서서 간다. 그래서 이들을 '손잡이를 잡고 선 사람'이라고 불렀다. 사실 이런 제반 아이디어들은 어떻게 보면 독특하다기보다는 기묘할 정도다. 때문에 사람들은 휴즈가 연관되어 있을 것으로 생각할지도 모른다. 하지만 브루스 버크는 '더 맨'은 이 일과 전혀 관련이 없다고 확신했다.

당시 휴즈는 피더라이더 같은 일개 비행기에 관심을 갖기보다는 자신의 항공운송회사인 TWA에 관심을 쏟고 있었다. 휴즈는 '캘리포니아의 별(Star of California)'이라는 이름을 붙인 컨스털레이션의 TWA 국내선 개시 비행을 몸소 했다. 즉, 1946년 2월 15일, 로스앤젤레스에서 뉴욕까지 논스톱으로 컨스털레이션을 조종했다. 비행기에는 35명의 승객이 탑승했는데, 그중에는 할리우드 유명인사들이 다수 있었다. 린다 다넬, 폴레트 고다드, 케리 그랜트, 베로니카 레이크, 미르나 로이, 프랭크 모건, 월터 피전, 윌리엄 파월, 티론 파워, 에드워드 로빈슨, 랜돌프 스콧, 데이비드 셀즈닉, 진 티어니 등. 신문과 영화 관련 뉴스를 다루는 <폭스 무비톤(Fox Movietone)>과 <파라마운트 뉴스(Paramount News)>가 출발부터 도착까지를 생중계했다. 휴즈는 예정된 스케줄보다 일찍 도착했다. 신문은 TWA가 기록한 8시 38분의 비행시간과 유나이티드 에어라인이나 아메리칸 에어라인의 13시간 또는 14시간의 비행시간을 비교했다. 이들 항공사에서 주로 쓰고 있는 비행기는 DC-4였다. 이 소식은 전국의 뉴스 헤드라인을 장식했다. 덕택에 TWA는 항공운송 분야에서 주도적인 자리로 올라서게 되었다. 바로 휴즈가 원했던 바였다. 이 쾌거는 또한 휴즈가 여전히 비행기를 조종하고 있으며, 더 많은 비행기록을 세울 수 있다는 것을 만방에 보여주었다.

* * *

그해 하반기에 휴즈는 두 번째 아내가 될 여인을 만나게 된다. 뉴포트 해변에 있는 빌 카그니의 집에서 열린 독립기념 파티에서였다. 카그니는 영화배우 제임스 카그니의 형제였다. 파티 참석자들이 모래 위를 거닐고 있는 동안, 휴즈는 거무스름한 피부를 가진 아름다운 아가씨에게 매혹되었다. 눈부신 흰색 수영복을 입은 아가씨는 전쟁 영웅인 오디 머피와 손을 잡고 걷고 있었다. 아직 소년티가 가시지 않은 스물한 살의 머피는 최고의 무공훈장인 명예훈장을 받았으며, 현재는 영화배우가 되려 하고 있었다.

파티는 산타카타리나 섬으로 옮겨서 계속되었다. 휴즈는 당시 열아홉 살의 아름다운 아가씨 잔 피터스를 비행기 옆 좌석에 태우고 섬으로 데려다주었다. 피터스는 오하이오 주 캔턴에서 태어나 오하이오 주립대학에 들어갔다. 대학에서 치어리더를 맡았고, 미스 오하이오 주립대학으로 뽑혔다. 상금은 200달러와 할리우드에서의 촬영 오디션이었다. 덕분에 그녀는 깜짝 스타가 되었다.

41세의 휴즈는 피터스의 미모에 반했다. 7월 4일 일요일, 3일간의 파티가 끝나고 요트를 타고 집으로 향하고 있을 때 휴즈는 피터스와 머피, 카그니를 비행기에 태워 휴즈항공사로 데려가겠다고 제안했다. 그는 XF-11의 첫 테스트 비행을 할 예정이었다.

멋진 맵시의 XF-11은 휴즈가 11년 전에 만들어 조종했던 레이서만큼이나 아름다웠다. XF-11은 우아한 선과 부드러운 표면, 유선형의 맵시, 분명 무척 빠를 것 같은 외관을 하고 있었다. 비행기는 연료를 전혀 넣지 않은 상태에서 34,700파운드가 나갔고, 짧고 뾰족한 모양의 기수와 조종석을 갖춘 2개의 동체가 날렵하게 설계되어 있었다. 꼬리가 2개인 이 비행기는 길이가 65피트, 날개너비가 101피트였다. 하나당 3,000마력의 출력을 내는 플래트&휘트니 R-4360 엔진 2개가 탑재되었다. 해밀턴스탠더드사의 깃이 4개인 역회전식 프로펠러(contrarrotating propeller, 서로 반대로 회전하는 두 개의 프로펠러) 2개가 앞뒤로 설치되었다. 휴즈는 육군에 그의 이 걸작품이 30,000피트 고도에서 420mph로 날게 될 거라고 장담했다. 또한, 이 비행기의 실용상승한도가 44,800피트이며, 항속거리는 5,000마일이 될 것이라고 자랑해 놓은 터였다.

군용기의 첫 테스트 비행은 모하비 사막에 있는 에드워드 공군기지에서 이루어지는 것이 일반적이다. 인적이 드물어서 테스트해 보지 않은 비행기를 날려보기에 최적의 장소였기 때문이다. 하지만 휴즈는 육군에 자신의 홈구장과도 같은 컬버시티에서 첫 비행을 하게 해달라고 요청했다. 그는 몇 시간 동안 잔디 활주로 위로 비행기를 지상활주해 보았다. 비행기는 멋진 디자인만큼이나 잘 날 수 있을 것처럼 보였다.

해밀턴스탠더드사의 수리 기사 프랭크 프린츠는 몇 달 전 프로펠러 작동 상태를 점검하기 위해서 휴즈와 함께 비행기에 올랐었다. 고속으로 지상활주를 하는 동안 휴즈는 계기판을 읽는 데 집중한 나머지 활주로 끝에 너무 가까이 왔다는 것을 깨닫지 못했다. 휴즈가 브레이크를 최대한 작동시키고, 프린츠가 역추력 발생장치를 잡아당겨 4개의 프로펠러를 역피치(reverse pitch, 블레이드가 역추력을 발생시키는 피치각, 착륙 시 활주 거리를 감소시키는 데 활용됨) 상태로 만든 뒤에야 겨우 비행기를 멈출 수 있었다. 휴즈와 프린츠는 예정된 첫 비행을 하기 전에 서너 시간을 지상활주를 하는 데 보냈다. 테스트할 때마다 오른쪽 프로펠러의 연료 탱크에 3~4온스의 기름을 넣어주어야 했다. 내부에 작은 구멍이 생겨 연료가 새고 있었기 때문이다.

브랜드포드에 따르면, 휴즈는 엔지니어들이나 정비사들과 의사소통이 그리 원활치 않았다. 휴즈는 오일이 새고 있다는 사실을 알아채지 못했고, 브랜드포드는 휴즈가 1,200갤런이나 되는 기름을 XF-11에 넣어두라고 지시한 사실을 알지 못했다. 공군 공인 비행계획서에는 600갤런만을 싣도록 되어 있었다. 휴즈는 또 공군 비행계획서상에서 요구하는 45분보다 더 오래 비행할 생각이었다.

2시간 동안 지상활주 테스트를 한 뒤, 휴즈는 정비사 페트랄리에게 일요일 오후에 첫 테스트 비행을 할 수 있도록 지시했다. 프린츠에게 이 비행 사실을 알려준 사람은 아무도 없었다. 휴즈도 페트랄리도 프로펠러의 오일 수위를 체크하지 않았다. 브랜드포드와 휴즈는 시험 비행계획서를 하나하나 체크했다. 계획서에 따르면, 휴즈는 처음에 랜딩기어를 내리고 비행해야 하고, 45분 동안만 비행장 위를 날면 된다.

드디어 마지막 정비사가 XF-11의 손질을 마쳤다. 오데커크가 휴즈에게 점검이 끝났다고 알렸고, 휴즈는 엔진을 가동시키기 시작했다. 브랜드포드가 조종실로 올라가서 함께 비행할 것인가를 물었다. 휴즈는 혼자 비행하고 싶다고 답했고, 브랜드포드는 사진기록 장치를 시동시키고 내려왔다.

정확히 오후 5시 20분, 휴즈는 잔디 활주로를 요란한 소리를 내며 달려서 공중으로 떠올랐다. 휴즈는 랜딩기어를 집어넣었다. 그러나 한쪽 기어에 위험을 알리는 붉은 전등이 켜졌다. 상승하는 동안 랜딩기어 핸들을 몇 번 더 돌려봤다. 조종간을 앞으로 밀고, G 레벨을 1 이하로 줄인 뒤, 안전벨트를 풀고 기어를 밀어 올렸다. 그러나 여전히 랜딩기어가 제대로 되어 있지 않은 것 같다는 느낌이었다.

약 40분 동안, 휴즈는 5,000피트 고도에서 컬버시티 위를 선회했다. 그리고는 기어를 밖으로 빼고 비행장 위를 좀 더 낮게 날아보기로 했다. 지상 요원이 랜딩기어 바퀴 3개를 육안으로 보면서 확인할 수 있게 하기 위해서였다. 랜딩기어 바퀴 3개가 모두 밖으로 나와 있어야 했다. 하지만 휴즈는 무선으로 지상 요원과 연락할 수 없었다.

오데커크와 브랜드포드는 휴즈가 이륙하는 것을 보고 곧이어 A-20을 타고 이륙했다. 휴즈의 뒤를 좇으며 안전을 살피기 위해서였다. 그들은 휴즈의 지시로 머피와 카그니를 비행기에 태우고 함께 비행했다. 머피와 피터스를 떼어놓기 위해서였다. 휴즈는 피터스가 XF-11을 쳐다보면서 지상에 혼자 있는 동안, 비서가 피터스와 접촉하여 데이트 약속을 잡아두기를 바랐다. 물론 비서는 두 사람의 데이트 일정을 잡아두었고, 결국 1년 후에 두 사람은 결혼하게 된다.

오데커크는 휴즈의 XF-11의 뒤를 따라 가면서 비행기를 계속해서 지켜보고 있었다. 휴즈는 오데커크가 랜딩기어를 봐주기를 바랐지만 오데커크와도 역시나 무선 연락이 되지 않았다. 휴즈는 로스앤젤레스 관제탑 기수와 연락이 되자, 오데커크가 사용하고 있는 무선 주파수를 찾아달라고 부탁했다.

오후 6시 35분, 휴즈가 비행을 시작한 지 1시간 15분 뒤 XF-11은 심각한 문제를 보이기 시작했다. 컬버시티 비행장에서 동쪽으로 약 2마일 정도 떨어져 5,000피트 상공을 날고 있을 때였다. 당시에는 알지 못했지만 오른쪽 프로펠러의 오일 공급 장치에서 기름이 새어나오고 있었다. 그 결과 오른쪽 뒤에 있는 프로펠러가 역회전하는 상태가 되었다. 그러자 앞에 있는 프로펠러가 뒤쪽 프로펠러의 항력에 대한 반작용으로 하이 피치(high pitch) 상태가 되었다. 이 두 힘의 상호작용 결과 오른쪽 엔진의 추력(推力, 공기를 후방으로 밀어내 앞으로 이동하는 항공역학적인 힘)이 완전히 떨어졌다. 휴즈는 방향타를 완전히 왼쪽으로 움직이고, 보조날개를 기울여 날개의 수평을 유지하려 했다. 하지만 고도를 유지할 수가 없어 비행기가 하강하고 있었다. 비행기에 문제가 생겼다는 무선 연락이 전혀 없었기 때문에 오데커크는 XF-11의 고도가 낮아지자 착륙을 위해 하강하는 것으로 생각했다. 오데커크는 공동으로 비행하던 것을 멈추고 휴즈 공항으로 돌아와 착륙했다.

B-23, S-43, D-2 등을 작업할 때 휴즈와 함께 일했던 레이 커크패트릭은 1980년 그의 아들과의 인터뷰에서 휴즈가 왜 고도를 유지할 수 없었는지를 설명했다. XF-11은 최초의 스포일러(기체의 양력을 줄여

주는 작은 변형기) 타입 보조날개를 가진 비행기였다. 조종사가 처음 조종간을 돌리면, 날개 끝에 있는 작은 보조날개들이 기울어지면서 양력을 올린다. 하지만 조종사가 조종간을 좀 더 돌리면, 큰 스포일러들이 날개 끝에서 뻗어 나와서 양력을 떨어뜨린다. 결국 휴즈가 방향타를 최대로 조정하고 조종간을 너무 많이 돌렸기 때문에, 오른쪽 날개에서 양력이 거의 없어져 버린 것이다.

커크패트릭은 공항에 서서 휴즈가 착륙하기를 기다리고 있었다.

"휴즈는 컬버시티나 산타모니카 공항 중 하나에 착륙할 수 있는 상황이었습니다. 하지만 어디가 잘못되었는지를 알고 싶었던 거죠." 커크패트릭의 말이다. 커크패트릭은 휴즈가 늘 비행기에 어떤 문제가 있는지를 제일 먼저 파악하고 싶어 했다고 전한다. 그리고는 엔지니어한테 이야기해 주거나 정비사를 호되게 꾸짖곤 했다는 것이다.

커크패트릭은 다음과 같이 덧붙였다. "휴즈는 엔지니어들이 먼저 알아내서 어디가 잘못되었다고 말하는 걸 좋아하지 않았습니다. 이때도 호기심과 욕심이 그를 지배했던 겁니다. 착륙 전에 XF-11의 문제점을 자신이 직접 파악해야만 했던 거죠."

이 욕심은 휴즈가 그날 저지른 실수 중에 최후이자 가장 위험천만한 것이었다. 모든 비행사들은 비행 중에 긴급 상황이 발생하면 문제가 생긴 비행기에서 가능한 빨리 내려야 한다고 배운다. 또한, 모든 테스트 조종사들은 엔지니어와 정비사들과 계속해서 연락을 취해서 모두가 테스트 비행계획서상의 같은 항목을 보면서 혼연일체가 되어 일할 수 있게 해야 한다고 훈련받는다. 엔지니어와 이야기하지 않은 것, 여분의 기름을 채운 것, 랜딩기어를 꺼내지 않고 곧장 집어넣은 것, 예정된 시간보다 더 오래 비행한 것, 이 모든 것들이 테스트 비행

4. 세계에서 가장 큰 비행기 *125*

계획서와 군의 규율에 위배되는 것이었다. 휴즈는 재앙을 불러올 제반 여건을 스스로 조성하고 있었다.

XF-11을 비스듬히 기울여 비행할 수가 없었다. 날개를 수평으로만 유지할 수 있는 상태였기 때문이다. 비행기를 기울일 수 없었으므로, 컬버시티로 내려오지 못하고 비벌리힐스를 향해서 북쪽으로 계속 날아갈 수밖에 없었다. 휴즈가 비행기 고도를 더 이상 유지할 수 없게 되었을 때 저 멀리 로스앤젤레스 컨트리클럽이 보였다. 20여 년 전 휴즈는 스티어맨을 벨 에어 컨트리클럽 골프장에 무사히 착륙시킨 바 있었다. 그는 XF-11을 같은 방법으로 착륙시킬 수 있을 것으로 생각했다.

휴즈가 안전벨트를 조이지 않은 것도 사태를 더욱 악화시켰다. 휴즈는 비행 초반에 조종실 창을 통해서 XF-11의 랜딩기어를 살피려고 안전벨트를 풀었었다. 랜딩기어가 제대로 들어가지 않고 느슨하게 풀려서 바람에 흔들리고 있지는 않은지 걱정스러웠기 때문이다. 결국 그는 골프장까지 가지 못하고, 호화주택 지구에 추락했다. 그리고는 마치 커피 캔 안에 있는 탁구공이 튀듯이 조종실 밖으로 튕겨 나갔다.

"비행기는 바닥에 닿기 전에 이것저것을 닥치는 대로 치고 지나갔습니다." 커크패트릭의 말이다. 다행히도 XF-11은 변압기, 주택의 지붕, 거대한 덤불 등을 치고 지나가면서 속도가 많이 줄어 있었다.

"골프장에서 3블럭 정도 못 간 상태였습니다." 커크패트릭은 계속해서 말했다. "못 간 것이 오히려 다행이었습니다. 골프장에는 거나란 유칼립투스 나무들이 서 있거든요. 그 나무들은 부딪혔다 해도 쉽게 흔들리지도 않았을 겁니다."

XF-11은 완전히 부서졌고, 휴즈는 중상을 입었다. 왼쪽 가슴과 엉덩이, 왼쪽 손에 화상을 입었고, 온몸에 타박상과 찰과상을 입었다. 가슴 부위에 입은 내상은 외상보다 훨씬 더 심각한 상황이었다. 휴즈의 진료기록을 보면, 그는 심장 타박상으로 통증을 호소했다. 오른쪽 세 번째 갈비뼈와 왼쪽 쇄골, 7번째 목뼈가 부러졌다. 또, 폐와 식도 주변에 출혈이 있어서 4일 동안 식도경색증(식도가 부분적 또는 완전히 막히는 증세)을 보였다. 좌우 흉벽의 피하기종(피하에 기체가 들어가서 종기같이 된 상태)으로 인한 통증도 호소했다. 윗입술에도 상처가 생겨서 흉터가 남았는데, 이후 평생 동안 콧수염을 길러서 이 상처를 가리고 다녀야 했다.

휴즈는 오데커크 이외에는 누구도 병실에 들어오지 못하게 했다. 시간이 흘러 조금 회복되자 오데커크에게 "프로펠러를 살펴보게."라고 말했다.

휴즈의 고통을 줄이고 쇼크를 예방하기 위해 의사들은 모르핀을 처방했다. 휴즈는 병원에 있는 35일 동안 지속적으로 투약하면서 지냈다. 나중에 그는 모르핀을 끊고 코데인(codeine, 진통 수면제의 일종)을 처방받았다. 휴즈는 혼자서 주사바늘을 가지고 코데인을 투약할 수 있었다. 이후 휴즈는 평생 동안 약물에 의존하며 지냈으며, 투약량을 점점 더 늘여가야만 했다.

육군 항공대 사고조사위원회는 사고가 "프로펠러 손상으로 인한 피할 수 없는 결과였다."고 결론지었다. 또한, '휴즈항공사 직원들, 육군 군수품 담당 지휘관, 하워드 휴즈 등 관련자들이 일사분란하게 공동보조를 맞추지 못한 것'에도 책임이 있다고 지적했다. 위원회는 또 조종사의 실수가 추락사고의 수원인이라고 밝혔다. 사고 항공기의 조종사 즉, 휴즈의 책임으로 다음 5가지가 거론되었다.

1. 특별 생산된 무선 주파수와 장비를 사용하지 않은 점.
2. 프로펠러에 뭔가 긴급 상황이 발생했다는 것을 충분히 인지하지 못한 점.
3. 이륙 후 즉시 랜딩기어를 집어넣어 비행계획서상의 지시를 어긴 점. (비행계획서에는 랜딩기어를 내린 채로 비행을 해야 한다고 명시되어 있었다.)
4. 고도와 방향 조정이 충분히 가능할 때, 비상착륙을 고려하지 않은 점.
5. 오른쪽 동력에 문제가 발생할 가능성이 있다는 것을 미리 분석하고 예측하지 못한 점.

요약에서 위원회는 '사고 발생에 간접적인 원인이 되었던 문제점들은 항공사를 운영하고 있으면서 테스트 비행계획서에 명시된 절차를 따르지 않은 조종사의 잘못된 업무 수행 방식의 결과였을 뿐'이라고 결론지었다. 위원회는 프로펠러의 오작동은 오히려 부차적인 문제라고 주장했던 것이다.

오데커크는 커크패트릭에게 정부의 사고조사위원회를 돕는 임무를 맡겼다. 커크패트릭은 육군이 조종사의 실수라고 몰아붙여서 휴즈에게 책임을 묻고 싶어 한다는 느낌을 받았다. 비행기 추락 장소로 가는 도중에 커크패트릭은 한 관리와 이야기를 나누었다.

"휴즈 씨가 무사해서 정말 다행입니다. 휴즈 씨가 잘못된 부분을 기어코 밝혀내서 이 곤란한 상황을 해결해 줄 겁니다." 커크패트릭이 말했다.

"글쎄요, 항상 그렇지는 않답니다. 오히려 조종사가 죽었을 때 더 쉽게 문제가 해결되는 경우도 많아요. 왜냐면 조종사가 자기주장을 해서 사태를 혼란스럽게 만들지 않으니까요. 차라리 그 편이 명쾌한 결론에 이르기가 훨씬 수월하죠." 정부 관료가 말했다.

커크패트릭은 그렇게 말할 수 있다는 사실이 너무 놀라웠다. "그 말을 잊을 수가 없었습니다. 무고한 죄를 뒤집어씌우려 한다는 건 정말 나쁜 거니까요."

* * *

1947년 4월, 휴즈항공사 직원들은 2주 전부터 XF-11의 두 번째 비행이 임박했음을 알고 있었다. 휴즈도 첫 번째 XF-11 추락사고에서 회복되어 다시 비행을 하고 있었다.

휴즈는 컬버시티의 잔디 활주로에서 여러 번 XF-11의 지상활주 테스트를 했다. 그는 운행과 조종 관련 세세한 부분들을 자신에게 맞추기 위해서 자잘한 수정 사항들을 지시했다. 외부 사람들은 휴즈가 과연 두 번째 XF-11의 테스트 비행을 몸소 할 것인가를 궁금해했다. 바로 전해 7월 7일 첫 번째 XF-11을 타고 극적인 추락사고를 당한 직후였기 때문이다. 하지만 휴즈에게는 결론이 너무나 명확했다. 자신이 첫 테스트 비행을 해야 한다는 사실에 추호의 의심이나 이견이 있을 수 없었기 때문이다. 이 비행기는 그의 발명품이었고 당연히 그가 최초로 타봐야 했다.

휴즈는 첫 번째 XF-11의 추락 원인을 세심히 살폈고 이런 사태가 다시 발생하지 않도록 조치를 취했다. 공군 사고조사위원회의 보고서는 휴즈가 첫 번째 테스트 비행을 했던 방식을 강도 높게 비난했다.

휴즈는 불행을 가져왔던 뒤집힌 프로펠러와 그것이 비행에 미치는 재앙과도 같은 영향을 이제 세세한 부분까지 너무나 잘 알고 있었다. 지금은 첫 번째 비행기에 장착되었던 역회전식 프로펠러 대신 6피트 길이에 깃이 4개인 커티스사의 전자 프로펠러가 장착되었다. 프로펠러 수도 첫 번째는 두 개였으나 지금은 하나였다. 프로펠러가 달라진 것 말고는 모든 면에서 두 번째 XF-11은 첫 번째 비행기의 복제판이었다.

4월 4일 금요일, 퇴근 시간을 2분 남겨두고 XF-11 테스트 비행에 대한 마지막 공지가 있었다. 휴즈가 다음 날 아침 9시에서 11시 사이에 테스트 비행을 할 것이라는 내용이었다. 직원과 가족들은 활주로 옆에 있는 주차장에서 테스트 비행을 볼 수 있었다.

토요일 아침 휴즈항공사 정비사들은 뉴스 사진기자들을 위해서 타워를 설치하고 구경꾼들을 안내하기 위한 밧줄 울타리도 쳤다. 타워 설치는 사진기자들이 높은 위치에서 촬영을 원활히 할 수 있게 하려는 배려였다. 총무부서에서는 보도진을 위한 특별 명찰을 준비했고, 보안 담당부서는 오전 7시까지 주차장에 경비원들을 배치시켰다. ABC 방송사가 전국 방송을 내보내기 위해 전날 밤 방송국 망을 설치했다. 테스트 비행 과정을 조금도 놓치지 않으려는 사진기자와 보도기자들이 아침 일찍부터 도착하기 시작했다. 일찍 도착한 보도진들에게 휴즈항공사 식당에서 무료로 식사를 제공하는 배려도 잊지 않았다.

휴즈는 일찍 공장에 도착해서 지상활주를 해보면서 마지막 점검을 했다. XF-11은 8시 30분에 마지막 연료 공급을 위해서 잠시 공장으로 들어갔다. 그리고는 9시에 휴즈가 조종석에 앉은 채로 비행장에 다시 모습을 드러냈다. 오데커크와 페트랄리가 비행기 안에 몇 분 동안 있다가 나온 뒤 첫 번째 엔진이 켜졌다. 그리고는 두 번째 엔진이 켜졌다. ABC는 이미 목격하는 그대로를 생방송으로 내보내고 있었다. 그리고는 한쪽 엔진이 역화(逆火, 내연 기관의 기통에서 불꽃을 거꾸로 흘려보내는 현상. 주로 점화 시기가 맞지 않을 때 발생함)했다. 휴즈는 스위치를 끄고 지상 요원에게 다시 점검하도록 했다. 엔진 작동이 만족스럽지 않아서다. ABC는 조종석에 있는 휴즈의 모습을 생방송으로 내보냈고, 휴즈는 최후의 순간에 비행이 지연되어서 죄송하다고 말했다.

잠깐 동안 지상 요원들이 문제의 엔진을 조절해서 맞췄다. 항공사 직원들과 구경꾼들은 별다른 잡음 없이 기다렸다. 그들은 엔진 문제가 첫 번째 XF-11의 추락 원인이었다는 사실과, 이 때문에 휴즈가 이번에는 비행의 세세한 부분까지 깊은 관심을 쏟고 있다는 사실을 잘 알고 있었다. 휴즈는 오직 모든 것이 제대로 되어 있는 그 순간에만 이륙할 것이었다. 시간은 금세 지나갔고, 곧 두 개의 엔진이 모두 켜졌다.

휴즈는 활주로 동쪽 끝까지 활주했다. 그리고는 고속으로 한 번 더 활주할 것인가 이륙할 것인가를 생각했다. XF-11은 서쪽으로 방향을 돌려서 비행장을 내려가기 시작했다. 곧 추력이 생겼고 공중으로 떠올라야 할 시점이 되었다. 하지만 바퀴는 아직도 바닥에 닿아 있었다. 움직임을 지켜보는 많은 사람들은 비행기가 한 번 더 지상활주를 하지 않을까 하고 생각했다. 하지만 바로 그 순간 비행기는 공중으로 날아올랐다. 비행기는 활주로 끝에서 높이 솟아올랐고 급격히 상승했다가 묵쪽을 향해서 태평양 상공을 비스듬히 날아갔다. 모든 사람들이 이 멋진 비행기가 하늘로 날아오르는 광경을 바라보고 있었고, 11시 03분에 비행기는 시야에서 완전히 사라졌다. 오데커크가 안전을 위한 추적용 비행기를 타고 이륙해 휴즈의 뒤를 따랐다. XF-11이 공중에 있는 동안 휴즈는 9,000피트 상공에서 공장 주변을 선회했다. 작년과 달리 휴즈는 관제탑, 무선 트럭, 따라오는 오데커크와 무선 교신을 주고받았다.

정오에 확성기를 통해서 휴즈가 착륙하기 위해 돌아오고 있다는 방송이 나왔다. 모든 시선이 동쪽 볼드윈 언덕 주변으로 쏠렸다. 정오에서 정확히 3분이 지난 뒤에 구경꾼들은 휴즈가 활주로 위로 우아하게 활강해 오는 모습을 볼 수 있었다. 휴즈는 잔디 위에 가볍게 안착하여 미끄러지듯 부드럽게 활주했다. 활주로 끝에서 180도 회전하여 XF-11을 지켜보는 구경꾼들 앞을 지나쳤다. 그리고는 기수를 6번 게이트로 돌렸다.

휴즈는 조종실에서 스위치를 끄고 조종 작업을 마무리하느라 몇 분을 소요했다. 그리고는 재빨리 재킷과 모자를 벗고 비행기에서 내렸다. 구경꾼들이 달려 나와서 비행기를 둘러쌌다. 그가 사다리에서 내려왔을 때, 관중들은 박수갈채로 경의를 표했다.

휴즈는 언론에 XF-11이 매우 잘 조종되었다고 했으며, 그의 얼굴에는 첫 비행에 대한 만족스러움이 가득했다. 휴즈는 사진을 몇 장 찍고 관제탑으로 가서 비행기록을 체크했다.

1947년 4월 11일, 휴즈항공사 사보 <휴즈 뉴스>는 다음과 같이 보도했다. "하워드 휴즈가 조종하는 가운데 XF-11은 9,000피트 상공에서 1시간 동안 예비비행을 마쳤다. 그리고는 부드럽게 활주로에 안착했다. 마치 다른 모든 경쟁자들을 따돌릴 만반의 준비가 되어 있는 순수 혈통의 최고급 말처럼 우아한 자태였다."

수리학자 데이비드 그랜트는 비행 직후에 휴즈를 만났다. 그랜트가 찰스 바턴에게 말한 바에 따르면, 휴즈는 매우 흥분해 있었고 XF-11이 세계 최고의 비행기라고 굳게 믿고 있었다. 휴즈는 모든 것이 얼마나 착착 잘 진행되었는가에 대해서 극도로 흥분해서 이야기했다. 비행기 조종은 모두 기계 조작과 관련되어 있다. 휴즈는 이 기계 장치들이 자신이 원하는 대로 돌아갈 수 있을 때까지 대단히 많은 시간을 들였다. 휴즈는 XF-11이 자신이 들인 시간과 노고에 얼마나 훌륭하게 반응해 주었는가에 만족스러워하고 있었다.

XF-11 개발 계약에 따르면, 휴즈항공사는 첫 번째 비행기를 육군항공대에 인수하기 전에 제반 비행 테스트를 성공적으로 마무리하도록 되어 있었다. 모든 비행 테스트는 휴즈가 진행했고, 테스트 항공사인 브랜드포드가 동승했다. 브랜드포드에 따르면, 휴즈는 비행기의 느낌과 조종 상태를 전하는 조종사로서의 반응도와 감각이 매우 뛰어났다고 한다. 따라서 정성적인 테스트는 그와 잘 맞았다. 하지만 정량적인 테스트를 위해 요구되는 딱딱한 데이터들을 제공해 주기에 휴즈는 너무나 개인주의적이고 전문적인 훈련이 부족했다.

휴즈와 브랜드포드는 각각 테스트 비행계획서를 작성했다. 사전 미팅에서 브랜드포드는 휴즈에게 정확한 지침을 주곤 했다. 하지만 일단 비행기가 공중에 뜨면 휴즈는 전혀 다르게 행동했다. 그리고는 늘 계획서대로 비행하지 못한 것에 대해서 갖가지 이유를 댔다. 브랜드포드는 휴즈와의 테스트 비행에서 보고서 작성에 필요한 데이터를 얻을 수 없었다. 그는 산더미처럼 많은 데이터를 가지게 되었지만 대부분이 쓸모없는 것들이었다.

브랜드포드는 어느 날 비행에서는 일부러 데이터 레코더를 아예 켜놓지 않았다. 착륙한 뒤에 휴즈는 기록이 어떠냐고 물었다. 브랜드포드는 앞서 한 비행들을 통해서 이미 산더미 같은 데이터를 얻었지만 너무 통일적이지 않고 산만해서 도대체 식별할 수가 없다고 설명했다. 그래서 이번에는 데이터 레코더를 켜놓지도 않았다고 덧붙였다. 휴즈는 불같이 화를 냈다.

1947년 가을, 테스트 계획이 거의 마무리되고 있었다. 가장 어려운 것 하나만 빼고는 대부준의 실속(stall) 테스트도 끝난 시점이었다. 즉, 동력을 최대로 하고 플랩을 최대치인 45도 각도로 내리고 랜딩기어를 내린 상태에서의 실속 테스트다. 이 테스트는 부분적인 실속이 아니라, 비행기가 정지할 것에 대비해 조종간을 완전히 뒤로 젖혀놓고 완전 실속 상태를 만드는 것이다. 휴즈는 10,000피트 상공에서 수평비행을 하면서 실속 테스트를 위한 초기 조건들을 세팅하고 가파른 각도로 상승하여 15,000피트 고도까지 올라갔다. 갑자기 대기속도가 실속 지점까지 떨어지면서, 비행기가 뒤로 구르더니 기수를 아래로 처박고 쇳소리를 내면서 급강하하기 시작했다. 휴즈는 날개 플랩을 올리고 —만약 날개 플랩이 계속 내려가 있었다면 플랩운용한계를 넘어서 찢어져 버렸을 것이다— 서서히 XF-11을 급강하 상태에서 끌어올렸다. 랜딩기어는 내린 채였다. 그 결과 항력이 생겨나서 속도가 줄어들었다.

숩은 당시 A-20을 타고 XF-11을 쫓아가고 있었다. XF-11이 낮게 깔린 구름층을 뚫고 수직으로 급강하하는 모습을 보았을 때, '비행기가 땅에 부딪히는구나.' 하고 생각했다. 그러나 휴즈는 10,000피트 상공에서 스플릿(split)-S를 완료한 뒤에 4,000피트 고도에서 다시 수평비행을 했다. 스플릿-S란 조종사가 비행기를 거꾸로 뒤집어 배면비행 상태가 되도록 한 다음, 조종간을 완전히 뒤로 당겨서 비행기의 진행 방향을 180도 선회시킨 다음 수평 상태가 되도록 하는 것이다. 숩은 비행기 옆을 나르며 XF-11을 계속 지켜봤다. 비행기는 괜찮은 것처럼 보였다. 랜딩기어 도어가 계속 열려 있었는데, 기어가 휘거나 부러지지는 않았다.

브랜드포드는 컬버시티로 돌아가서 착륙한 다음 파손된 부위는 없는지 살펴봐야겠다고 말했다. 날이 어두워질 시간이 된데다 낮게 깔린 구름이 해변에서 몰려오고 있었다. 휴즈는 비행 시야가 좋지 않았기 때문에 왔던 길을 더듬어가서 착륙한 후 격납고까지 활주했다.

휴즈는 브랜드포드에게 스톨 관련 데이터가 있느냐고 물었다. 브랜드포드가 전에 레코더를 켜지 않은 적이 있기 때문이다. 브랜드포드는 아마 데이터가 있을 것이라고 말하면서, 하지만 만에 하나 데이터가 없다면 다음번엔 다른 사람과 비행하라고 이야기했다. 자신은 비행에 질렸다고 덧붙였다. 이것이 브랜드포드와 휴즈가 함께한 마지막 비행이 되었다.

공군은 남아 있는 비행 테스트를 실시하기 위해서 XF-11을 자신들에게 인도할 것을 요구했다. 이 요청에 따라 비행기는 에드워드 공군기지로 옮겨졌고, 라이트 비행장에서 온 공군 조종사가 테스트 비행 업무를 맡았다. 브루스 버크와 승무원들이 에드워드 공군기지에서 비행기를 건사했다. 휴즈항공사 비행 테스트부서 직원들을 실어 나르는 업무는 존 포스터가 맡았다.

1947년 11월 1일, XF-11은 공식적으로 공군에 인도되었다. 100명 이상의 신문기자들이 로스앤젤레스 빌트모어 호텔에 모였고, 휴즈는 직접 모든 참석자들에게 금으로 만든 라이터와 담배 케이스를 주었다. 자신이 만든 사진정찰기와 나무로 만든 비행정을 홍보하는 유인물과 함께.

  공군 조종사가 플로리다에 있는 이글린 공군기지로 XF-11을 몰고 갔다. 조종사는 새로운 비행기록을 세워보려 했으나 실패했다. 이글린 기지에서 군 조종사들이 비행기를 평가했다. XF-11은 일종의 실험용 비행기였고 테스트는 성공적이었다. 하지만 98대를 생산하려던 애초의 계획은 이미 취소된 뒤였고, 공군은 제트 비행기에 훨씬 흥미를 보였다. XF-11은 2년도 채 안 되어 운항을 멈추고 분해되어 고철이 되었다. 군에서 오래된 비행기를 처리할 때 하는 정해진 방식이었다.

  XF-11은 휴즈의 모든 기대에 부합했고 나아가 기대 이상을 해주었다. 하지만 주요 군용기 생산 납품업체가 되려던 그의 꿈은 이미 물거품이 되어 버렸다. 애초 F-11 98대와 실험용 XF-11 2대에 대한 주문이 1945년 5월 독일의 항복 이후에 실험용 XF-11 2대 생산으로 축소된 그 순간에 평화가 찾아옴으로써, 예산이 축소된 것과 새로운 제트 비행기에 대한 기대가 맞물리면서 XF-11은 탄생하자마자 곧 묻힐 운명에 처했다. XF-11은 오직 그것을 만들어낸 한 사람에게만 진한 흔적을 남겼다. 그 흔적은 보이는 것도 있고 감추어져 보이지 않은 것도 있었지만, 휴즈가 죽을 때까지 평생 그를 따라다녔다.

* * *

  휴즈가 전쟁 때 진행했던 주요 프로젝트 중에 하나인 HK-1 헤라클레스 비행정은 전쟁이 끝난 뒤에도 여전히 날지 못했다. 휴즈는 많은 새로운 설계 요소들을 실험해 볼 필요가 있다고 생각했다. 하지만 작은 아이템들을 테스트할 때마다 8기의 엔진을 장착한 거대한 비행정을 날려보면서 작업할 수는 없었다. 따라서 휴즈는 실험에 활용할 작은 비행정을 사기로 했다. 이때도 휴즈는 전후 군용기 염가 판매 기회를 이용했다. 그는 1946년 8,000달러를 주고 컨솔리데이티드(Consolidated)사가 제작한 PB2Y-5R 코로나도(Coronado)를 구입했다.

콘솔리데이티드사의 엔지니어들은 코로나도를 설계하면서 이 회사에서 만든 PBY 카탈리나(Catalina) 비행정에 활용했던 인입식 날개끝부주(wingtip float, 부력을 이용하여 항공기를 물 위에 띄우거나 이착륙을 가능하게 하는 구조물)를 그대로 차용했다. 이 날개끝부주만 빼면, 코로나도는 모든 측면에서 새롭게 설계된 비행정이었다. 이 비행정은 엔진 4개에 꼬리 2개, 거대한 선체 등이 특징이었다.

휴즈가 산 비행기는 1943년 4월 12일 해군에 인도된 것으로, PB2T-5R(등록번호 7099)이었다. 고위급 장성들이 하와이에서 서부 해안 사이를 오가는 데 이용되던 비행기였다. 휴즈가 코로나도에 관심을 가진 것은 해군에서 운항을 멈춘 직후였다. 휴즈는 코로나도를 보고 자신이 만드는 HK-1 헤라클레스의 비행 준비에 활용할 최적의 비행정이라고 생각했다. 코로나도는 장거리 정찰폭격기로 1,200마력짜리 플래트&휘트니 R-1830-88 엔진을 장착하고 있다. 10명의 승무원을 태우고 20,000피트 상공에서 순항속도 213mph로 순항하며, 항속거리는 1,500마일이었다. 날개 길이는 115피트로 헤라클레스의 3분의 1 크기였고, 무게는 5분의 1 정도였다.

전직 해군 비행사였던 빌 퍼셀과 엔지니어 돈 스미스가 캘리포니아 오클랜드 근처 앨러미다에서 롱비치 항구의 터미널 아일랜드로 비행정을 가져왔다. 비행정은 오데커크와 그의 아내, 그리고 군의 잉여 비행기를 사들이는 일을 하는 몇몇 회사 정비사들을 태우고 호놀룰루까지 비행했다.

스미스에 따르면, 이 비행정이 휴즈가 좀 더 큰 비행정에 대한 감을 익힐 수 있도록 비행 훈련을 하는 용도로 쓰일 예정이었다고 한다. 스미스는 몇 달 동안 8~10회 정도 코로나도의 비행 준비를 했었다. 비행정을 물에 띄우고 비행 가능한 상태로 만든 다음 휴즈가 전화할 때까지 서너 시간을 기다리는 식이었다. 휴즈는 매번 전화를 해서 갈 수 없다고 했다. 휴즈는 결국 이 비행정을 한 번도 타지 않았다.

* * *

하워드 휴즈는 1947년 여름 아직도 비행 전인 HK-1의 진척 상황을 정부에 보고해야 하는 상황에 직면했다. 그가 비행정을 날리겠다고 약속한 때로부터 4년이 흐른 뒤였다. 그는 4일 동안 상원의원 사무실 빌딩에 있는 간부 회의실에 가서 조사위원회 앞에서 증언을 했다. 4일째 되는 토요일 아침, 위원회 의장인 미시간 상원의원 호머 퍼거슨이 청문회 개회를 선언했다. 퍼거슨과 메인 주 상원의원 랠프 브르스터는 하워드 휴즈와 HK-1 관련한 작업에 대단히 비판적이었다. 휴즈는 정부로부터 수백만 달러를 받고 HK-1을 열 달 이내에 완성하기로 약속했다. 하지만 4년이 흘렀지만 아직도 비행정을 날리지 못하고 있었다. 휴즈는 위원회가 전쟁 기간에 정부가 계약했으나 아직까지 마무리되지 않은 많은 계약들을 조사하는 과정에서 그 한 부분으로 증언을 요청받았던 것이다. 정부의 예산 낭비라고 할 수도 있고,

또 어떤 의미에서는 정부에 대한 사기 행각이라고도 볼 수 있는 그런 계약들에 대한 총체적인 조사였다.

휴즈는 전부터 계속해 온 이야기를 좀 더 과장했다. "어제 저는 6개월째부터 1년이 될 때까지 매일 18시간에서 20시간 정도를 이 일을 하는 데 매달렸다고 말씀드렸습니다. 그런데 이 비행정 설계는 모든 기술을 응축해야 하는 어려운 작업이었습니다. 저는 매일, 세상에 나 몇 년 동안을, 수없이 많은 시간을 이 프로젝트에 쏟아 왔습니다. 지금도 저는 이 프로젝트에 엄청난 시간을 쏟고 있습니다. 저는 이 프로젝트에 제 피와 땀을 쏟고 있습니다. 저의 명성이 이 프로젝트에 걸려 있습니다. 단언하건대, 만약 이 프로젝트에 실패한다면, 저는 이 나라를 떠나서 영원히 돌아오지 않을 것입니다. 진심입니다."

휴즈는 의기양양해서 워싱턴에서 로스앤젤레스로 돌아왔다. 하지만 이 승리가 일시적인 것으로 끝나지 않으려면 HK-1이 날아야만 했다. 몇 달 동안 휴즈는 그의 모든 시간과 에너지를 이 비행정 시스템을 체크하는 데 보냈다. 비행정 설계 업무를 하고 있던 두 명의 엔지니어 중 한 명이었던 스미스는 휴즈가 매일 오후에 롱비치에 와서 자정까지 엔진을 돌리고 조종하면서 보냈다고 기억한다. 스미스는 영화 <무법자>를 광고하는 데 사용했던 소형 연식 비행기와 PB2Y-5R 비행기의 정비사로 일했었다. 스미스는 휴즈가 완벽주의자였다고 말했다.

8기의 엔진을 탑재한 200톤이나 나가는 나무 비행기를 날리려면, 조종사가 완벽주의자여야 했던 것도 사실이다. HK-1 헤라클레스는 거대한 크기로 제작되었다. HK-1은 1970년형 보잉 747 점보제트기와 같은 길이였다. 하지만 높이는 25퍼센트가 더 높았고, 날개 길이는 60퍼센트 정도 더 길었다. 비행정은 플래트&휘트니 R-4360-4A 엔진을 8기나 장착하고 있었다. 각각의 엔진 출력은 3,000마력이었다. 비행기는 또 단일 수직날개, 고정식 날개끝부주, 완전 캔틸레버식 날개와 꼬리 표면을 가지고 있었다. 뼈대와 표면은 모두 얇은 나무판으로 만들어졌다. 플랩을 제외한 모든 주요 조종면(control surfaces, 비행기를 종축, 횡축, 수직축으로 움직이는 데 활용되는 공기역학적 표면, 즉 보조날개, 승강타, 방향타 등이 이에 포함된다)은 천으로 덮여 있었다. 동체는 운전하는 승무원들을 위한 조종실과 넓은 화물칸으로 나뉘었다. 화물칸에는 칸에서 칸 사이를 원활히 이동할 수 있게 해주는 원형 계단이 설치되어 있었다.

HK-1의 민간항공관리국 검사관은 휴즈와 사이가 좋은 조지 홀드만이었다. 홀드만은 1939년 휴즈가 보잉 307을 가져가는 것을 검사해 준 바 있다. 그는 시애틀에 본부를 두고 있는 민간항공관리국 서부지부를 책임지고 있었다. 홀드만은 정부 전문가로서 HK-1 프로젝트를 감시하는 업무를 맡았다. 그가 대형 비행정을 조종한 경험이 있었기 때문이다. 홀드만은 독일에서 커다란 비행정 도니에르(Dornier) DO-X를 조종한 바 있다.

홀드만은 1943년부터 휴즈와 함께 비행정 관련 일을 해오고 있었다. 그는 민간항공관리국의 엔진 및 비행 검사관 5명을 지휘하고 있었으며, 비행정 시스템을 조사하는 데 있어 휴즈와 죽이 잘 맞았다. 그는 휴즈가 매사에 분명한 의견을 가지고 있다는 것을 알았다. "어떤 아이디어가 떠오르면 밤 10시나 11시에도 전화를 했습니다." 그가 찰스 바턴에게 이야기한 내용이다. 휴즈가 늘 많은 아이디어를 가지고 있었다고 한다.

"비행정 조종 시스템과 관련하여 결정되지 않은 것들이 많았습니다." 그 때문에 홀드만은 HK-1의 비행 승인을 내줄 수 없었다. 홀드만은 특히 승강타 조종 방법이 한 가지밖에 없었기 때문에 허가를 해줄 수 없었다고 말했다. 유압식 승강타 조종은 속도가 느려서 홀드만이나 휴즈 모두 만족할 수 없었다. 지상 테스트에서, 조종간을 중립 상태에서 뒤로 약 1인치 정도 당기자 승강타가 나왔다. 하지만 조종간을 정지시켰을 때도 승강타는 여전히 나오고 있는 중이었다. 조종실에서 승강타가 있는 꼬리 부분까지 연결되어 케이블 길이만 자그마치 90피트나 되었다. 그 때문에 조종 속도가 무척 느렸던 것이다.

"조종실에서 조종간을 조작한 시간과 승강타가 실제 작동하기까지 엄청난 시간 격차가 있었습니다." 홀드만의 말이다. "사실 HK-1의 제반 상태는 일반 비행기와는 비교가 되지 않는 상황이었습니다. HK-1은 고래처럼 느린 커다란 비행기였고, 그 덩치만큼이나 엄청난 사업이었죠."

휴즈는 HK-1의 개선되어야 할 문제점들을 이미 들어서 잘 알고 있었고 이를 보완한 백업시스템을 설계하고 있었다. 휴즈는 홀드만이 HK-1의 비행을 허가해 주기를 바랬다. 하지만 골드만은 백업시스템이 완료되지 않았기 때문에 승인해 줄 수 없는 입장이었다.

1947년 11월 2일, 시원한 일요일 아침이었다. 롱비치 해협에는 물안개가 피어오르고 있었다. 태양이 떠올라 해협을 비추자, 결코 범상한 날이 아님을 알 수 있는 징후들이 명백해졌다. 해협 양쪽으로 군중들이 줄지어 늘어서 있었다. 주변엔 많은 차들이 빼곡히 주차되어 있었다. 그들은 스프루스 구스(Spruce Goose)의 눈부신 모습을 쳐다보고 있었다. 스프루스 구스라는 이름은 언론에서 HK-1 비행정에 붙인 이름이었다. 휴즈는 이 이름을 무척 싫어했다.

활주 테스트를 할 때 6명의 언론인과 7명의 승객이 함께 탑승했다. 정부의 공식 검사관 자격으로 홀드만도 포함되어 있었다. 승무원은 휴즈를 포함해서 총 16명이었다.

점검을 마친 후, 휴즈는 스로틀을 앞으로 밀어 엔진을 켰다. 7피트 2인치나 되는 해밀턴스탠더드사의 프로펠러가 돌면서 비행정의 속도가 서서히 40mph까지 올라갔다. 비행정이 속도를 내자 물이 동체에 세게 부딪쳤다. 휴즈는 해협 아래로 2마일 정도 달린 뒤 스로틀을 당겨 속도를 줄이면서 다음 활주를 위해서 방향을 틀었다.

XF-11을 에드워드 공군기지에 인수하는 작업을 마치고 BT-13을 타고 돌아오던 브랜드포드는 항구 외곽 상공에서 비행정을 바라봤다. 스프루스 구스를 보려는 비행기들이 너무 많아서 브랜드포드는 그 지역을 빠져나와 컬버시티 공항에 BT-13을 착륙시켰다.

홀드만은 휴즈가 그날 약 6번의 활주를 했다고 말했다. 측풍이 부는 상황에서 저속일 때와 고속일 때 비행정의 상태를 테스트했다. 첫 번째 테스트가 진행되는 동안 홀드만은 조종실에서 휴즈와 부조종사 데이브 그랜트 사이에 서 있었다. 휴즈는 그랜트가 유압 전문 엔지니어였기 때문에 이 프로젝트의 일원으로 그를 채용했다.

그리고는 홀드만은 부조종사 자리에 앉아서 두 번의 활주를 하는 동안 비행기 제어 장치가 측풍과 맞바람 조건에서 어떻게 반응하는가를 살폈다. 홀드만이 비행정과 오랜 시간을 보냈기 때문에 휴즈는 비행기 조종 장치에 대한 홀드만의 의견을 듣고 싶어 했다. 이번 활주에서는 비행기를 80~90mph의 속도로 몰았다.

네 번째와 다섯 번째 활주 이후 휴즈와 홀드만은 자리에서 빠져나와 머리 위에 있는 승강구를 열고 밖으로 나가 헤라클레스 위로 올라갔다. 두 사람은 비행정에 대한 서로의 느낌을 이야기했다.

휴즈가 말했다. "홀드만, 당신이 헤라클레스의 비행을 승인해 줘서 부디 내 조종사 자격증을 써먹을 수 있게 해주었으면 좋겠소."

"저도 그러고 싶습니다. 하워드 씨. 하지만 그럴 수가 없는 상황인 것이지요. 만약 무슨 사고라도 나서 비행기에 무슨 문제가 생기면, 조사관은 분명 조종 시스템에 대해 알게 될 것이고 필시 문제가 될 겁니다. 저는 현재 상태의 조종 시스템으로는 비행 승인을 해줄 수가 없습니다." 홀드만이 대답했다.

"그래요, 이해합니다." 휴즈가 말했다.

홀드만은 휴즈에게 비행기를 공중으로 띄우는 데는 사실상 거의 특별한 동작이 요구되지 않는다고 설명했다. 홀드만은 -승강타를 조종하기 위해- 조종간을 만질 필요도 없이 오직 스로틀만 조작해 주면 비행기는 공중으로 뜰 것이라고 생각했다. 홀드만과 휴즈는 고속 활주 도중 약간의 변화를 주는 것 이외에 승강타를 조종하지 않는다는 데 합의했다. 부조종사 그랜트가 승강키를 중립 상태로 잡고 있고, 휴즈가 출력과 속도를 조절해 비행기를 공중에 띄운다는 계획이었다.

휴즈와 휴즈가 만들어낸 거대한 창조물에게 실로 결정적인 순간이었다. 만약 이 거대한 비행정이 그가 약속한 대로 날아오른다면, 휴즈는 상원에 가서 자신을 비판했던 사람들을 마주보며 당당히 답을 해줄 수 있으리라. 하지만 만약 비행정이 날아오르지 못한다면, 그는 더 심각한 비판에 직면하게 될 것이다. 지난 4년 동안 휴즈는 시코르스키 S-43과 XF-11 비행기를 조종하면서 추락사고를 냈고, 그 때문에 2명이 죽었으며 자신도 위험천만한 부상을 입었다. 이번에는 31명의 승객과 승무원을 태우고 있으며 전 세계가 자신을 지켜보고 있

있다. 지금 이 상황은 그의 20년 조종사 경력에서 가장 큰 도전이자 시련이었다. 세계에서 가장 큰 비행기를 조종한 자랑스러운 조종사로 역사에 길이 남을 것인가, 세계 최대의 항공 사고를 낸 최악의 조종사로 기억될 것인가.

또 한 번의 고속 활주를 하기에 모든 상황이 최적이었다. 몇몇 기자와 승객, 승무원들이 자리에 앉아 안전벨트를 하지 않고 서서 여기저기를 서성이고 있다는 것 이외에는. 몇몇 기자들은 기사를 전송하기 위해 중간에 비행정에서 내렸다. 비행정 안에는 구명조끼도 몇 개밖에 없었고 구명보트나 낙하산도 준비되어 있지 않았다. 항공사의 정비사들은 여덟 개의 엔진 뒤에 배치되어 있었고, 한 사람은 꼬리 쪽에 있었다. 휴즈는 안전에 관한 간략한 브리핑조차 하지 않았고, 승무원들에게 자신이 이 비행기를 가지고 뭘 하고자 하는지에 대해서도 설명하지 않았다.

승무원장인 처크 정커는 조종사석 사이에 서 있었다. 스미스와 페트랄리는 그랜트 바로 뒤에 있는 엔진 제어판 앞에 앉아 있었다. 휴즈는 스미스에게 활주 준비를 하라고 지시했다. 휴즈가 출력을 올렸다. 홀드만은 휴즈 바로 뒤에 서서 휴즈와 계기판을 뚫어지게 쳐다보고 있었다. 홀드만은 속도가 70mph에 가까워지는 것을 보았다.

휴즈가 그랜트에게 플랩을 15도 각도로 내리라고 지시했다. HK-1 헤라클레스는 받음각(angle of attack, 기수의 방향과 기체의 비행 방향 사이의 각도 차)에 전혀 변화가 없는 채로 수면 위로 날아올랐다. 테스트 항공사인 브랜드포드는 HK-1의 동체가 실질적으로 받음각에 변화가 전혀 없이 가속을 하여 수면 위로 날아오를 수 있게 설계되었다는 것을 알고 있었다. 시코르스키 S-43과는 무척 다른 시스템이었다. S-43의 경우 이륙 전에 물 위를 활주하다가 둔하게 수면 위로 떠오를 때 받음각에 상당한 변화를 수반해야 했다.

홀드만은 비행정이 '문자 그대로' 기구가 올라가듯이 반듯하게 공중으로 떠올랐다고 말한다. 휴즈가 어떤 동작도 취하지 않은 상태에서 비행정이 수면 위로 떠오르더니 기구처럼 공중으로 올라갔다는 것이다.

"이것 보쇼, 브르스터 의원, 개자식 같으니라고, 비행기가 날고 있잖아!" 휴즈는 비행기가 떠올랐다는 사실에 우쭐해져서 말했다.

스미스는 갑자기 동체 표면이 조용해진 것을 보고 자신들이 물 밖으로 나왔다는 것을 깨달았다고 한다. 스미스는 휴즈가 어떤 조작을 하기 전에, 이미 비행정이 물 밖으로 떠올라 있었다고 주장한다. 그는 비행정이 물 위로 떠오르자마자 휴즈가 스로틀을 잡아당겨 엔진을 거의 정지 상태로 만들었다고 기억했다. 그러자 부조종사 역할을 하던 그랜트가 휴즈에게 엔진을 다시 켜야 하며, 그렇지 않으면 승강타에 작용하는 모든 유압이 사라질 것이라고 소리쳤다. 휴즈가 동력을 다시 넣고 다시 승강타를 조종했다.

홀드만은 휴즈가 의도적으로 비행을 유도했다고 확신하고 있다. 하지만 진실은 오직 휴즈 자신만이 알 것이다.

일부 동력이 다시 켜지고 HK-1이 다시 수면 위로 안착했다. 홀드만은 비행시간이 1분 20초였으며, 자신들이 부두를 떠나서 다시 돌아오기까지 총 5시간 10분 동안 테스트가 진행되었다고 했다.

앞으로도 13년 동안, 비행은 휴즈의 삶에서 중요한 부분으로 남는다. 하지만 이후의 비행은 오직 판에 박힌 일상일 뿐이었다. 어쨌든 휴즈와 위대한 HK-1 헤라클레스 비행정은 오늘 영광스러운 비행을 했고, 이 영광은 평생 그를 따라다니며 그와 함께했다.

* * *

헤라클레스 비행이 끝난 이후, 휴즈는 비행기록 갱신을 하던 젊은 시절의 추억들을 떠나보낸다. 1949년, 휴즈는 보잉 307 스트라톨리너를 팔기로 결심한다. 휴즈가 친선 목적으로 세계일주 비행을 할 생각으로 1939년에 구입한 것이었다. 휴즈는 이 비행기를 팔기 위해서 추가로 4십만 달러를 들였다. 산업디자인의 선구자인 레이몬드 로이를 시켜서 인테리어를 새로 했다. 프랑스에서 태어난 로이는 여러 회사 로고를 디자인했다. 누구에게나 친숙한 럭키스트라이크 담배 포장과 코카콜라 병 주변의 로고 등이 그의 작품이다. 여배우 리타 헤이워드가 실내장식에 대한 아이디어들을 보탰다. 비행기는 침실과 거실, 부엌, 바까지 갖추었다. 휴즈의 스트라톨리너는 개인이 사치스러운 용도로 사용할 수 있는 최고급 비행기가 되었다.

37세의 챌머 보웬은 3년 전부터 휴즈항공사에서 일하고 있었다. 아이오와 주 아이오와 시티에서 태어난 보웬은 1941년 민간비행기 조종사 자격증을 얻었다. 보웬은 아이오와에서 정비사와 부조종사로 일하다가 록히드사에서 캘리포니아 버뱅크에서 일할 직원을 구한다는 지방신문 광고를 보게 된다. 보웬은 록히드사 직원이 되었고 가끔 록히드 컨스틸레이션에 부조종사로 탑승했다. 그는 우연한 기회에 몇 번 휴즈와 비행하게 되었다.

휴즈는 보웬을 마음에 들어 했고, 보웬에게 1946년 휴즈항공사의 일자리를 제안했다. 보웬은 부조종사로 휴즈와 함께 SB-307B 스트라톨리너를 몰았다. 휴즈는 1949년 이 비행기를 팔려고 고치기 시작했다. 그리고는 테스트 비행을 했다. 보웬은 휴즈가 테스트 비행 도중 남쪽으로 방향을 돌리더니 곧바로 로스앤젤레스 도심 상공으로 날아갔다고 말했다. 그리고는 보웬에게 말도 하지 않고 기수를 위로 가파르게 들어올렸다. 보웬은 스트라톨리너의 가파른 고도 상승이 걱정스러웠다. 그들은 도시 1,500미터 상공까지 와 있었다. 그때서야 보웬은 휴즈가 실속 테스트를 하려 한다는 것을 깨달았다. 하지만 그렇게 고도가 낮은 상태에서는 위험하기 그지없는 일이었다. 더구나 인구 밀집 지역 바로 위가 아닌가. 매우 비정상적인 상황이었지만 실속 테스트는 성공적이었다. 보웬은 휴즈의 조종 실력을 존경하게 되었고, 그가 훌륭한 조종사라고 믿었다.

1949년 3월, 휴스턴에 있는 샴록 호텔 주인이자 휴스턴의 정유 재벌인 글렌 맥카시가 휴즈의 SB-307B를 샀다. 샴록 호텔 오픈 행사에 할리우드 유명인사들을 모셔오기 위해서였다. 맥카시는 비행기 이름을 호텔 이름을 따서 샴록이라고 지었다.

맥카시는 석유를 찾아서 닥치는 대로 채굴하는 정유업계의 제왕 같은 존재였다. 그는 또한 에드나 피버의 소설 <자이언트(Giant)>에 등장하는 제트 링크라는 캐릭터 탄생에 영감을 제공한 인물이기도 하다. 이 소설을 원작으로 한 영화 <자이언트>에서 제임스 딘이 링크 역을 맡았다. 브루스 버크는 휴즈가 맥카시에게서 한 푼도 받지 못했다고 말했다. 맥카시는 끝내 구입 대금을 지불하지 않았고, 결국 휴즈는 비행기를 다시 찾아왔다. 그리고 오랫동안 이 비행기는 캘리포니아 브라이스에 놓여 있었다.

레이서를 타고 있는
하워드 휴즈

레이서와 함께 찍은 사진.
왼쪽에서부터 딕 팔머,
하워드 휴즈, 그리고
글렌 오데커크

V
멈추지 않는 기차

1947년 두 번째 XF-11과 HK-1 비행정을 조종한 후에, 하워드 휴즈는 휴즈항공사에 완전히 흥미를 잃었다. 이 회사는 시제기 이외에 제대로 비행기를 생산해 본 적이 없고, 고통스러운 기억과 무너져버린 꿈만을 끊임없이 떠올리게 했다. 게다가 계속해서 휴즈의 재정을 낭비하는 역할만 해왔다. 이런 이유로 노어 디트리히는 항공사를 폐쇄했으면 하고 바랐다. 하지만 휴즈는 흥미를 잃어버리긴 했지만 문을 닫기를 바라지는 않았다. 1944년 수수께끼 같은 여행을 떠나기 전에 휴즈는 찰스 페렐을 휴즈항공사의 총지배인으로 고용했다. 페렐은 컨솔리데이티드 벌티(Consolidated-Vultee) 항공사의 제작 부사장을 지낸 인물이었다. 여행에서 돌아온 휴즈는 다시 항공사 일에 관여했다. 직원들은 페렐이 머지않아 해고될 것으로 보고 그다지 신경을 쓰지 않았다. 실제로 휴즈는 항공사를 운영할 새로운 인물을 충원했다.

1948년 5월, 휴즈는 퇴역 공군 장군 해럴드 조지를 부사장 겸 총지배인으로 고용했다. 55세인 조지는 매사추세츠 주 소머빌에서 태어나서 제1차 세계 대전 때 비행을 배웠다. 종전 후 공중폭격 전문가가 된 조지는 B-17 플라잉 포트리스로 무장한 제1 대대의 지휘관을 맡았다. 제2차 세계 대전 때는 항공운수사령부의 사령관이 되었다.

조지가 1948년 봄에 회사를 떠맡았을 때 회사는 유망한 벤처기업이라고 보기는 힘든 상태였다. 영업이익을 보면 당해 7십만 달러, 지난해에는 1백 9십만 달러의 손실을 봤다. 그나마 진지하게 진행되고 있는 일은 공군에서 중요도가 낮은 몇몇 연구 프로젝트뿐이었다. 이 연구 프로젝트들은 대부분 재능 있는 두 젊은 과학자 사이먼 라모와 딘 울드리지가 수행하고 있었다. 캘리포니아 공과대학 동기생이기도 한 라모와 울드리지는 전자공학 분야에서 독자적인 연구 경력을 가진 연구자들이었다. 휴즈항공사에 팀으로 합류하기 전에 라모는 제너럴 일렉트릭사에서, 울드리지는 벨 텔리폰 연구소에서 경력을 쌓았다.

공군은 두 사람에게 군 요격기의 전자무기제어시스템 개선과 관련한 몇 가지 연구를 맡겼다. 레이더 장치와 컴퓨터를 결합하여 날씨와 시간에 관계없이 적 비행기를 찾아내고 파괴할 수 있도록 하는 장치였다. 관련 계약금액은 수천 달러밖에 되지 않았다. 그렇지만 이 계약들은 미래 휴즈항공사의 비약을 위한 토대를 제공했다.

군 관련 전자공학 분야에 먼저 뛰어들었기 때문에 휴즈항공사는 이 분야에서 우위를 점할 수 있었다. 당시 이 분야는 국방부에서 중요도가 떨어지는 데다 연구 계약 부분에 책정된 금액도 보잘 것 없어서 대부분의 업자들이 무시해 온 분야였다. 1948년 후반 군이 전천후로 사용할 수 있는 요격기 문제를 고민하기 시작했을 때, 라모와 울드리지가 개발한 전자무기제어시스템만이 쓸 만한 연구 성과였다. 공군은 록히드 F-94에 장착할 2백 개의 장비 설치를 내용으로 휴즈항공사와 8백만 달러의 계약을 맺었다. 휴즈항공사는 이 성공을 토대로 빠른 속도로 성장해 갔다. 라모와 울드리지는 공군의 팔콘(Falcon) 공대공 미사일 개발 계약을 따냈다. 6피트 길이에 110파운드 무게인 이 미사일은 완성된 전자무기 패키지의 일부가 되었다. 이 패키지는 적기를 찾아내고, 자동으로 미사일을 발사한 뒤에 미사일이 목표물을 정확히 맞히면 레이더 충격을 통해서 사실을 확인시켜 주는 통합적인 시스템이었다.

* * *

하워드 휴즈는 휴즈항공사에 흥미를 잃어버린 뒤에도 회사가 유지 보수해 주고 있던 개인 비행기에 대한 관심은 잃어버리지 않았다. 휴즈는 개인 비행기의 보안을 매우 걱정하여 그 주변에 경비원들을 배치했다. 또, 자신의 개인 비행기 관리 지침을 만들어 메모 형태로 오데커크에게 보냈다. 그가 보낸 메모들은 아래와 같은 서한 형태로 항공사 직원들에게 하달되었다.

수신 : 항공사 전 직원
발신 : 하워드 휴즈
하워드 휴즈의 개인 비행기 취급 지침

바람이나 다른 항공기 프로펠러가 돌아갈 때 생기는 기류로 먼지를 뒤집어쓰지 않는 장소에 둔다.
항상 비행기를 콘크리트 위에 두고, 엔진을 가동시키기 전에는 정면에서 바람이 불어오는 쪽을 향하게 한다.
타당한 사유가 없을 때는 엔진을 가동하지 않는다.

회사 안의 누구도 비행기의 아래 열거한 부분들을 걸어 다니거나 기거나 기대서는 안 된다.

—날개

—나셀(nacelle, 엔진이 장착되어 있는 부분)

—동체

—꼬리표면

관리자라 하더라도 아래와 같은 상황이 아닌 한, 위에 열거한 부분들을 걸어 다니거나 기거나 기대서는 안 된다.

a. 반드시 필요한 상황일 때.

b. 다음 부위들을 빼고는 절대로 걸어 다니거나 기거나 기대서는 안 된다. 두 날개보(spar, 날개의 가장 큰 힘을 지탱하는 긴 방향으로 조립된 각제) 사이, 동체 바깥쪽으로 설치된 엔진의 안쪽. 이 지점들 위에 있을 때도 먼저 매트를 깔아야 함.

c. 다음 장소에 올라갈 때도 끝부분까지 연결해 주는 장치를 이용하되 장치가 직접 동체에 닿지 않도록 할 것.

다시 말하자면, 날개 앞부분까지 연결은 해주되 직접 닿지는 않는 장치를 말함. 장치 위로 올라가서 해당 부위에 매트를 깔고, 그 위로 직접 올라가야 함.

(존 시모어가 가지고 있던 미공개 메모로 시모어의 딸 캐시 폴이 제공해 주었다.)

1948년 12월, 숩은 로버트 드헤이븐을 채용한다. 숩이 주 공군에 있을 때 데리고 있던 사람들 중에 한 명이다. 당시 26세였던 드헤이븐은 휴즈항공사의 비행 테스트부서에서 중요한 역할을 하게 된다. 샌디에이고 출신인 드헤이븐은 버지니아에 있는 워싱턴앤리 대학에 들어갔다가 1942년 2월 육군 항공대에 합류한다. 1943년 초, 그는 뉴기니의 모레스비로 파견된다. 모레스비에서 드헤이븐은 제49 전투기대대 소속으로 P-40을 조종하는 임무를 맡는다. 드헤이븐 중위는 1943년 여름 처음으로 일본 항공기를 격추시켰고, 전쟁이 끝날 즈음에는 격추왕이 되었다. 뉴기니에서 치른 전투에서 P-40을 타고 10대의 적 항공기를 격추시켰다. 플라잉 타이거즈(Flying Tigers)라고 불렸던 미군자원입대자대대(American Volunteer Group) 이외에 육군 항공대 소속으로는 가장 많은 적기를 격추시킨 비행사 중에 한 명이었다. 전쟁을 치르는 동안 그가 격추한 비행기가 14대, 손상을 입힌 비행기가 1대였다. 그는 이런 공로를 인정받아 청동무공훈장과 은성무공훈장, 수훈비행십자훈장을 받았다.

전쟁이 끝난 뒤, 드헤이븐은 비행기를 타고 토미 맥과이어(Tommy McGuire, 적기 38대 격추), 리차드 봉(Richard Bong, 적기 40대 격추, 태평양 전쟁을 비롯한 제 2차 세계 대전 전체에서 최고의 격추왕)과 함께 기념사진 촬영을 했다. 봉은 자신의 P-38 비행기 기수에 여자 친구 이름 -Marge- 을 써놓고, 그 이름을 따서 애칭으로 붙였다.

드헤이븐은 비행기에 닉네임 붙이기를 새로운 차원으로 끌어 올린다. 미국으로 돌아온 뒤에 그는 수많은 연애를 하게 되는데, 매번 여자 친구를 사귈 때마다 흰색 수성 페인트로 비행기 기수에 여자 친구의 이름을 써넣고 그 앞에서 사진을 찍었다. 그리고 이름을 지우고 리스트에 있는 또 다른 이름을 써넣었다. 그는 모든 여자 친구에게 이렇게 했고 사진을 여자 친구들에게 보내주었다. 모든 여자들이 자신의 이름이 그의 비행기 위에 씌어진 유일한 이름이라고 생각했을 것이다. 이것은 드헤이븐이 자기를 포장하고 선전하는 성향을 보여주는 초기 사례다. 그의 이러한 성향은 이후에도 계속되었다.

전쟁 후, 드헤이븐은 남부 캘리포니아로 돌아왔다. 그리고는 캘리포니아 주 공군에 슙이 이끄는 제146 전투기대대에 합류했다. 그는 당시 소령이었고, 대대의 작전 장교를 맡았다.

몇 달 후, 드헤이븐은 <로스앤젤레스 타임스>지의 1면을 장식한다. 기사의 헤드라인은 다음과 같았다. "샌프란시스코에서 로스앤젤레스까지 36분 9초 만에 비행하다" 기사는 다음과 같은 내용으로 시작된다. "제 2차 세계 대전의 격추왕(전투 참여 262회, 14대의 일본 항공기 격추)이자, 영화배우, 작가, 테스트 조종사, 주지사 얼 워렌의 개인 비행사, 제46 전투기대대 전략장교이기도 한 사람이 여가 시간을 활용해 도시 간 제트기 비행 기록을 깼다." 드헤이븐은 1948년 11월 11일, F-80C를 타고 샌프란시스코 밀즈 비행장을 이륙했다. 목적지는 로스앤젤레스 국제공항이었다. 10,000피트 상공에서 속도를 높여 평균속도 564mph로 분당 10갤런의 연료를 쓰면서 비행했다. 공항에 안개가 끼어 있으면 어쩌나 하는 걱정을 했지만, 딱 10갤런의 연료가 남아 있을 때 착륙할 수 있었다. 1분간은 충분히 더 비행할 수 있는 양의 연료였다. 드헤이븐은 자신의 이 기록을 훗날 더 단축시켰다.

슙 대령은 로스앤젤레스에서 그를 반겨주었다. 슙은 금발에 작은 체구를 가진 소령을 휴즈항공사로 데려가서 그와 함께 일하게 해주었다. 휴즈는 드헤이븐의 입사를 몰랐다. 그가 알았다면 아마도 비행 기록 갱신까지 한 이 대담한 젊은 비행사를 환영했을 것이다. 하지만 모든 일의 최종적인 결과는 시간이 지나야 알 수 있는 법이다.

* * *

하워드 휴즈는 항공사 직원들에게 계속해서 지침을 보냈다. 비행기를 계류시키는 방법에 대해서까지 일일이 말할 정도였다.

수신 : 항공사 전 직원
발신 : 하워드 휴즈
하워드 휴즈의 개인 비행기 취급 지침

비행기 정면에서 바람이 불거나 아예 바람이 없는 경우(풍속 2mph 이하)를 제외하고는 엔진을 가동시키지 않아야 한다.
바람을 정면으로 받게 해서 비행기 각도를 45도 이상 틀지 않는다.
비행기 각도를 틀 때는, 시동을 켠 뒤 브레이크를 풀고, 비행기가 정면에서 바람을 맞도록 하는 데 필요한 정도만큼만 동력을 사용한다.
비행기를 45도 이상 돌리지 않아야 한다. 만약 45도 이내로 돌려서는 비행기 정면이 바람 부는 쪽을 향하지 않으면, 엔진도 가동시키지 않아야 한다.
오직 18분 동안 1000rpm으로만 엔진을 가동시킨다.
화물칸 위로 뛰어오르거나 기어오르지 않는다. 주출입문으로 이어지는 넓은 계단으로 선회하거나 화물칸에 1.5피트 이하의 거리로 접근할 수 있는 낮은 사다리를 활용한다.
무게중심을 맞추기 위해 모래주머니 같은 균형추를 실을 때도 앞서 제시한 것과 같은 규칙을 따른다. 계단을 이용하거나 화물칸까지 1.5피트 이하 거리로 접근 가능한 사다리를 이용한다.

화물칸 입구에 걸쳐야 하는 사다리는 절대 사용하지 않는다.

상기의 지침은 라스베이거스에서뿐 아니라 모든 비행기 관리에 적용되어야 한다.

(휴즈항공사 문서로 타이핑되어 있으며, 존 시모어가 가지고 있던 것을 시모어의 딸 캐시 폴이 제공해 주었다.)

오데커크는 계속해서 휴즈로부터 수많은 메모를 받는다. 그중에는 자신의 비행기를 어떻게 청소할 것인가를 무척 자세하게 설명해 놓은 것도 있었다. 오데커크가 1950년 3월에 사원들에게 보낸 메모 내용은 다음과 같다.

휴즈 씨는 코니를 청소하는 데 적절한 자루걸레, 청소 도구, 탁자 등을 먼저 준비해야 한다고 하셨다. 또한, 비행기 청소를 맡을 승무원이 정규적으로 훈련을 받고 지침을 하달 받아야 하며 늘 같은 승무원이 이 일을 담당하기를 바라신다. 청소는 반드시 땅에서 하거나 탁자에 올라가서 해야 한다.

누구도 비행기 위를 걷거나 기거나 올라서거나 기대거나 만져서는 안 된다. 자루걸레나 걸레대가 비행기를 치지 않도록 세심한 주의를 해야 하며, 자루걸레로 문지를 때 너무 세게 문지르지 않도록 주의해야 한다. 휴즈 씨는 처음 비행기를 청소할 때 페트랄리와 마틴이 동석하도록 지시하셨다. 승무원이 지침을 제대로 전달받았는지 지침대로 일하고 있는지를 보라는 것이다.

(존 시모어가 가지고 있던 것을 시모어의 딸 캐시 폴이 제공해 주었다.)

1950년 4월에 작성된 또 다른 메모에는 가스 가격에 관한 내용이 나와 있다.

휴즈 씨는 다음과 같은 내용을 지시하셨다. 왕복 비행에 충분한 연료를 넣고 출발하라는 것이다. 컬버시티에서 멀리 떨어진 곳에서 연료를 넣을 필요가 없도록. 여러분도 알다시피 공장에서 넣는 연료비용은 다른 공항에서 넣는 가격의 2분의 1이다. 예를 들어, 100옥탄 가솔린은 라스베이거스에선 갤런 당 42센트다.
(존 시모어가 가지고 있던 것을 시모어의 딸 캐시 폴이 제공해 주었다.)

휴즈는 또 자신의 비행기록을 관리하는 데도 신경을 썼다. 그는 개인 항공일지를 가지고 있었고, 비서인 나딘 헨리를 통해 운항을 관리하는 사람들에게 지침을 하달했다. 내용은 다음과 같다.

휴즈 씨는 제가 그의 모든 비행시간을 비행일지에 적어두지 않은 것에 대해 유감을 표명했습니다.
그리고는 휴즈 씨의 비행에 대해서 조금이라도 알고 있거나, 그와 관련된 사항을 알고 있다면 오데크커 씨에게 꼭 좀 알려주실 것을 당부했습니다.
정보는 가능한 정확하게 전달해 주십시오. 휴즈 씨가 우리 회사 소유가 아닌 비행기를 몰았거나 다른 공항에서 운전해 온 경우에는 비행기나 비행시간에 대해서 정확하게 확인하기 힘드실 것으로 압니다만, 부디 오데커크 씨에게 알고 계신 모든 정보를 알려주십

5. 멈추지 않는 기차

시오.

　오데커크 씨는 사실을 확인하고 정확하게 기록해서 사무실로 전달해 주라고 요청했습니다.

　또, 마틴 씨는 본인이 항공사로 동승하지 않는 경우, 직접 또는 페트랄리 씨를 통해 동승한 항공사에게 정보를 요청해 주십시오. 비행기가 공항에 착륙한 이후에요. 물론 우리 회사 공항에 착륙한 경우를 말합니다.

　모든 추가적인 정보를 취합하는 일은 오데커크 씨께서 맡아주셔야 합니다. 여러분은 어떤 비행이든 알고 있는 정보가 있다면 가능한 빨리 기록해서 오데커크 씨에게 전해 주십시오.

　휴즈 씨는 이 건과 관련해서 다시 전화를 하지 않을 것이며, 모든 분들이 오데커크 씨에게 정보를 알리는 데 관심을 가져줄 것으로 생각한다고 하셨습니다. 오데커크 씨는 휴즈 씨의 비행일지에 나와 있는 비행 목록과 부합하는 모든 정보를 회사에 제공할 책임을 지고 계십니다.

　휴즈 씨와 경영진은 여러분의 협조에 무척 감사하고 있습니다.

　휴즈 씨의 비서 나딘 헨리

　(사인이 되어 있다. 존 시모어가 가지고 있던 것을 시모어의 딸 캐시 폴이 제공해 주었다.)

　새로운 레이더와 미사일과 관련하여 테스트 비행 업무가 증가함에 따라 숍은 계속 더 많은 테스트 조종사를 고용했다. 1949년 10월, 숍은 33세의 존 시모어를 고용했다. 시모어는 트윈엔진을 장착한 B-

26을 몰고 새로운 천측유도시스템(celestial guidance system, 인공위성과 항성을 기준으로 미사일 운반체를 유도하는 것)을 테스트하는 업무를 맡았다. 그가 몰았던 B-26은 전후 정부에서 처분한 비행기 중 하나였다. 1년 반 뒤 시모어는 휴즈항공사의 항공기 유지 보수 책임자가 되었다.

그 다음으로 입사한 사람은 서른 살의 찰스 맥다니엘 주니어였다. 그는 1950년 휴즈항공사 천측유도시스템과 관련하여 B-26을 조종하는 임무를 맡았다. 시모어도 같은 비행기에 같은 프로그램으로 고용된 사람이었다. 훗날 두 사람 모두 휴즈를 태우고 나라 곳곳을 비행한다.

* * *

1951년 크리스마스 직전, 크리스 스미스는 <로스앤젤레스 타임스>에 실린 구인광고를 보게 된다. 휴즈항공사에서 조종사와 레이더 기사를 찾는다는 내용이었다. 광고를 보고 지원한 스미스는 구 육군 공병대에서 대장을 지낸 윈키 크라츠에게 면접을 봤다. 크라츠는 스미스에게 휴즈항공사가 전천후 요격기 조종사와 레이더 기사를 묶어 팀을 만드는 데 관심이 있다고 설명했다. 크라츠는 이 팀이 공군 요격기대대 승무원들에게 휴즈항공사에서 만든 공중 레이더를 어떻게 조작하는지를 가르치게 될 것이라고 했다.

크라츠는 또 새로 만들어진 비행 테스트부서장인 숩의 승인이 있어야 최종 채용이 결정된다고 말했다. 지원서류에 필요한 사항들을 기재한 뒤 스미스는 숩의 사무실에 보고하러 갔다. 스미스가 쓴 미공개 원고에 따르면, 숩은 당시 몇 가지 조언, 즉 휴즈항공사에서 일함에 있어서 필요한 기본 규칙을 말해 주었다.

휩은 스미스의 눈을 똑바로 쳐다보면서 말했다. "여기서 자네는 아주 많은 일을 하게 될 걸세. 아주 여러 방면에 걸쳐서 말이야. 우리 회사 조종사의 일원으로 여러 곳을 여행하게 되겠지. 늘 자네의 눈과 귀를 열어두되, 보고 들은 것을 나 이외에는 누구한테도 말하지 말게. 자네는 회사와 군용기 모두를 운전하게 될 걸세. 하지만 회사 운영과는 전혀 관계가 없는 일이라는 걸 명심하게."

스미스는 "제길, 일 시작이 처음부터 왜 이래. 도대체 저 말 뒤에 숨겨진 진실이 뭐야?" 하고 의문을 품었다.

몇 달이 지나면서 스미스는 그 숨은 의미들을 스스로 깨닫기 시작했다. 휴즈항공사는 개인 기업이었다. 휴즈가 모든 것을 소유하고 모든 것을 지배했다. 직원들은 그의 말에 어떤 의문도 제기하지 않고 오로지 따라야 했다. 휴즈는 언제나 사람들에게 이렇게 말했다. "내가 전화할 테니 먼저 전화하지 말게."

나중에 스미스가 휴즈항공사 경영진을 태우고 회사 비행기를 조종하고 돌아오자 숩은 보고 들은 내용에 대해 물었다. 숩 밑에서 일하는 조종사들은 휴즈와 함께 조종을 하거나 휴즈를 나라 곳곳으로 실어다 주는 역할을 하기도 했다. 그때마다 숩은 조종사들에게 이런저런 것을 물어봄으로써 회사 운영과 관련한 일을 누구보다 많이 알 수 있었다. 이렇게 해서 숩은 다른 경영진보다 더 유리한 위치에 있을 수 있었다.

휴즈항공사에 들어온 뒤 처음 1년 반 동안, 스미스는 크라츠 밑에서 일했다. 스미스는 록히드사 F-94에 장착된 E-1 사격통제시스템(FCS)의 초기 개발에 참여했다. 스미스는 E-1의 조작과 이용에 관해서 가능한 많은 것을 알고 이해하려고 했다. 공군에 운전교육팀(OPINDOC)이라고 알려져 있는 팀의 멤버가 되기 위해서였다. 스미스는 휴즈항공사에서 만든 공중 레이더의 조작법을 알려주기 위해 군용기 조종사로 일하라는 지시를 받았다. 최첨단 전자무기장비들을 맨 먼저 접할 수 있는 기회이면서 민간인으로 최신 공군기를 조종할 수 있는 좋은 기회였으므로 스미스는 매우 기뻐했다. 한때 공군으로서 군용기를 몰다가 이제 민간인이 되어 공군기를 조종하게 된 것이다. 양자의 차이는 딱 한 가지였다. 바로 공군 유니폼 대신에 평상복을 입는다는 것.

1952년 휴즈항공사는 또 한 명의 비행사를 채용한다. 제임스 오레일리는 아홉 살에 첫 비행을 했고 겨우 열다섯에 단독비행을 한 인물이었다. 내가 보기에 오레일리는 신경이 예민한 사람으로 보였다. 늘 안절부절못하는 그런 사람.

스미스와 오레일리는 플로리다 틴달 공군기지에서 수행되는 공군의 전천후 훈련 프로그램에 참여하기 위해 선발된 최초의 민간인 조종사였다. 하지만 휴즈항공사에 입사한 지 겨우 두 달밖에 안 되어 공중 레이더나 자신들이 비행해야 할 F-94 비행기에 대해서 잘 알지 못하는 상태였다.

그들이 처음 훈련을 받기 시작했을 때, 멕시코 만에서 벌어지는 야간 레이더 탐지 시범을 보기 위해 웨스트포인트 사관생도들이 찾아왔다. 틴달 기지의 군 교관들은 스미스와 오레일리가 경험 많은 조종사들일 것으로 생각하고, 그들이 F-94 시범비행을 하도록 일정을 잡았다. 다른 공군 승무원들과는 달리 스미스와 오레일리는 2인용 요격기를 타고 레이더 조작 업무를 교대로 했다. 시범비행을 할 때는 오레일리가 뒷좌석에 앉아서 요격을 헤야 하는 순서였다. 하지만 오레일리는 이 상황을 반길 수가 없었다. 플로리다의 후덥지근한 하늘에 천둥이 요란하게 치고 번개가 번쩍번쩍하고 있었으니까.

휴즈항공사의 두 비행사는 이륙하여 정면에서 오는 B-25 목표물을 요격하기 위해서 지상관제소(GCI)의 인도를 받았다. 지상관제소에서 목표물이 바로 앞 20마일 지점에 있다고 알려왔을 때, 비를 동반한 돌풍이 비행기를 흔들어댔다. 스미스는 백미러를 통해 오레일리가 극도로 흥분한 모습으로 F-94 조종실 덮개 좌우를 뚫어져라 쳐다보는 모습을 봤다. 오레일리는 휴즈항공사에서 만든 레이더 화면표시기를 보지 않았다. 저 아래 지상에서는 웨스트포인트 사관생도와 틴달 기지 교관들이 요격 진행 상황을 진지하게 쳐다보고 있었다. 휴즈항공사의 두 조종사는 레이더 자동추적장치를 가동시켜 목표물을 사격 위치로 끌어들여 성공적으로 임무를 마쳐야 했다. 기지 교관들은 물론 견학을 온 사관생도들까지 자신들의 시범비행을 주목하고 있다는 사실에 두 사람은 압박감을 느끼고 있었다. 이 비행에 많은 것이 걸려 있었다. 휴즈항공사가 제작한 레이더 자동추적 장치는 물론 자신들의 미래조차도 좌지우지될 상황이었다. 만약 실패한다면 이 곳에서의 임무를 포기하고 휴즈항공사의 크라츠나 숩에게 돌아가야 할 것이다.

"목표물은 11시 방향 8마일 거리에 있다." 관제탑 요원이 말했다.

곧 오레일리가 "Contact, Judy"라고 말했다. 레이더 스크린에서 목표물을 포착했으며 레이더로 목표물을 자동추적하고 있다는 의미였다. 스미스는 백미러로 다시 한 번 오레일리를 봤다. 오레일리는 여전히 조종실 덮개 밖을 보고 있었다. 스미스도 오레일리의 시선을 좇아 F-94 앞으로 밖을 내다봤다. B-25의 항법등이 보였다. 오레일리는 이 빛을 목표물의 방위와 고도를 가늠하는 데 활용했다. 육안으로 보이는 정보에 따라 목표물을 자동추적하는 척하고 있었던 것이다. 스미스는 자신의 화면에 나타난 목표물을 따라서 비행했다. 그리고 모의 발사 과정을 마쳤을 때 스미스는 무선에 대고 "Tallyho"하고 소리쳤다.

웨스트포인트 사관생도들은 통제실에서 두 개의 레이더 항로가 하나로 합쳐지는 것을 지켜봤다. 그들에게는 휴즈항공사의 공중레이더 덕택에 요격이 성공한 것처럼 보였다. 그들이 요격의 중요한 부분이 사실은 육안 판별에 의해서 이뤄졌다는 사실을 알 턱이 없었다.

비행기에서 내려 불 켜진 작전본부 건물로 걸어갈 때 스미스가 작은 소리로 말했다. "잘했어. 파트너."

"식은 죽 먹기지 뭐." 오레일리가 대답했다.

틴달 공군기지에서 전천후 요격기 관련한 6주간의 훈련을 마치고 스미스와 오레일리는 로스앤젤레스로 돌아갔다. 크라츠는 미리 훈련의 성공적인 결과를 전해 들었다. 두 조종사는 플로리다에서 자신들의 미래를 걸고 도박을 하고 있다는 자각을 하고 있었다. 이제 도박은 끝났고, 승리는 그들의 것이었다.

F-94의 전자무기제어시스템의 성공 이후, 휴즈항공사 엔지니어들은 훨씬 규모가 큰 개발 계약을 따내게 된다. 콘베어(Convair) F-102에 쓸 전자무기와 항법제어시스템 설계 계약을 따낸 것이다. 콘베어 F-102는 초음속 요격기로 향후 수년 동안 미국 방공전략에서 중추를 담당하게 할 목적으로 개발된 가히 혁명적인 항공기였다.

요격기 산업이 휴즈항공사를 건강하게 만들었다면 한국전쟁은 휴즈항공사를 번창하게 해주었다. 1950년 6월, 전쟁이 발발하자 휴즈

5. 멈추지 않는 기차 *163*

항공사는 모든 공군 요격기 프로그램에 필요 장비를 공급하는 유일한 제작자가 되었다. 전자무기시스템에서 다른 경쟁사보다 한 발 앞서가고 있었기 때문이다. 2년이 지나자 항공사 직원 수가 무려 15배로 불어났다. 한때는 보잘 것 없는 작은 연구실이었던 곳이 이제는 천 명 이상의 과학자들로 가득 찼다. 회사의 수입은 모기업인 휴즈공구회사의 석유굴착기기 생산부서를 상회했다. 물론 아직 공식적으로는 휴즈공구회사의 한 부서에 불과했지만. 수입 증가는 그야말로 괄목할 만한 것이어서, 1949년 40만 달러였던 것이 1953년에는 5천 3백만 달러가 되어 있었다. 휴즈는 또한 TWA의 대주주였고, RKO 영화제작사의 소유주이기도 했다.

* * *

하워드 휴즈의 일반적인 패턴은 이렇다. 하나의 비행기를 사서 몇 번 날려보고는 까맣게 잊어버린다. 자신의 비행기를 파는 일도 거의 없으므로 그의 비행기들은 대개 어떤 공항에 방치되어 있었고 점점 더 상태가 나빠졌다. 하지만 마틴 404 스카이라이너(Martin 404 Skyliner)의 경우는 조금 달랐다. 1950년, 휴즈는 트윈엔진의 마틴 404 수송기 40대를 TWA 용으로 주문하고, 개인 용도로 한 대(등록번호 N40437)를 특별 주문했다. 1952년 8월 비행기가 휴즈에게 인도되었다.

휴즈는 몇 년 동안 이 비행기를 보유하고 있으나 많이 타지는 않았다. 그리고는 기존의 개인 비행기 처리 방식과는 달리 비행기를 경매에 내놓았다. 당시 43세의 찰스 해너 주니어는 내셔널서플라이

(National Supply)사의 수석조종사였다. 이 회사는 펜실베이니아 피츠버그에 본부를 둔 거대 석유회사로 알레거니 카운티 공항에서 자사 비행기를 운항하고 있었다.

당시 회사는 더 큰 항공기를 찾고 있었고 그 때문에 해너는 휴즈에게 연락을 했다. 다음은 해너의 아들이 내게 들려준 이야기다. 해너는 캘리포니아 롱비치로 가서 회사용으로 사치스럽게 개조된 마틴 404를 봤다. 호화로운 비행기는 긴 소파 2개, 화장실 2개에 편안하게 출입할 수 있도록 후문 등이 설치되어 있었다. 200시간 정도밖에 날지 않은 거의 새 것이나 다름없는 상태였다. 200시간은 TWA 또는 이스턴 에어라인에서 조종했던 다른 404 비행기들에 비하면 매우 적은 비행시간이었다.

더구나 조종실에는 기상 레이더까지 설치되어 있었는데, 1950년대 기준으로는 고급 기술이었다. 이 레이더는 직경이 6인치에 흑백 화면이었는데, 2피트 높이의 실린더 위에 올려져 있었다. 가죽 커버를 씌운 대안렌즈를 통해서 화면을 보게 되어 있었다. 해너는 휴즈와 함께 서너 번 비행했고, 흥정을 통해 N40437을 사서 피츠버그로 가져갔다.

1964년 내셔널서플라이사가 암코 스틸(Armco Steel)사에 매각되었을 때 마틴 404도 포함되어 넘어갔다. 후에 이 비행기는 USA 투데이와 라디오 방송국 몇 개를 소유하고 있는 개닛(Gannett)사에 팔렸다. 개닛사는 마틴 404를 멕시코 대통령에게 팔았다.

휴스는 계속해서 비행정과 특별한 관계를 맺고 있었다. 40년대 말 50년대 초에 휴즈항공사 직원 오데커크와 페트랄리가 캘리포니아 온타리오 공항에 사무실을 마련했다. 온타리오 공항은 정부가 잉여 콘솔리데이티드 PBY 비행정을 쌓아두고 있는 곳이었다. 알렌 러셀은 시던캘리포니아(Southern California) 항공사의 수석조종사였다.

3년이 경과한 뒤 오데커크와 페트랄리, 러셀은 5~6대의 비행정을 해양 스포츠용으로 개조해서 되팔았다. 군용 PBY는 승객들이 타기가 어렵게 되어 있어서 꼬리 부분에 구멍을 잘라내고 계단을 설치했다. 내부 인테리어도 8명이 잠을 잘 수 있게 바뀌었다. 또, 프로펠러 성능을 개선하고, 몇몇 엔진 장비들을 항공사 자리에서 조종사 위치로 옮겼다. 순항속도도 125mph에서 165mph로 높아졌다. 개조가 끝난 뒤, 비행기는 랜드씨에어(LandSeaAir)라는 이름으로 부자들에게 판매되었다. 부자들은 보통 멀리 떨어진 곳에 가서 낚시를 즐기는 데 비행정을 사용했다.

30여 년 전, 하워드 휴즈는 커티스사의 비행정을 타고 생애 최초로 비행 경험을 했었다. 당시 휴즈는 비행의 느낌에 고무되고 들떴었다. 그때부터 휴즈는 조종사에 대한 애정과 비행정에 대한 특별한 애정을 키워 왔고, 이 애정은 평생 지속되었다. 1933년, 휴즈는 시코르스키 S-38 비행정을 구입해 미국 전역을 돌아다녔다. 그가 최초로 장거리 비행을 경험한 시기였다. 휴즈는 또 시코르스키 S-43 비행정을 구입했는데 주로 할리우드 여배우들을 기쁘게 하는 용도로 사용했다. 이 비행기는 또 복잡다단한 사적 공적 업무들이 그에게 너무나 버겁게 다가왔을 때 그의 도피처가 되어 주기도 했다. 그리고 휴즈는 1947년 처음이자 마지막으로 HK-1 헤라클레스 비행정을 날림으로써 항공사에 커다란 획을 그었다.

1951년, 휴즈가 처음 온타리오 공항에 왔을 때 오데커크는 28세의 데일 멈포드를 소개했고, 그는 휴즈의 부조종사가 되었다. 유타 주 오그던 출신인 멈포드는 제 2차 세계 대전 때 B-29의 항공사였다. 그 후, 그는 GI 법안(제대 군인 원호법으로 퇴역 군인들이 대학, 전문학교 등에서 재교육을 받을 수 있는 기회를 제공했다)을 통해서 조종사 자격증을 땄다. 휴즈는 멈포드의 차를 유심히 쳐다봤다. 1950년형 머큐리로 세련되어 보이는 차였다. 두 사람의 대화는 이러했다.

"좋은 차를 가지고 있구먼."

"아, 원하시면 언제든지 타보셔도 됩니다."

"그래, 지금 당장 타보고 싶네. 어떤가?"

멈포드가 차 키를 주었고, 휴즈는 차를 몰고 떠났다. 휴즈는 30분쯤 후에 돌아와 키를 멈포드에게 넘겨주면서 고맙다고 했다. 멈포드는 휴즈가 어디로 가서, 그의 소중한 차를 가지고 무엇을 했는지 전혀 알 수가 없었다.

멈포드는 휴즈의 부조종사로 몇 번 같이 비행했다. 그는 휴즈가 가지고 오는 갈색 종이백 안의 내용물을 보면 얼마 동안 비행할 예정인지 알 수 있었다고 했다. 휴즈는 체비 쿠페를 타고 와 주차시킨 다음, 샌드위치와 우유가 들어 있는 백을 가지고 탑승했다. 멀리 여행할 예정일수록 샌드위치와 우유의 양이 많아졌다.

휴즈는 늘 오래 써서 낡은 체비를 타고 다녔다. 컬버시티에 있는 공장과 다른 많은 곳에 휴즈의 차가 있었다. 그는 차를 타고 여행하고 주차하고 그리고는 잊어버렸다. 기름도 늘 적게 넣고 다녔다. 휴즈는 현금을 가지고 다니지 않았다. 낡은 차를 타고 다니면 자신이 관심을 끌지 않을 것이라고 생각했고, 또 돈이 없으면 강도를 당할 위험도 없다고 생각했다.

"휴즈는 정말이지 말끔한 모습이었습니다. 언제나 하얀색 긴소매

셔츠를 입고 있었죠." 멈포드의 말이다. "그는 늘 멋져 보였습니다. 6피트 3인치 정도 되는 훤칠한 모습이었죠. 제가 함께 여행해 본 가장 멋진 사람 중에 한 명이었죠."

멈포드는 또 휴즈의 비행 실력에도 감동을 받았다.

"휴즈는 최고의 비행사였습니다. 같이 비행해 본 사람 중에 최고였죠. 그는 PBY의 조종 시스템을 꿰고 있었습니다."

때로 그들은 이륙했다가 하바수 호수로 날아가서 물 위에 착륙하기도 했다. "휴즈는 정말이지 너무나 부드럽게 물 위에 착륙했습니다. 비행기가 수면에 닿았다는 사실을 느끼지 못할 정도였죠."

두 사람은 휴스턴까지 비행한 적도 있었다. 휴즈가 휴즈공구회사에 들러야 했기 때문이다. 비행기 조종사용 지도를 쓰는 다른 비행사들과 달리 휴즈는 정유회사에서 공짜로 나눠주는 일반 자동차용 지도를 이용했다. 멈포드는 휴즈가 여배우 라나 터너를 플로리다로 데려가는 데 동행하기도 했다. 둘은 플로리다에 들렀다가 바하마의 나사우로 향했다.

멈포드와 함께 PBY 비행정을 탄 것이 휴즈가 비행정을 조종한 마지막이었다.

* * *

1952년, 캐나다 AVRO 항공사의 테스트 조종사 도널드 하워드 로저스는 흔치 않은 업무를 맡게 된다. 그가 비행해 본 적이 있는 제트기를 휴즈에게 가져다주는 일이었다.

로저스는 2년 반 전에 AVRO 항공사의 C-102 제트라이너 시제기를 테스트 비행한 경험이 있었다. 당시 그는 부조종사였다. 제트라이너는 저익형에 전륜형 착륙장치, 여압형 선실을 갖춘 전체를 금속으로 만든 단엽기였다. 40~60명의 승객을 수용할 수 있게 설계되었고, 승무원 2명이 추가로 탈 수 있었다. 35,000피트에서 순항속도 430mph, 항속거리는 12,000마일로 중단거리용이었다. 롤스로이스 더웬트 2(Rolls-Royce Derwent II) 터보제트 엔진 4기를 장착했는데, 엔진이 날개 안에 은폐되어 있었다.

제트라이너는 날렵해 보였다. 천연 회색 알루미늄 기체 위에 위아래로 금색 줄무늬를 넣었는데, 이런 색상 구성은 당시 비행기로서는 눈에 띄는 것이었다. 게다가 제트라이너라는 붉은 글씨가 기수 양면에 쓰여 있었다. 제트라이너는 시선을 사로잡는 한 마리 아름다운 새 같았다.

제트라이너가 첫 비행을 한 것은 영국의 코멧(Comet)보다 13일 먼저였고, 보잉 707보다는 몇 년이나 앞섰다. 제트라이너는 1965년 첫 비행을 한 더글러스사의 DC-9에 맞먹는 기능을 갖추고 있었다. 더구나 제트라이너는 DC-9보다 16년이나 먼저 나왔다. 오늘날 DC-9는 2,000대 이상이나 생산되었고, 70여 개 항공운송회사에서 이 비행기를 쓰고 있다. 따라서 지속적인 비행기 운항과 관련한 부품 공급 등의 부가 이익까지 계속 발생하고 있다. 16년이나 먼저 나온 제트라이너가 이 시장을 선점했을 법도 한데 사실은 그렇지 못했다.

제트라이너는 AVRO사와 캐나다 정부에서 자금을 받은 트랜스캐나다에어라인(Trans-Canada Airline, TCA)의 설계 계획서에 따라 제작되었다. 제트라이너는 기능 면에서 설계 계획서 상의 요구 조건을 만족시켰지만, TCA는 명확하지 않은 정치적인 이유로 항공기 인도를 거부했다. 그러는 사이 유나이티드, 이스턴, 내셔널 등 몇몇 미국 항공운송회사와 미 공군이 관심을 보였다.

한국전쟁 기간에 AVRO는 캐나다 공군을 위해 제트엔진 2기가 장착된 CF-100 커누크(Canuck) 전투기를 제작하고 있었다. 하지만 AVRO는 CF-100을 제 날짜에 양도하지 못하고 일정을 지연시켰다. 그러자 캐나다 정부는 AVRO가 다른 비행기 제작 프로그램을 가동시키지 못하게 했다.

제트라이너 제작을 중지하라는 명령을 받고, AVRO 경영진은 대책을 모색했다. 당시 휴즈항공사는 CF-100에 쓸 MG-2 사격제어시스템을 제작 중이었다. 휴즈항공사는 레이더시스템 개발을 위한 공중시험대로 제트라이너를 사용할 수 있을 터였다. 그래서 비행기를 토론토에서 컬버시티까지 옮겨서 휴즈항공사 테스트 조종사들이 비행기를 운전할 수 있게 하고, 레이더시스템 설계자들이 선실 치수 등을 재도록 하기로 결정했다.

4월 8일, 돈 로저스는 토론토를 떠나 캘리포니아로 향했다. 시드 홀랜드가 부조종사로 빌 월드퐁이 항공사로 탑승했다. 휴즈항공사에 도착한 이튿날, 휴즈는 제트라이너를 비행해 보고 싶다고 했다. 로저스는 휴즈를 부조종사 자리에 앉혔다. 로저스는 잔디 활주로를 이륙하여 비행장을 2번 순회했다. 착륙한 뒤 휴즈가 조종사석에 앉았다. 이번에 휴즈는 8,000피트 상공에서 9번이나 순회를 했다. 휴즈가 제트기를 운전해 본 것은 이때가 처음이었다. 휴즈는 최종 공항 접근로까지 85mph로 비행하다가 70mph 속도로 활주로 접지에 성공했다. 곧고 상대적으로 두꺼운 날개를 가진 제트라이너는, 이착륙 성능이 매우 좋았다. 실제 제품을 생산할 때는 착륙 및 순항속도를 좀 더 높이기 위해 더 얇은 날개를 사용할 예정이었다.

로저스는 휴즈가 이착륙을 할 때 완벽주의자적인 면모를 보여주었다고 말했다. 착륙을 매끄럽게 하기 위해서 좀 낮고 빠르게 들어오는 경향이 있긴 했지만 조종이 거의 완벽했다는 것이다. 로저스는 휴즈가 매우 유능한 조종사라고 생각했으며, 유쾌한 사람이라고 생각했다. 휴즈는 헐거운 바지에 캐주얼한 재킷을 입었고, 수염을 기른 수려한 외모의 사나이였다.

로저스는 제트라이너가 멋진 비행기라고 생각했다. 비행조종 장치들은 모두 반응 감도가 좋았고 부드러웠다. 로저스는 또한 제트라이너가 조종하기에도 무척 편하다고 말했다. 제트라이너는 랜딩기어가 짧아서 날개와 땅 사이가 가까웠다. 또한, 비행기와 땅 사이에 완충장치가 설계되어 있어서 부드럽게 착륙할 수 있었다. 로저스는 휴즈가 제트라이너를 조종할 때 한 번도 거칠거나 딱딱하게 착륙한 적이 없었다고 기억하고 있다.

활주하여 들어온 뒤 엔진을 끄고 로저스는 휴즈항공사 조종사에게 휴즈가 9번이나 이착륙을 거듭했다고 이야기했다.

"그 정도는 아무것도 아니죠. 보잉 307 스트라톨리너를 받았을 때는 무려 37번이나 이착륙을 거듭했으니까요." 휴즈항공사 조종사의 대답이었다.

휴즈는 제트라이너를 활주로 북쪽 편에 계류시켰다. 휴즈항공사 격납고와 사무실 맞은편이었다. 휴즈는 경비원들을 비행기 주변에 배치하고, 캐나다에서 온 로저스를 포함해서 누구도 자신의 허락 없이는 비행기 안으로 들어가지 못하게 했다. 휴즈에게는 일반적인 방식이었다. 휴즈는 록히드 컨스털레이션, 보잉 스트라톨리너, 콘베어

240, 마틴 404 등을 계류시킨 뒤에 주변에 경비원을 배치했었다. 나라 곳곳에 있는 많은 비행장에서.

로저스는 휴즈가 제트라이너를 조종한 뒤 즉각 부조종사 임무를 맡는 것으로 강등되었다. 이때부터 휴즈는 자신의 전통적인 방식대로 항공교통관제를 무시하고 비행했다. 제트라이너 조종석은 매우 조용해서 무선교신을 위해 헤드셋을 이용할 필요가 없었다. 그러나 로저스는 휴즈가 늘 보청기를 끼고 있다는 사실을 알게 되었다. 휴즈가 관제탑에 비행계획서도 보내지 않은 채 로스앤젤레스의 안개와 스모그를 뚫고 시계비행규칙(VFR, 충분한 시계가 확보되는 기상 상태에서 조종사의 독자적인 판단에 따라 비행하는 방식, 다만 가장 가까운 항공관제탑에 미리 비행계획을 제출해야 하며, 규정된 고도를 따라야 한다)에 따라서 고도를 상승시켰을 때도 로저스가 모든 무선 연락들을 처리해야 했다. 휴즈는 로저스에게 단지 "걱정하지 말게."라고만 했다.

애초 로저스는 휴즈항공사 테스트 조종사와 엔지니어들에게 비행 시범을 보이기 위해서 일주일에서 10일 정도 예정으로 컬버시티에 왔었다. 하지만 로저스와 제트라이너는 컬버시티에서 장장 6개월을 머물렀다. 또한, 휴즈항공사 조종사 중에 시모어 이외에 누구도 제트라이너를 조종해 보지 못했다. 물론 휴즈는 예외였다.

로저스는 휴즈가 '자기 마음 내킬 때마다' 제트라이너를 탔다고 말했다.

그들은 항상 낮 시간에만 비행했다. 팜스프링스, 반누이스를 포함한 근처의 여러 공항들로. 휴즈는 계속 접지후이륙을 반복했다.

로저스와 비행 승무원은 할리우드루스벨트 호텔에 투숙하면서 늘 대기 상태로 있었다. 매번 휴즈항공사 사무실 직원이 전화를 해서 "휴즈 씨가 오늘 오후에 비행기를 타고 싶어 하십니다."라고 말했다.

로저스와 승무원들이 하루 종일 전화기 옆에 앉아서 기다린 후에, 그 직원은 다시 전화를 해서 "정말 죄송합니다. 휴즈 씨가 오늘 비행할 수 없는 상황이었습니다. 하지만 내일은 비행하실 겁니다."라고 했다.

6개월 동안 이런 패턴이 반복되었다.

로저스는 휴즈가 큰일에는 후하면서 작은 것에는 오히려 검소하고 수수하다고 생각했다. 예를 들면 1952년 여름이 다가왔을 때, 로저스는 자신의 세 아이들이 방학 중이므로 가족과 시간을 좀 보내고 싶다고 이야기했다. 휴즈는 후하게 모든 것을 처리해 주었다. 로저스의 아내와 아이들이 토론토에서 로스앤젤레스까지 TWA 여객기를 타고 올 수 있게 비용을 지불해 주었다. 휴즈는 콜드워터캐니언에 있는 집도 빌려주었다. 수영장과 관리자까지 딸린 곳이었다. 휴즈는 또 로저스에게는 한 푼도 부담시키지 않고 자동차까지 제공해 주었다.

그런가 하면 한편으로는 무척 수수했다. 비행이 끝나고 나면 휴즈는 늘 로저스를 검소한 체비 쿠페에 태웠다.

차를 모는 동안 휴즈는 로저스에게 시간을 물어보곤 했다. 그는 시계를 가지고 다니지 않았기 때문이다. 전화를 해야 하는 상황이 되면 공중전화부스가 있는 가장 가까운 주유소에 차를 세웠다. 휴즈는 주머니에 동전이 있는 줄 알았다가 찾지 못하면, 로저스에게 "동전 좀 빌려주겠나?" 하고 물었다.

AVRO 부사장이 휴즈를 만나러 로스앤젤레스에 온 적이 있었다. 예의 똑같은 체비 쿠페로 여행을 하던 도중 가스가 부족하다는 눈금이 들어왔다. 휴즈가 주유소에 차를 세웠고 부사장은 주유소 직원에게 가스를 가득 채워달라고 말했다. 그러자 휴즈가 "아니, 아니야. 1갤런만 넣게. 그거면 공장까지 돌아가는 데 충분하니까."라고 말했다.

    6개월이 경과하는 동안, 휴즈와 로저스는 예닐곱 번에 걸쳐서 제트라이너를 타고 총 13시간 30분 비행했다. 휴즈는 TWA에서 활용할 생각으로 비행기를 캘리포니아에 두었다. TWA 조종사가 휴즈, 로저스와 함께 제트라이너를 조종했다. 휴즈는 콘베어사가 이 비행기 생산에 관심을 갖게 하려고 노력했다. 하지만 콘베어사 또한 한국전쟁이 진행되는 동안 군수품을 생산하느라 생산라인이 풀가동되는 상태였다.

    결국 캘리포니아 정부는 캘리포니아에서의 비행에 관한 이야기를 듣고, 로저스에게 제트라이너를 다시 토론토로 가져오라고 지시했다. 제트라이너는 결국 본격적인 생산 단계에 들어가지 못했고, 시제품은 분해되고 말았다.

* * *

    휴즈는 컬버시티 공항에 미국에서 가장 긴 잔디 활주로를 가지고 있다는 것을 매우 자랑스러워했다. 잔디만 관리하는 전담 정원사가 있어서 늘 잔디를 가꾸었다. 활주로는 동서로 8,000피트 가량 평행하게 뻗어 있었다. 활주로 남쪽에는 착륙대의 반 정도 크기로 커다란 직원용 주차장이 있다. 더 남쪽으로는 웨스트체스터 절벽 위에 로욜라 대학이 위치하고 있다. 북쪽으로는 커다란 배수로와 농경지, 그리고 제퍼슨 대로 옆으로 나무숲이 있었다. 서단에는 더 넓은 농경지와 링컨 대로가 있고, 서쪽으로 1마일 정도 더 가면 태평양이다. 동단에는 컬버시티 공동묘지가 있고 라데라 고지의 볼드윈 언덕 지대가 펼쳐져 있다. 이쪽은 집과 상점들에 둘러싸여 있어서, 이착륙 시 비행기에 어떤 문제라도 생긴다면 여유 공간이 거의 없었다.

이 잔디 활주로에서 비행하는 것은 고성능 비행기를 타고 회사의 레이더나 전자 장비들을 실험하는 테스트 조종사들에게는 힘든 일이었다. 더구나 날씨가 나쁘기라도 하면 더욱 사태는 안 좋았다. 비라도 내리면 활주로의 일부는 사실상 수렁이 되었다. 잔디 활주로가 물과 진흙 때문에 수렁처럼 되면, 조종사는 테스트 임무를 무사히 마치기 위해 몇 배의 노련함을 발휘해야 했다.

야간조명으로는 플레어 포트(flare pot, 항아리 같은 그릇에 기름과 심지를 넣고 불을 붙인 것을 말함)가 사용되었다. 태평양 너머로 해가 지고 나면 활주로 양쪽으로 플레어 포트가 놓이고 점화되었다. 아침이면 플레어 포트의 불을 끄고 회수하여 가게로 가져갔다. 기름을 다시 넣고 심지를 다듬기 위해서였다. 이런 야간점등 시스템은 조종사들에게 반가운 것은 아니었다. 너무 오래된 구식 시스템이었으니까. 하지만 휴즈는 이 시스템을 이용하고 있었으므로 조종사들도 어쩔 수가 없었다. 플레어 포트의 심각한 문제점 중에 하나는 많은 포트들이 타면서 나오는 상당한 매연이었다. 플레어 포트는 등유를 연료로 쓰고 있었다. 어두운 밤에 포트가 일제히 켜지면 매연의 장막이 활주로 위로 낮게 깔렸다. 때문에 일단 활주로를 찾았다 하더라도 윤곽을 구별하기 어려웠다.

한 번은 군용 제트기 테스트 비행이 밤에 진행되었다. 하지만 테스트는 곧 중단되었다. 공군이 낡은 활주로를 먼저 고쳐야 한다고 요구했기 때문이다. 1952년 초, 휴즈항공사 경영진은 '공중에서 이뤄지는 작전 테스트가 조종사에게 안전하게 이뤄져야 하며, 그러기 위해서 잔디 활주로를 포장해야 한다.'는 공군의 주장을 받아들일 수밖에 없었다. 공군은 제트엔진의 공기 출입구로 먼지나 파편이 빨려 들어갈 수 있으며, 이 파편들이 엔진을 완전히 파괴하지는 않더라도 심각한 손상을 일으킬 수 있다는 사실을 용인할 수 없었다. 공군은 최근 이물질손상(FOD, Foreign Objetc Damage, 엔진의 부품이 아닌 물체를 흡입하여 가스터빈 엔진의 가스 통로에 있는 구성품이 파손되는 것) 예방 프로그램까지 내놓은 터였다. 모든 활주로와 유도로, 주기장(parking ramp, 비행기를 계류시켜 두고 연료 공급 등의 부가 업무를 처리하는 곳)을 깨끗이 해야 하며 어떤 잔해나 파편도 있어서는 안 된다는 내용이었다.

하지만 휴즈항공사에 어떤 큰 변화가 있으려면 휴즈의 승인이 있어야 했다. 승인을 받는 작업은 어려웠다. 휴즈의 일하는 방식 때문이었다. "내가 전화할 테니, 먼저 전화하지 말게."라는 그의 정책. 결국 휴즈는 공군의 요구를 받아들여서 잔디 활주로를 포장하고 플레어 포트를 치웠다.

잔디 비행장의 북쪽과 서쪽 경계에는 오래전부터 콩을 길러오던 넓은 개방지가 있었다. 한 농부가 이 땅을 임대했고 매년 봄 땅을 경작하고 씨를 뿌리고 수확 철이 오기를 기다렸다. 콩 수확량은 상당했다. 농부는 휴즈와 독점적인 사용 계약을 맺고 있었다. 이곳은 경작이 극도로 제한된 곳이었기 때문이다.

비행장에서 운영하는 비행기의 수가 늘어나면서 콩 농사와 관련한 문제가 발생하는 것은 피할 수 없는 상황이었다. 특히, 제트기가 비행 작전에 동원됐을 때는 더더욱. 컬버시티에는 활주로에 인접한 유도로가 없었기 때문에 조종사들은 착륙 후 멀리 활주로 서쪽 끝에서 방향을 틀어서 돌아와야 하는 문제가 있었다. 물론 항공기들은 180도 회전을 해서 주기장으로 돌아올 수 있는 정도로 강력한 엔진을 장착하

컬버시티의 휴즈 공항

고 있었다. 하지만 180도 선회를 할 때 제트기의 미관에서 엄청나게 뜨거운 배기가스가 나오는 것이 문제였다. 이 열기가 콩밭의 많은 부분을 거세게 휘젓고 콩을 그슬렸다. 콩을 날마다 살펴보는 농부는 금세 피해 상황을 알아챘다. 농부는 곧장 휴즈에게 전화를 해서 작물 손해에 대해서 격렬한 비난을 했다. 분명 그 농부는 자신이 필요할 때 휴즈가 어디 있는지를 알아낼 수 있는 몇 안 되는 사람 중에 한 명이었다. ―심지어 먼저 전화까지 하지 않았는가!― 농부가 휴즈에게 전화를 한 후 곧바로 조치가 취해졌다. 콩을 보호할 수 있는 지침과 함께 회사 윗사람들에게 급히 전화가 갔다. 소문에 따르면 그 농부는 곡물 피해가 있으면 늘 변상을 받았다고 한다.

휴즈가 콩 경작에 왜 이렇게 깊은 관심을 쏟았을까? 지역 규제에 대한 법률 때문이라는 설명이 가장 그럴 듯해 보인다. 휴즈항공사가 들어서 있던 땅은 구입했을 때 농경지로 구획되어 있었다. 하지만 주택과 아파트, 쇼핑몰 등이 항공사 근처에 들어서면서 지역을 규정하는 법률이 바뀌었다. 하지만 주거와 상업 지역 팽창이 가능한 지역으로 재구분된다는 것은 곧 내야 할 세금이 엄청나게 많아진다는 것을 의미했다. 휴즈는 자신의 토지에서 농작물을 길러야 했다. 경작지라는 사실을 합법적으로 인정받고 유지하기 위해서였다. 그래야 세금을 적게 낼 수 있었기 때문이다. 휴즈는 종종 세관 평가원이 자신의 토지 용도를 변경한다면 컬버시티에서 휴즈항공사 전체를 빼내어 가 버리겠다고 위협하곤 했다.

휴즈항공사 테스트 조종사들은 테스트 업무와 관련된 매우 복잡한 기술적인 브리핑들을 끝까지 들어야 할 때가 많다. 브리핑이 끝나서 다들 흩어질 무렵, 누군가 진지하게 짧은 한 마디를 덧붙이곤 했다.

"콩 조심!"이라고.

* * *

휴즈는 비행기 운전과 유지 보수에 대해 계속 메모를 보내 왔다. 아래 내용은 1951년 5월 6일 일요일에 전화로 존 시모어에게 하달한 지침이다.

1. 이 지침은 콘베어 또는 좀 더 큰 비행기에는 적용되지 않는다. 좀 더 큰 비행기란 컨스털레이션이나 DC-6을 말한다. 이 비행기들은 어떤 경우에도 방치해서는 안 된다.
2. 내가 만약 B-23을 비행장으로 가져와서 나무 옆에 계류시켜 놓고, 밤이 되어도 나타나지 않으면 그대로 놔두도록 한다.
3. 이른 아침에 비행기 뒤쪽에서 바람이 불기 시작해 10시나 10시 30분쯤이 되면 내 사무실에 전화를 하도록 한다. 만약 나와 연락이 안 되면 비행기에 고정 장치를 하고, 있던 그대로 두도록 한다. 내가 비행기를 옮기기를 바라는지 내 의견을 묻기 위해서 계속해서 연락을 취해야 한다. 비행기가 비행장 남쪽에 있을 때도 같은 지침이 적용된다.
4. 콘베어를 가지고 장난치지 말 것.
(존 시모어가 기록하고 타이핑한 것이다.)

휴즈는 HK-1 헤라클레스라는 당시까지 세계 최대였던 비행정을 만들었을 뿐 아니라, 세계에서 가장 큰 헬리콥터도 만들어 테스트했다. XH-17 시제품이었다. 1952년 4월 중순, 게일 무어는 휴즈가 거대한 XH-17을 테스트 비행해 줄 조종사를 찾는다는 이야기를 들었다. B-17과 B-29를 비행해 본 경험이 있는 무어는 로스앤젤레스 에어웨이즈(Los Angeles Airways)사에 취직하여 시코르스키 S-51 헬리콥터에 항공메일을 실어 운송하고 있었다. S-51을 타고 2,500시간 이상을 비행하고 17,000회의 이착륙, 100번 이상의 무동력 자동회전 착륙 연습을 해본 경험이 있는 무어는 자신이야말로 XH-17의 테스트 비행을 할 수 있는 사람이라고 확신했다.

처음 XH-17을 봤을 때 무어는 정신이 멍했다. XH-17은 높이가 31피트였고, 회전날개 직경만 130피트였다. 회전날개는 B-17의 날개 길이보다 30%가 길었고, 거의 B-29의 날개 길이만큼 길었다. 그는 휴즈항공사가 이렇게나 커다란 헬리콥터를 만들었다는 사실을 전혀 모르고 있었다.

31세의 무어는 이 새로운 모험에 자신을 내던졌다. 흥분되는 일이기도 하지만 위험하기도 한 일이었다. 이 일은 또한 오랫동안 그가 품어 왔던 개인적인 꿈을 이루게 해줄 것이었다. 즉, 그의 영웅 하워드 휴즈를 만날 수 있는 기회를.

XH-17이 만들어진 데는 독특한 사연이 있다. 오하이오 주 데이턴에 있는 라이트 비행장에서 복무 중이던 공군 대령 케이스 윌슨은 어느 날 차를 몰고 일터로 가던 도중 높은 버팀목을 세운 목재운송 트럭을 보게 된다. 케이스 대령은 이것을 보고 헬리콥터처럼 높은 버팀목을 가진 운송수단이 탱크를 실어 나르기에 적격이라는 생각을 하게 된다. 그는 헬리콥터의 전신이라 할 수 있는 오토자이로(autogiro, 회전날개를 가진 항공기)를 만든 켈러트(Kellett) 항공사에 접근했다. 그리고는 세

XH-17 헬리콥터

왼쪽부터 리 호퍼, 하워드 휴즈, 클라이드 존스, 워렌 리드,
칼 재슨, 게일 무어, 챌머 보웬, 마리언 월러스(1952)

게에서 가장 큰 헬리콥터를 만드는 작업을 수행하는 데 관심이 있는지 물었다.

켈러트사는 비용을 적게 들이고 프로젝트를 완수하는 기업으로 평판이 나 있었다. 켈러트사는 XH-17의 많은 부품들을 항공기 폐기장 여기저기서 끌어 모았다. 앞바퀴는 더글러스사 C-54에서, 메인기어는 노스아메리칸사의 B-25에서 가져왔다, 와코사의 글라이더 선실을 조종실로 썼으며, 시코르스키 H-19에서는 꼬리 회전날개를 가져왔다. 보잉 B-29의 폭탄 투하실이 X-17의 연료탱크가 되었다. 제너럴 일렉트릭사의 GE TG-180 엔진 2개가 블레이드(헬리콥터 회전 날개 깃) 끝에 압축공기를 제공하는 동력원이었다. GE TG-180은 알리슨(Allison) J-35 제트엔진을 제너럴 일렉트릭사에서 개조하여 새로운 이름을 붙인 것이었다. 블레이드 끝마다 연소기가 4개씩 달려 있는데 연료가 투입되어 점화되면, 블레이드를 돌릴 수 있는 추진력이 생겼다. 켈러트사는 좋지 않은 자금 사정 때문에 결국 이 프로젝트를 휴즈에게 넘겼다.

1952년 9월 16일, 게일 무어와 항공사 챌머 보웬, 테스트 항공사 마리온 월레스는 첫 비행을 했다. 당시 보웬은 휴즈항공사에서 6년째 일해 오고 있었다. 이 프로그램에 합류하기 전에는 보잉 307 스트라톨리너 비행정비사였다.

비행 승무원들은 XH-17에 애정을 담아서 몬스터라는 이름을 지어주었다. 무어는 XH-17을 타고 비행하는 것은 마치 선 자세에서 스카이콩콩을 타는 것 같다고 말했다. 헬리콥터가 계속 올라갔다 내려갔다 했기 때문이다. 무어에 따르면, 헬리콥터의 조종간이 너무 민감한 것이 문제였는데, 두 번째 비행에서는 고쳤다고 한다. XH-17을 테스트하는 일은 마치 거친 야생마를 길들이는 것 같았다. 무어는 어떻게 해야 과연 말안장에 편안히 앉을 날이 올지 장담할 수 없었다.

추가적인 공중 정지 비행이 끝나고 나면 활주 테스트를 하기로 되어 있었다. 무어에게는 활주 테스트가 말도 안 된다는 생각이 들었다. 몬스터의 방향을 조종할 방법이 전혀 없었기 때문이다. 방향제어 장치가 설치되지 않았기 때문에 앞바퀴가 마음대로 도는 상황이었다. 브레이크도 효과적으로 작동하지 않았다. 1952년 가을, 지저분하던 잔디 비행장이 말끔하게 포장되었다. 헬리콥터가 활주로 옆으로 견인되어 나왔다. 무어는 비행장 가에 있는 도랑 가까이에 갔을 때 무척 조심했다. 우스꽝스러울 정도로 긴 회전날개 블레이드가 조금만 기울어져도 난리가 날 것이기 때문이었다. '결코 건드려서는 안 되는' 콩들을 잘라 버릴 수 있는데다, 블레이드가 닿은 곳의 흙덩어리들이 공중으로 마구 올라올 것이었다. XH-17의 활주 테스트는 정말 힘든 일이었다. 무어는 조종석에 앉고 싶지 않은 심정이었다. 현재 자신의 XH-17의 조종 수준이 형편없다는 것을 잘 알고 있었기 때문이다.

휴즈는 화물실 -이 건물은 HK-1 비행정이 만들어진 곳이기도 하다- 에 있는 XH-17을 서너 번 보러 왔었다. 보통 업무가 끝난 밤 시간이었다. 무어는 휴즈가 오는 것을 미리 알 수 있었다. 그의 콘베어 240이 활주로에 계류되어 있었기 때문이다. 휴즈는 휴즈공구회사의 항공부서 부사장을 맡고 있는 리 호퍼에게 종종 전화를 걸어 언제나 XH-17이 비행하는 모습을 볼 수 있겠는가를 확인하곤 했다.

휴즈가 기다리던 그날은 1952년 10월 23일에 찾아왔다. 신문기자들, 카메라맨, 항공 관련 작가들 그리고 휴즈까지 많은 사람들이 세계에서 가장 큰 헬리콥터 비행에 초대되었다. 무어가 헬리콥터 있는 쪽으로 차를 몰고 갈 때, 카메라맨들이 활주로 주변을 따라서 차 지붕이나 삼각대 위에 카메라를 설치하고 있었다. 차에서 내리면서 무어는 예사롭지 않은 상황임을 느꼈다. 무어는 몬스터를 비행할 때 절대로 실수 같은 것은 하지 않을 자신이 있었다. 하지만 그렇더라도 카메라들이 저 위치에 있는 것은 나쁜 상황이었다. 저 청중들 속에 휴즈라도 있었다가는 상황이 더욱 나빠질 터였다.

엔진을 가동하려고 준비하면서 무어와 보웬, 윌레스는 헬리콥터 주변, 즉 앞과 옆 부분을 깨끗하게 청소했다. 주변이 깨끗해야 하기 때문이다. 무어는 한 카메라맨이 XH-17에 너무 가까이 있는 것을 보았다. 카메라맨은 이미 콩을 수확한 이랑 뒤에 자리를 잡고 있었다. 무어는 그에게 더 뒤로 가라고 손짓을 했다. 하지만 카메라맨은 바라보면서 손을 흔들어 답례만 할 뿐 움직이지는 않았다.

무어가 엔진을 가동시키기 전에 체비 쿠페가 서서히 와서 XH-17 앞에 주차했다. 호퍼와 그의 승객, 즉 하워드 휴즈였다. 무어는 휴즈에게 저리 가라는 손짓을 하고 싶지는 않았다. 하지만 휴즈가 더러운 먼지를 얼마나 싫어하는지도 잘 알고 있었다. 결국 무어는 손을 들어 휴즈에게 멀리 가라고 손짓을 했다. 감사하게도 차가 움직였다. 만약 차가 멀리가지 않았다면 어떻게 해야 했을지 알 수 없는 상황이었다.

XH-17이 이륙할 때 거대한 회전날개 블레이드의 세류(洗流, 비행 중인 비행기 날개 뒤쪽에 생기는 하향 기류)가 땅을 세게 강타하더니 작은 돌풍처럼 바닥을 스치고 날아올랐다. 무어는 조금 전 콩밭에 서 있던 카메라맨을 슬쩍 내려다봤다. 아니나 다를까 콩 쭉정이들이 무자비하게 그와 그의 카메라를 난타하고 있었다.

20분의 공중 정지 비행과 양 방향으로 360도 회전을 마치고 무어는 연료를 보충하기 위해 착륙했다. 무어와 그의 비행 승무원들이 헬리콥터에서 내려와 방송사 카메라맨들 앞에서 포즈를 취했다. 하지만 휴즈와 무어, 프로젝트 관련자들이 함께 있는 모습은 휴즈항공사 카메라맨만 촬영할 수 있었다.

무어, 보웬, 월레스는 다시 헬리콥터에 탑승해서 활주로를 따라서 1마일 정도 짧은 단거리 비행을 하고 돌아왔다. 옷을 갈아입으려고 승무원실로 가고 있을 때 흰색 체비 쿠페가 그들 앞으로 와서 멈췄다. 휴즈는 차 안에 그대로 앉은 채로 테스트 승무원들에게 인사했다. 무어는 휴즈가 세균을 두려워해서 어느 누구와도 악수하지 않는다는 널리 알려진 사실을 실감했다. 이즈음 휴즈는 서서히 괴상한 행동들로도 유명세를 타고 있었다.

휴즈는 테스트 조종사로서 XH-17의 비행과 조종에 깊은 관심을 보였다. 무어는 휴즈가 완벽주의자임을 알고 있었기 때문에 그가 이미 비행 테스트 보고서를 읽었을 것이라고 확신했다. 그럼에도 불구하고, 휴즈는 헬리콥터 조종이 어땠는가를 물었다.

무어는 대답했다. "XH-17은 덩치가 크지만 매우 예민합니다. 공중 정지 비행을 할 때는 무척 조용하게 돌아갑니다."

테스트 프로그램이 진행되는 동안 무어는 37번의 짧은 비행을 했다. 전체 시간으로는 10시간 정도였다. 공중 정지 비행, 70mph 속도로 전진 비행하기 등이 포함되었다. 테스트 비행의 성공으로 휴즈항공사는 XH-28의 실물 크기 모형을 나무로 제작하는 계약을 따냈다. XH-28은 탱크 1대를 실어 나를 수 있게 제작할 예정이었다. 최대 120,000파운드를 적재한 채 비행할 수 있도록 설계되었다. 또한, 회전날개는 4개였고 동력으로 4개의 제트엔진을 장착했다. 1956년

XH-28의 모형이 완성되었다. 하지만 그때는 한국전쟁이 끝난 뒤라서 많은 군수품 제작 프로그램들이 취소되었고, XH-28의 제작도 그 중에 하나가 되었다.

* * *

1950년대까지 거의 30년 동안 디트리히는 휴즈의 오른팔이었다. 휴즈는 1925년 재정 문제는 물론 개인적인 문제까지 모두를 처리하도록 디트리히를 고용했다. 대출을 받는 것부터 그의 애정 행각을 지켜보고 관리하는 것까지 모든 것을 디트리히가 도맡았다. 디트리히는 휴즈가 벌인 돈벌이가 되는 많은 사업을 배후에서 조종한 브레인이기도 했다. 1950년대 초, 디트리히는 60대 초반이 되어 있었다. 휴즈는 디트리히에게 개인 비행기를 사주었다. 전후에 군에서 염가로 내놓은 B-25 미첼(Mitchell)이었다. 비행기는 회사용으로 개조되었고, 전적으로 개인 용도로 쓸 수 있게 디트리히에게 할당되었다.

B-25를 조정할 두 명의 비행사도 고용했다. M. E. 벨이 조종사로, 아서 피터슨이 부조종사가 되었다. 디트리히의 B-25는 연료가 조금씩 새는 특징을 갖고 있었다. 특히, 경착륙 후에는 기름이 샜다. 이 B-25는 초기 모델로 자동밀폐형(self sealing) 연료탱크가 아니었다. 때문에 연료가 날개의 접합 부위와 못 아래쪽에서 흘러나오곤 했다. 비행기 정비사는 늘 이 누수를 막기 위해 많은 시간을 들여야 했다. 디트리히의 B-25는 이 때문에 '새는 레나(Leaking Lena)'라는 별칭을 얻었다. 시간이 흐를수록 연료가 새는 증상도 점점 잦아졌다. 드디어 이 비행기는 이륙이 불가능하게 되었고, 디트리히는 벨에게 대체할

만한 B-25를 찾아보라고 지시했다.

1953년 벨은 플로리다에서 B-25C(일련 번호 41-13251)를 찾았다. 이 비행기는 1942년 마인스 비행장에 있는 노스아메리칸 항공사 격납고 조립창고에서 만들어졌다. 전쟁 기간에 전투에서 활용되지 않고, 고성능 다발 엔진을 테스트하는 연습기로 사용되었다. 1,700마력짜리 라이트 R-2600-13 엔진 2기가 장착되어 있었다. 날개 길이는 67피트 7인치, 순항속도는 18,000피트 상공에서 233mph였다. 전쟁이 끝난 뒤 B-25C는 여러 번 주인이 바뀌었고 최종 등록번호는 N3968C이었다.

벨은 이 비행기를 캘리포니아 온타리오로 가져갔다. 개조 작업을 하기 위해서다. 비행기를 찾고, 구매하고, 개조하는 모든 작업이 비밀에 부쳐진 채 디트리히에게만 보고하면서 이루어졌다. 벨은 휴즈가 제반 과정을 모른다는 사실을 알고 걱정했다. 휴즈의 또 하나의 불문율을 깨고 있음을 알았기 때문이다. 휴즈의 허락을 받지 않고는 누구도 회사용으로 비행기를 구매하거나 빌릴 수 없다는 것이었다. 만약 휴즈가 비밀리에 이루어진 이 구매 건을 안다면, 벨의 표현을 빌리자면, 난리가 날 것이 분명했다. 실제로 휴즈는 이 사실을 알아냈다. 브루스 버크가 디트리히의 이 비밀 프로젝트를 중지시키기 위해 온타리오로 파견되었다.

"디트리히는 낡은 고물 같은 비행기에 엄청난 공을 들이고 있었습니다." 버크의 말이다. 버크가 판단하기에 '영 아닌' 비행기를 호화스러운 비행기로 탈바꿈시키려고 많은 돈을 들이고 있었다는 것이다. 군대식 인테리어를 없애고, 폭탄 투하실 위로 디트리히를 위한 침대를 들여놓았다. 꼬리 부분에 승객용 사다리와 화장실이 나란히 설치되었다. 4피트 길이에 높이가 3피트인 커다란 전망용 창이 기체 양쪽에 설치되었고, 이와 나란히 작은 창들이 만들어졌다. 여분의 연료탱크가 화물칸과 나란히 있는 폭탄 투하실에 설치되었다. B-25C에 이미 3십만 달러가 들어간 뒤였지만, 버크는 휴즈의 명령으로 개조를 중지시켰다. 이 때문에 버크는 디트리히에게 좋은 평을 받지 못했다.

휴즈는 매우 독특한 사람이다. 그는 지배하고 통제하는 유형의 사람이다. 그가 뭔가를 원하면, 그것이 비행기든 영화배우와의 데이트든 아이스크림이든 그는 그것을 가져야했다. 나중에는 필요 없었으며 지금 당장 가져야했다. 그는 자기가 원하는 것은 무엇이든지 충족시켜 줄 사람들을 주변에 둘 수 있는 권력과 돈, 영향력을 가지고 있었다. 휴즈항공사 직원들은 휴즈 주변에서 이런 일을 하는 조수, 보좌관, 시종들을 가리켜 '올챙이들'이라고 불렀다.

테스트 조종사 알 맥다니엘은 휴즈와 함께 비행하면서 휴즈의 이런 면모를 보았다. 휴즈와 함께 팜스프링스에 있을 때였다. 휴즈는 특정 타입의 면도날을 원했다. 휴즈가 가지고 있던 것은 모두 사용한 것들이었으므로 새 것이 필요했다. 그것도 당장 있어야 했다. 하지만 유감스럽게도 밤이었고 가게들은 모두 닫은 뒤였다. 휴즈는 맥다니엘을 시켜서 경찰에 연락을 했다. 그리고는 경찰에게 약국 주인을 일어나게 하라고 했다. 경찰은 약국 주인을 단잠에서 깨워서 휴즈에게 원하는 면도날을 주도록 했다.

또 한번은 맥다니엘이 휴즈를 뉴욕까지 태우고 갔을 때다. 그들은 호화로운 인테리어를 갖춘 안락한 B-25를 타고 여행했다. 휴즈는 업무상 가봐야 할 곳이 있어서 맥다니엘에게 자신이 찾을 때를 대비해서 에세스 호텔 방에서 기다리고 있으라고 지시했다. 하루쯤 지난 뒤 맥다니엘은 호텔 1층 이발소에 가서 머리를 자르기로 했다. 그는 호텔 전화교환원에게 팁을 주고 자기에게 전화가 오면 무조건 이발관으로 돌려 달라고 부탁했다. 이발을 하는 동안 벨보이가 로비를 가로질러 와서 그의 이름을 불렀다. 벨보이는 맥다니엘에게 즉시 휴즈에게 전화하라는 메시지를 전해 주었다. 맥다니엘은 급히 방으로 돌아와서 전화를 했다.

"저 때문에 뭐가 잘못되지 않았으면 합니다." 맥다니엘은 온순하고 비굴하게 말했다.

"제기랄! 자네가 모든 걸 망쳐놨어!" 휴즈가 소리쳤다.

맥다니엘은 휴즈가 이 표현을 종종 쓴다고 말했다. 심지어 중요하지 않은 일에도 말이다. 이번에 휴즈가 전화를 한 용건은 기내에 음식을 준비해 달라는 것이었다.

맥다니엘이 휴즈와 함께 라스베이거스에 갔을 때의 일이다. 두 사람은 스트립 가에 있는 고급 레스토랑에 갔다. 두 사람은 메인 룸으로 안내되었고 가운데 테이블을 배정받았다. 휴즈와 맥다니엘 두 사람뿐 다른 일행은 없었다. 음식을 기다리는 동안 맥다니엘은 식당 안의 모든 사람이 휴즈를 바라보고 있다는 것을 알았다. 레스토랑 직원과 식사하러 온 모든 사람이 두 사람의 일거수일투족을 유심히 지켜보고 있었다. 맥다니엘은 영 편치 않았다. 모든 사람이 자신을 쳐다보는 이런 상황에 놓여본 적이 없었기 때문이다. 무척 거북하고 불편했고 시간도 너무 더디게 가는 것 같았다. 하지만 휴즈는 그런 관심을 전혀 눈치 채지 못한 것 같았다. 맥다니엘에게는 잊을 수 없는 특이한 경험이었다.

맥다니엘이 나에게 들려준 이야기 중에 가장 서글프고 비참한 이

5. 멈추지 않는 기차

야기는 휴즈와 함께 새크라멘토에 갔을 때의 일이었다. 휴즈는 트윈 비치(Twin Beech) 18을 타고 캘리포니아 주지사 얼 워렌을 만나러 갈 예정이었다. 당시 캘리포니아 주는 마리나 고속고가도로를 링컨 대로에서 제퍼슨 가 쪽으로 건설할 예정이었다. 그렇게 되면 고속도로가 휴즈의 소유지를 통과하게 되고, 휴즈 공항을 운영하는 데 큰 영향을 받게 된다. 휴즈는 이 건설 계획에 결사 반대였고, 따라서 주지사를 만나기로 한 것이다.

휴즈는 캘리포니아 주의 이 계획을 듣자마자 애리조나 투손 공항 근처에 3만 에이커의 땅을 사들여 대책까지 마련해 두었다. 휴즈는 주지사에게 만약 현 계획대로 고속도로를 건설한다면 15,000명의 직원들을 데리고 애리조나로 갈 것이며, 로스앤젤레스는 엄청난 노동력을 일거에 잃게 될 것이라고 말할 작정이었다.

2월 어느 날, 이른 아침 맥다니엘은 트윈 비치 18의 비행 준비를 마치고 휴즈가 도착하기를 기다렸다. 트윈 비치 18은 숩의 친구인 할리우드 스타 로버트 커밍스의 소유였다. 비행기는 조종사와 4명의 승객을 태울 수 있었다. 휴즈항공사가 이 비행기의 유지 관리를 해주었고 휴즈와 커밍스가 모두 이용할 수 있도록 했다.

첼비 승용차가 비행기 옆으로 서서히 다가와서 멈췄다. 하워드 휴즈, 그의 변호사 하워드 홀, 캘리포니아 주의원 한 명이 차에서 내려 비행기에 탑승했다. 맥다니엘은 시동을 걸고 컬버시티 활주로 동단으로 활주했다. 하늘이 흐렸기 때문에 맥다니엘은 관제탑 오퍼레이터에게 무선을 쳐서 계기비행규칙(IFR, instrument flight rules)에 따른 비행 허가를 요청했다. 2분쯤 후에 맥다니엘은 누군가 오른쪽 어깨를 톡톡 두드리는 것을 느꼈다. 휴즈였다. 휴즈는 왜 이륙을 하지 않느냐고 물었다. 맥다니엘은 계기비행규칙 승인이 아직 나지 않았다고 설명했다.

"제기랄! 이륙해!" 휴즈는 명령하고 승객들이 있는 객실로 돌아갔다.

맥다니엘은 명령을 따라 이륙했다. 해안선을 넘어가면서 맥다니엘은 기수를 서향으로 유지했다. 비행기가 구름 아래로 들어가 있었기 때문에 근처 로스앤젤레스나 산타모니카 공항에서 이륙하거나 착륙하는 비행기와 충돌하지 않을까 염려되었다. 새크라멘토로 가려면 북쪽으로 방향을 틀어야 했다. 하지만 맥다니엘은 구름 위로 올라가 시야가 확보될 때까지는 활주 방향을 유지할 작정이었다.

바로 그때, 맥다니엘은 또 한번 누군가 오른쪽 어깨를 두드리는 것을 느꼈다. 역시 휴즈였다. 휴즈는 왜 북쪽으로 방향을 틀지 않느냐고 물었다. 맥다니엘은 아직도 계기비행규칙 승인을 받지 못했고 따라서 민간항공관리국 허락 없이 구름 속을 비행하는 것은 불법이라고 말했다.

"제기랄! 방향을 틀어!" 휴즈는 명령하고 역시나 다시 선실로 돌아갔다.

맥다니엘은 방향을 북쪽으로 틀고 비행기들로 붐비는 반누이스 공항 위를 구름 속에서 달렸다. 겨울인데다 바깥 날씨마저 좋지 않았는데도 그의 이마에는 땀이 송골송골 맺혔다.

드디어 맥다니엘은 구름이 없는 곳으로 올라왔고 수평비행을 시작했다. 그는 스로틀을 뒤로 당겨 출력을 줄이고, 프로펠러 rpm(분당 회전 속도) 및 혼합조절기(mixture control, 엔진이 작동되는 동안에 조종사가 연료와 공기 혼합비를 조절할 수 있게 왕복엔진 항공기에 장착된 조절기)를 순항 상황에 맞게 조절했다. 맥다니엘은 몸의 긴장을 풀고 새크라멘토까지 도착하는 데 남은 시간을 계산해 보았다. 약 2시간 정도였다.

바로 그때 뒤에서 뻗어 나온 손이 2개의 스로틀을 앞으로 최대한 밀었다. 휴즈는 맥다니엘을 보고 말했다. "나는 지금 바빠!"

전처럼 휴즈는 다시 객실로 돌아갔다. 맥다니엘은 지금 상황에서 엔진이 최대 출력으로는 1~2분 이상 돌아가지 못한다는 것을 알고 있었다. 스로틀을 다시 늦추지 않으면 엔진이 과열되어 멈춰 버릴 것이다. 이미 실린더 온도 바늘이 매우 위험한 상태임을 의미하는 붉은색 부분에 가 있었다. 맥다니엘은 스로틀을 늦추면, 휴즈가 엔진 소음의 변화를 알아차리고 다시 조종실로 오리라는 걸 알고 있었다. 이제 맥다니엘의 팔에서도 땀이 나기 시작했다.

맥다니엘은 느리게, 최대한 느리게 스로틀을 뒤로 잡아 당겼다. 소음에 무슨 변화라도 있으면 알아차릴 수 있게 눈을 감고 촉각을 곤두세운 상태로. 출력이 충분히 낮아지자 실린더 바늘이 붉은색과 오렌지색의 경계에 왔다. 맥다니엘은 다시 휴식을 취했다. 휴즈가 조종석으로 다시 오지 않기를 바라면서. 엔진이 남은 시간 동안 이 상태를 유지할 수 있기를 간절히 바라며.

그때, 갑자기 어디선가 불쾌한 냄새가 나기 시작했다. 유황 냄새 같았다. 맥다니엘은 혹시 엔진오일이 과열되어 화학작용을 일으키기 시작한 것은 아닌지 걱정스러웠다. 그렇다면 엔진이 곧 꺼져 버릴 테니 큰일이었다.

맥다니엘은 승객들의 반응을 보려고 선실 쪽을 흘끗 돌아봤다. 그리고 너무 놀라고 말았다. 휴즈가 바지를 내린 채로 변기 위에 앉아 있었던 것이다. 썩은 듯한 냄새는 바로 휴즈가 대변을 보는 냄새였던 것이다. 맥다니엘은 비행기 안에서 나는 냄새는 심각한 수준이었다고 말했다. 가스마스크라도 있었으면 하고 생각할 정도였다. 변호사와 주의원은 휴즈에게서 1, 2피트밖에 떨어지지 않은 채 건너편에 앉아 있었다. 휴즈는 신문의 흥미로운 기사를 읽으면서 승객들과 이야기를 나누었다.

"그럼요, 휴즈 씨." 한 승객이 말했다.

"그렇고말고요. 휴즈 씨." 또 다른 승객이 맞장구를 쳤다. 두 사람은 마치 이 역한 냄새를 전혀 느끼지 못하는 것처럼 행동했다. 맥다니엘은 힘을 쓰느라 휴즈의 얼굴이 붉어지는 것과 뼈가 앙상한 허벅지까지 보였다고 말했다.

예정되었던 고속도로는 동쪽으로 옮겨졌고 휴즈의 사유지 경계선에 건설되었다. 늘 그렇듯이 휴즈는 상황을 지배했고 정확히 자신이 원하는 것을 얻었다.

VI
기이한 행동들

    1952년 이후 휴즈는 라스베이거스로 자택을 옮겼다. 라스베이거스의 집이나 호텔 방에서 로스앤젤레스에 있는 사무실과 연락을 취하는 식이었다. 휴즈는 라스베이거스를 거의 떠나지 않았으며, 자신이 꼭 있어야 하는 경우에만 비행기를 타고 로스앤젤레스에 왔다. 사막의 모래바람 때문에 라스베이거스에서 지내는 것이 너무 불편해지면 며칠 동안 팜스프링스에 가 있기도 했다. 휴즈와 사업을 하고 싶어하는 사람들은 라스베이거스로 가야 했다. 한 번은 TWA 중역들이 회의를 하기 위해 라스베이거스에 모이기도 했다.
    라스베이거스는 도박의 거리로 이루어진 떠들썩한 휴양도시다. 이 도박의 거리는 길이가 2.5마일에 넓이가 수백 야드나 된다. 라스베이거스는 휴즈가 속속들이 도시를 파악하고 어딘가에 자신을 숨기기에 적당한 곳이었고, 그런가 하면 밤의 향락을 제공하기에는 충분히 넓은 곳이었다. 휴즈의 개인 전화번호는 철저히 보호되는 기밀이었다. 그의 방랑은 정처를 알 수 없었고, 스케줄은 예측 불가였다. 그는 피곤하면 침대에 몸을 던졌고, 기운이 팔팔하면 일을 했다. 밤이든 낮이든 신경을 쓰지 않았다. 휴즈는 두세 명의 중역과 그의 직접적인 지시를 받아 일하고 있는 몇몇 사람에게는 밤이든 낮이든 상관하지 않고 전화를 했다.

휴즈는 자신과 자신의 사생활을 침해하려는 사람들 사이에 방패막이로 젊은 모르몬교도들을 고용했다. 그들은 열심히 일하면서 술이나 담배, 도박은 전혀 하지 않은 말 그대로 성실 그 자체인 사람들이었다. 라스베이거스라는 유혹의 도시 한복판에서 휴즈에게 꼭 필요한 그런 존재들이었다. 이 심복들은 24시간 활용할 수가 있었고, 휴즈가 지시하는 것은 무엇이든 했다. 아무리 어렵고 이상한 일이라도 마다하지 않았다. 라스베이거스 공항으로 비행기를 오게 하고, 도시 간 항공수송에 사람들을 끌어 모으고, 휴즈의 아픈 친구에게 꽃을 전해 주고, 오랫동안 연락을 못했던 친구와 전화 연결을 해주고, 아름다운 아가씨에게 나이트클럽의 상석을 맡아주고, 늑대 같은 남자들이 얼씬도 못하게 막는 역할까지 해주었다.

모르몬교 심복들의 일은 휴즈와 외부를 연결시켜 주는 것이다. 누군가 휴즈를 보고 싶다면, 먼저 이 심복들에게 이야기를 해야 한다. 휴즈는 이들의 이야기를 듣고, 만날 만한 사람인지 거절하고 싶은지를 결정한다. 만약 휴즈가 이 심복들조차 보고 싶어 하지 않으면, 그는 심복들은 물론 이 세계 모두로부터 더 이상 존재하지 않게 된다. 그는 아무에게도 행선지를 알리지 않고 비행을 떠나곤 했다. 심복들이 얼마나 오래 사라질지, 그가 없는 동안 무엇을 하고 있어야 할지 고민하도록 놔둔 채. 휴즈는 나라 곳곳에서 공중전화를 통해 업무를 처리했다. 휴즈는 라스베이거스, 로스앤젤레스, 팜스프링스, 그리고 수많은 지역에 비행기를 가지고 있다. 휴즈는 이 비행기들을 타고 도시를 빠져나가 며칠씩 사라져 버리곤 했다. 아무에게도 알리지 않은 채.

휴즈의 식습관도 마치 잠자는 버릇과 같았다. 마음 내키면 먹고 그렇지 않으면 안 먹는다. 먹으면서도 일하고, 놀면서도 일한다. 휴즈는 결코 일을 멈추는 법이 없었다. 매우 중요한 손님이나 나이트클럽에서 무척 아름다운 여인을 만나는 중이라 해도, 휴즈가 2~3분 이상 조용히 앉아 있는 경우는 거의 없다. 그는 어김없이 사무실로 들어가서 휴스턴, 로스앤젤레스, 뉴욕 등지로 전화를 걸어댄다.

휴즈는 자신의 거대한 제국에 대한 모든 세세한 것들을 머릿속에 넣고 다녔다. 그는 기록한 것을 가지고 있지 않았다. 그가 가지고 다니는 기록이라고 해봐야 오래된 봉투 뒷면에 뭔가를 끼적거린 것이 전부였다. 하지만 휴즈는 라스베이거스에서 전화만으로 12대의 비행기를 사고, 배우에게 다른 옷을 입혀서 영화 장면을 재촬영하라고 명령하고, 휴즈공구회사의 새로운 생산 스케줄을 승인할 수 있었다.

휴즈와 사업을 하고 싶어 하는 사람들은 때로 그의 심복들이 몇 주 또는 몇 달씩 휴즈를 만나게 해주지 않는다고 불평한다. 휴즈를 찾을 수 없다는 이유를 대면서. 사람들은 또 휴즈가 모든 흥정에서 미루고 지연시키는 것을 마치 무기처럼 사용한다고 비난한다. 휴즈가 벌이고 있는 다양한 사업들은 늘 막 위기를 모면했거나, 점점 더 심각한 위기로 치닫고 있거나, 그도 아니면 막 위기 속으로 들어가고 있는 아슬아슬한 상황이었다. 그리고 이런 모든 위기들은 오로지 휴즈 자신이 나섰을 때만 해결될 수 있었다. 물론 늘 전화를 통해서였다. 이 모든 것이 비현실적인 네바다의 한 도시에서 이뤄지고 있었다. 도박꾼과 허세부리는 스포츠광, 부정하고 쉽게 돈이 벌리는 곳에 반드시 있게 마련인 여자들이 출입하는 이 도시에.

휴즈는 라스베이거스에 사는 이유가 할리우드가 너무 복잡하기 때문이라고 했다. 할리우드에는 그의 관심을 강요하는 너무 많은 사람들이 있고, 그가 나타나기만 하면 야단법석인 곳들도 너무 많고, 한꺼번에 너무 많은 문제들이 그를 짓누르고 있다고 했다. 라스베이거스에서 휴즈는 로스앤젤레스와 충분히 가깝고도 먼 작은 공간을 발견했다. 라스베이거스는 업무상이든 즐기기 위해서든 필요하면 언제든 갈 수 있을 만큼 로스앤젤레스와 충분히 가까웠다. 라스베이거스는 동시에 그가 혼란스러운 외부의 모든 압박에서 벗어나 휴식을 취할 수 있을 만큼 로스앤젤레스에서 충분히 멀리 떨어져 있기도 했다.

* * *

1953년 어느 여름 날, 휴즈는 비행기를 타고 로스앤젤레스로 와서 글자 그대로 두 테스트 조종사에게로 '돌진' 했다. 그들은 바로 휴즈 공항에 착륙하고 있던 크리스 스미스와 게이지 메이스였다.

당시 훈련 비행을 마치고 늦게 돌아온 스미스는 이착륙 직전 비행장 상공을 도는 장주(traffic pattern)를 하고 있었다. 게이지 메이스 주니어는 스미스의 부조종사였다. 메이스가 B-25의 랜딩기어와 플랩을 내렸다. 그리고 스미스에게 착륙을 위해 조종실에서 체크해야 할 사항이 완료되었다고 보고했다. 휴즈 공항 관제탑 기사가 스미스에게 착륙을 허가했다.

스미스가 최종 접근로를 향해 선회했을 때 메이스가 소리쳤다. "밖을 보십시오. 누가 저희 비행기 아래로 오고 있습니다." 또 다른 비행기가 역시나 착륙할 목적으로 B-25기 바로 아래로 날아오고 있었다.

관제탑 기사가 스미스에게 소리쳤다. "정지, 정지!" 그리고는 경악하며 말했다. "더 맨입니다! 반복합니다. 멈추세요. 더 맨입니다!"

6. 기이한 행동들

"오, 세상에" 스미스는 (인터뷰 도중) 혼자말로 중얼거렸다. "막 착륙을 하려던 결정적인 순간이었어요. 랜딩기어와 플랩을 내리고 접근 속도를 낮춘 상태였으니까요. 그때 관제탑 기사가 거의 미친 사람처럼 밑에 누가 있다고 소리치더군요."

스미스는 B-25의 R-2600 엔진 2기의 출력을 다시 높였다. 메이스는 자신들의 B-25기 바로 밑으로 돌진해 온 수수께끼의 비행기 위치를 파악하고자 비행기 앞뒤를 유심히 살폈다. 비행기를 다시 가속시키고, 스미스는 조심스럽게 왼쪽으로 방향을 틀어 웨스트체스터 절벽 위로 올라갔다. 이 절벽은 휴즈항공사 소유지의 남쪽 경계선이었다. 제방 꼭대기에 로욜라 대학과 웨스트체스터 시가 들어앉아 있었다. B-25의 배기통이 튀면서 나는 소음은 마치 성능 좋은 소총이 발사될 때 나는 소리 같았다. 때 아닌 이 소동은 강의실에서 공부를 하고 있던 학생들은 물론이고, 대학 학장도 받아들이기 힘든 사태였다.

스미스는 서쪽으로 착륙하는 데 성공하여 활주로 끝에 있는 계류장으로 비행기를 몰고 갔다. 오른쪽에 콘베어 240이 오래된 격납고 근처 흙 위에 계류되어 있었다. 그가 처음 착륙을 시도할 때 비행기 아래로 끼어 들어왔던 바로 그 비행기였다. 낡은 1940년형 첼비 승용차가 콘베어 240에서 서서히 나와서 휴즈 공항 주기장으로 향했다.

몇 분 후 스미스와 메이스가 비행기를 계류시킨 뒤 B-25 조종실에서 나왔다. "콘베어 240을 착륙시킨 자식이 누구야?" 스미스는 화가 나서 비행정비사에게 물었다.

"저기 저 사람입니다. 조지 바버랑 프레디 티보두에게 말하고 있는 사람이요." 정비사가 대답했다.

스미스는 크고 마른, 아니 조금 여위었다고 할 수 있는 사람을 보았다. 머리 뒤쪽으로 불안정하게 중절모를 쓰고 있었다. 그는 낡은 쳴비 승용차 옆에 서서 두 정비사에게 뭔가를 이야기하고 있었다.

"가서 저 멍청한 자식에게 한마디 해줘야겠구먼. 조금 전에 장주 도중에 끼어든 말도 안 되는 짓에 대해서 말이야." 스미스가 말했다. 그는 훈련 임무를 수행하고 오후의 뜨거운 열기 속에서 B-25를 계류장으로 옮기느라 지치고 땀이 많이 나 있었다.

"저라면 가만히 있겠습니다. 그 사람은 바로 휴즈 씨니까요." 정비사가 대답했다.

"이런!" 메이스가 숨을 크게 내쉬면서 중얼거렸다. '더 맨'이 로스앤젤레스에 왔던 것이다.

휴즈가 스미스와 메이스 쪽으로 걸어왔다. 티보두가 휴즈에게 두 사람을 소개했다. 휴즈는 조금 전 착륙을 방해한 것에 대해서 사과했다. 그리고는 두 정비사 쪽으로 돌아서서 대화를 계속했다. 그는 성병의 위험과 해악에 대해서 말하고 있었다. 이야기를 끝내자 휴즈는 쳴비 승용차 핸들 뒤로 미끄러지듯 들어가서 기어를 넣었다. 그리고는 차를 타고 서서히 사라졌다. 한 마디 이별인사를 덧붙이면서. "내 말 명심하게."

휴즈가 비행기 계류장에서 차를 타고 사라지자, 스미스는 바버와 티보두에게 물었다. 왜 휴즈가 이런 특이한 강의를 그들에게 하고 있는가에 대해서. "휴즈 씨는 계류장에 나타날 때마다 이런 이야기를 합니다. 들어줄 사람만 있으면요." 티보두가 말했다. 바버가 덧붙였다. "비난 성병에 수제가 한정되는 건 아니에요. 생각나는 건 뭐든지 이야기하죠. 저번에는 우리에게 손을 씻는 법에 대해서 이야기했어요. 손가락 하나하나를 씻으라고 했죠. 특히, 손을 하루에 세 번 꼭 씻어야

6. 기이한 행동들 199

한다고 강조했어요." 휴즈의 세균에 대한 병적인 공포는 이즈음에는 그의 기이한 행동만큼이나 널리 알려져 있었다.

* * *

휴즈가 예고 없이 오후 늦게 휴즈 공항에 들어오는 일은 매우 흔한 일이었다. 그는 비행계획서도 보내지 않고 관제탑 기사에게 무선 연락을 취하지도 않았다. 휴즈가 타고 다니는 콘베어 240이나 다른 휴즈의 비행기들을 찾아내 사고를 방지하는 것은 온전히 관제탑 기사의 책임이었다. 어디인지 모를 곳에서 나타나 활주로 동쪽 볼드윈 언덕 비탈을 미끄러지듯 내려오는 '더 맨'의 비행기들을 알아서 찾아내야 했던 것이다.

휴즈는 늘 비행기를 활주로 북쪽 잔디 위에 계류시켰다. 근처에 나무숲이 있고 문제가 되는 콩밭에서는 멀리 떨어진 곳이었다. 옆에 불안정하게 서 있는 작은 헛간 같은 곳이 있는데 여기의 그의 쳴비 승용차가 주차되어 있다. 언제든 탈 수 있는 상태로. 경비원들이 호기심 많은 사람들이 비행기에 접근하지 못하도록 다시 출발할 때까지 비행기를 지켰다.

비행기 정비사 프레드 호스는 이 시기에 휴즈와 묘한 만남을 가진다. 휴즈는 컬버시티 공항에 코니를 착륙시키고 유칼립투스 나무숲 근처 북쪽 활주로에 계류시켰다. 그리고는 쳴비 승용차 중 하나를 타고 공장 여기저기를 돌아다녔다. 떠날 때가 되자 휴즈는 코니가 있는 곳으로 차를 몰고 왔다. 코니가 있는 데까지 가서야 휴즈는 비행지도를 격납고에 놓고 왔다는 사실을 알았다. 휴즈는 호스에게 지도를 찾아서 가져다 달라고 했다.

　호스가 첼비 승용차를 타고 격납고까지 가는 길 중간쯤 왔을 때 가스가 떨어졌다. 그는 근처 창고 건물을 찾아보았고 거기서 약간의 가스를 찾아서 첼비에 주입했다. 그리고는 격납고에서 지도를 찾았다. 포스는 격납고를 나오자마자 휴즈가 코니를 타고 이륙하는 모습을 봤다.

　포스는 급히 관제탑으로 뛰어가서 기사에게 무선을 쳐서 휴즈에게 지도가 없다는 사실을 알려주라고 했다. 기사는 휴즈와 무선 연락이 된 적이 없으며, 휴즈는 비행계획서를 보내오는 일도 없다고 말했다. 설상가상으로 로스앤젤레스 국제공항 관제탑 기사가 컬버시티에서 이륙한 비행기가 있는지를 물어보는 교신까지 해왔다. 공중 충돌을 염려해서 미리 비행사들에게 알려주려는 것이었다.

　컬버시티 기사가 "아니오. 컬버시티에서 이륙한 비행기는 없습니다." 라고 대답했다. 휴즈를 덮어주기 위해서였다.

　공항 관제탑 기사에게 무선으로 아무것도 알리지 않는 휴즈의 버릇은 남부 캘리포니아에서 널리 알려진 사실이었다. 그는 비행을 할 때도 자신만의 독자적인 고도를 유지하고 어떠한 통제도 거부했다. 그는 다른 사람을 지배하는 사람이었으니까. 모든 사람이 그의 유명한 말을 알고 있었다. "내가 전화할 테니, 전화하지 말게."

　버뱅크 공항의 관제탑 기사는 한때 이런 휴즈를 다루기 위해서 독특한 방법을 활용하기도 했다. 휴즈의 비행기가 착륙하려는 것을 알면, 그는 무선을 보냈다. "알겠습니다. 휴즈 씨, 착륙을 허락합니다." 그는 무선을 통해서 휴즈에게 계속 이야기를 하지만 대답은 없다. "알겠습니다. 휴즈 씨, 활주를 허락합니다." 그는 계속 무선으로 말했다.

그러는 동안, 휴즈는 이미 계류장에 가 있곤 했다. 그가 휴즈를 다루는 방식은 경마 중계하는 것과 비슷했다. 기사는 무선을 통해 혼잣말을 함으로써 휴즈가 어디에 있는가를 —다른 조종사들에게— 알려주었다. 이처럼 그의 현 위치를 알 수는 있었지만 누구도 그가 어디로 가고 있는지는 알 수 없었다.

* * *

크리스 스미스가 휴즈를 다시 만난 것은 늦여름의 오후였다. 휴즈를 몰라보고 실수 비슷한 것을 한 직후였다. 휴즈는 콘베어 240을 타고 휴즈 공항에 도착해서 쭈그러진 쳴비 승용차를 타고 계류장을 나왔다. 그는 차를 몰면서 정비사들에게 손을 흔들었다. 스미스는 당시 비행 테스트부서 건물을 향해서 계류장을 걸어가고 있었다.

휴즈는 천천히 차를 몰아 스미스 옆으로 다가왔다. 그리고는 인사도 없이 "수피는 어딨나?" 하고 물었다. 스미스는 그날 하루 종일 숩을 보지 못했다. 하지만 휴즈의 목소리 톤으로 봤을 때 뭔가 문제가 있는 것만은 확실했다. 휴즈는 차를 몰고 휴즈항공사 건물의 복잡하게 얽힌 미로 속으로 사라졌다.

다음 날 아침 스미스는 숩에게 전화를 해서 휴즈가 전날 그를 찾았다고 전해줬다. 숩은 어제 오후 늦게 휴즈와 연락이 되었으며, 그가 미친 듯이 화를 냈다고 대답했다. 스미스는 며칠 후에 그 사연을 알게 되었다.

컬버시티 휴즈항공사에서 가장 큰 건물을 통상 사람들은 창고라고 불렀다. 바로 HK-1 비행정이 만들어진 건물이었다. 이 빌딩의 거대한 크기만 봐도 비행정이 얼마나 컸는지를 짐작하고도 남음이 있었다. 이 빌딩에는 또한 공구 가게와 논스롭 F-89 기수 부분과 캐나다 CF-100의 레이더 장비를 조립하는 공간도 함께 있었다.

당시 휴즈항공사의 총관리자는 퇴역한 공군 장군 할 조지였다. 그즈음 회사에는 급속히 늘어가는 군수품 제작 계약 때문에, 작업 공간이 추가로 필요했다. 조지 장군은 여유 공간을 찾다가 창고 건물 코너에서 적당하다고 생각되는 공간을 찾았다.

불행하게도 조지 장군의 이 결정은 재앙이나 다름없는 것이었다. 그 구석에 방수포로 덮인 채 자리 잡고 있었던 것은 저 유명한 레이서였다. 따라서 이 코너는 휴즈가 공경해 마지않는 성역이나 다름없는 곳이었다. 회사 전체에 퍼져 있는 또 하나의 명백한 불문율이 있었으니 그것은 아무도 휴즈의 사전 허락 없이 레이서를 만져서는 안 된다는 것이었다. 조지 장군은 휴즈와 미리 상의하지 않았다. 그는 자기 생각으로 이 소중한 비행기를 옮기기로 결정했다. 이 불문율을 몰랐을 수도 있고 무시하는 쪽을 택했을 수도 있을 것이다.

그전에 공군은 휴즈가 군 방위와 관련된 중요한 결정을 내릴 수 있는 권한을 회사 경영진에게 위임해야 한다고 주장했었다. 조지 장군이 레이서를 옮기기로 했을 때 그는 공군의 이러한 요구를 실천한 것이었는지도 모른다. 조지 장군은 레이서에게 이중삼중의 곤욕을 치르게 했다. 레이서를 성역에서 옮겼을 뿐 아니라, 창고 건물에서 조금 떨어진 낡은 헛간 같은 곳으로 좌천시켰던 것이다. 휴즈에게 이것은 명백한 신성모독이었다.

휴즈가 스미스에게 숨의 행방을 물었던 그날 오후, 휴즈는 레이서가 늘 있던 안식처에서 어딘가로 옮겨진 것을 알게 되었다. 레이서가 없어진 것을 알자마자 휴즈는 조지 장군을 호출했고, 장군이 직접 레이서를 예전의 안식처로 되돌리는 수고를 하게 했다. 이 사건이 있고 나서 얼마 되지 않아 조지 장군은 휴즈항공사를 떠났다. 휴즈는 조지를 해임하고 1953년 9월 L. A. 하일랜드를 휴즈항공사의 새로운 관리자로 임명했다. 조지가 레이서를 이동시킨 것이 이 인사에 영향을 미쳤는지는 오직 휴즈만이 알 것이다.

* * *

1955년 비행 테스트부서장인 숩은 독특한 이력서 하나를 받았다. 지원자의 이름은 루스 엘더였는데, 이쪽 업계에서 전혀 알려진 이름이 아니었다. 하지만 이력서에는 YWH(You will hire), 즉 이 사람을 고용하라는 메시지가 적혀 있었다. 명령은 디트리히 사무실에서 내려온 것이지만, 아마도 휴즈가 지시한 것일 터였다. 숩은 이 문제에 대해서 아무 말도 하지 않았다. 그 사람을 고용해야 한다는 결정은 이미 내려졌으니까. 루스 엘더는 누구일까?

루스 엘더는 1927년 5월, 찰스 린드버그가 첫 번째 대서양횡단 비행을 끝낸 바로 그날 플로리다 레이크랜드에서 열리는 미인대회에 참가하고 있었다. 23세의 엘더는 눈에 확 띄는 미모의 아가씨였다. 엘더는 크고 밝은 담갈색 눈에 눈부신 미소를 가지고 있었다. 또한, 조그마하고 관능적인 몸매, 완벽한 피부, 저음의 허스키한 목소리에 달콤한 남부 억양을 구사하는 멋진 여자였다. 휴즈보다 한 살이 더 많은 엘더는 앨라배마 주 애니스튼에서 태어나고 자랐다. 휴즈와 마찬가지로 그녀도 린드버그의 대서양횡단 비행 소식을 신문을 통해 알았다.

이 비행 후 언론은 그를 '럭키 린디(Lucky Lindy)'라고 불렀다. 엘더는 여성 최초로 대서양횡단 비행에 성공하여 '레이디 린디(Lady Lindy)'가 되기로 마음먹었다. 루스를 비판하는 사람들은 그녀가 비행을 한 것은 대중의 이목을 끌려는 쇼에 불과했다고 말한다. 배우로 성공하고 싶어서 그랬다는 것이다. 엘더가 비행하는 법을 아예 모른다고 하는 이들도 있었다.

엘더는 비행을 하기로 마음먹은 뒤 비행 교습을 받기 시작했고 조종사 자격증을 땄다. 린드버그처럼 그녀도 부자가 아니었으므로, 비행기를 사줄 재정적인 후원자를 만났다. 그녀는 또 비행 교관이었던 조지 W. 홀드만 대위를 설득해서 부조종사이자 항법사로 함께 비행하도록 했다. ―홀드만은 1937년 휴즈의 보잉 307을 검수하고, HK-1 헤라클레스의 단 한 번뿐이었던 비행에 참여한 사람이기도 하다―

먼 거리를 비행하기 위해서 엘더는 싱글엔진의 스틴슨 디트로이터(Stinson Detroiter)를 사고 '아메리칸 걸(American Girl)'이라는 애칭을 붙여줬다. 홀드만은 이 비행기가 4,500마일을 가려면 476갤런의 연료가 필요하다고 추산했다. 오일탱크에 20.5갤런을 가득 채우고 나자 비행기 무게는 5,600파운드가 되었다.

엘더와 홀드만은 1927년 11월 11일 오전 5시 5분, 뉴욕 주 롱아일랜드에 있는 루스벨트 비행장을 이륙했다. 린드버그가 4달 전에 이륙했던 바로 그 비행장이었다. 첫날 저녁에는 날씨가 아주 좋았다. 보름달이 떠서 항로를 밝혀주었다. 하지만 스틴슨의 비행 상태는 그리 좋지 않았다. 꼬리 쪽에 기름을 가득 싫어서 후미가 무거웠기 때문이다. 다음 날은 맞바람을 뚫고 비행했다. 그리고 그날 저녁에는 끔찍한 폭풍우가 몰아쳤다. 2,535마일을 비행한 뒤에 오일이 새기 시작했다.

결국 두 사람은 대서양에 불시착했다. 근처에 네덜란드 기름 수송기 바렌드레츠(Barendrecht)가 있었다. 두 사람은 공중에 36시간을 있었다. 약 30시간이었던 린드버그보다 더 긴 시간이었다. 그런데도 여전히 파리에서 300마일이나 떨어져 있었다. 그들은 오일 수송선 승무원에 의해 구조되었고 리스본과 마드리드를 경유해 파리에 도착했다.

유럽은 두 사람을 뜨겁게 환영해 주었다. 두 사람은 파리에서 떠들썩한 환영 행사에 참석했고, 엘더는 불과 10년 전 제1차 세계 대전에서 죽은 프랑스 무명군인의 묘지에 화환을 놓는 역할도 했다. 그들이 고국으로 돌아가자 뉴욕에서도 두 사람을 대대적으로 환영해 주었다. 대통령 캘빈 쿨리지가 백악관 오찬에 그들을 초대했다. 엘더는 대통령 옆 상석에 자리를 잡았다. 그 행사에 함께 참석한 찰스 린드버그와 사진도 찍었다.

엘더는 일시적인 명사가 되었다. 비록 성공하진 못했지만 여성 최초로 대서양횡단 비행을 시도했기 때문이었다. 그녀는 영화 무대에서 계약도 하게 되었고 무성영화 2편에서 배역을 맡았다. 1928년에는 비비안 마샬이라는 이름으로 파라마운트 영화사가 제작한 <바다의 모란(Moran of the Marines)>이라는 영화에서 주연을 맡기도 했다. 상대역으로는 리처드 딕스가 출연했다. -2년 전 <지옥의 천사들>에서 주연을 맡았던 진 할로우는 이 영화에서 조연을 맡았다- 공동 주연을 맡았던 리처드 딕스와 그 외, 벤 라이언, 후트 깁슨 등은 모두 조종사였다. 이들 조종사 출신 스타들이 엘더의 주변에 늘 끊이지 않았다. 소문에 따르면 휴즈와 엘더가 한때 관계를 맺은 적이 있다고 한다.

엘더는 미국인의 대담함과 지략의 상징이 되었고, 나라 곳곳에서

찰스 린더버그와 루스 앨더

노스롭 감마 앞의 하워드 휴즈

열리는 에어쇼에 인기 있는 단골손님이 되었다. 1929년 엘더는 아멜리아 에어하르트, 판초 반즈 등과 나란히 제1회 여성대륙횡단비행경주(Women's Transcontinental Air Derby) —나중에 'Powder Puff Derby'라는 명칭으로 변경되었다— 에 참여했다. 캘리포니아 산타모니카에서 출발하여 전국비행대회가 열리고 있는 오하이오 주 클리블랜드까지 비행하는 것이었다. 엘더는 그 경기가 사람들에게 여성도 혼자서 얼마든지 비행할 수 있다는 사실을 보여주는 계기가 될 것으로 생각했다. 엘더는 산타모니카에 있는 짐그랜저 비행서비스(Jim Granger's Flying Service)에서 출발했다. 영화 속 비행 장면에서 자주 등장하는 장소였다. 엘더는 J-5 엔진 1기를 장착한 날렵한 스왈로(Swallow) 복엽기를 타고 레이스에 참가했다.

에이비린에서 포스워스 비행 구간으로 가는 도중 돌풍이 불어서 지도가 조종실 밖으로 날아가 버렸다. 엘더는 착륙해서 지역 주민들에게 길을 묻기로 했다. 농가 근처에 있는 목초지를 발견하고 그곳에 착륙했다. 동물들이 목장에 있었지만 엘더가 착륙할 때까지 방해하지는 않았다. 착륙한 뒤에야 엘더는 자신의 비행기가 화려한 붉은색이라는 사실을 깨달았다. 다시 이륙하기에는 늦어 있었다. 동물들이 비행기를 향해 뛰어 오고 있었다.

"그래서 어떻게 했어요?" 레이스가 끝나고 다른 조종사들이 물었다.

"전 기도하는 심정으로 혼자서 중얼거렸어요. '오 하느님, 제발 저 동물들을 다 소로 만들어주세요.'라고요. 그녀는 대답했다. 그 기도는 이루어졌다. 사실 그 동물들은 모두 소였기 때문이다.

레이스 전에 엘더는 기자들에게 다른 여성 참가자들이 훨씬 비행 실력도 좋고 빠른 비행기를 가지고 있으므로 중도에 포기하지 않고 레이스를 마치는 것으로 만족한다고 말했다. 엘더는 결심한 대로 중도에 포기하지 않고 경기를 해냈다. 그녀는 8일간의 비행 끝에 5등으로 들어왔다.

그녀의 이력서에 새겨진 YWH라는 약자 덕분에 엘더는 휴즈항공사에 비서로 채용되었다. 휴즈항공사에서 엘더가 하는 일은 뭐라고 딱 부러지게 표현하기 힘든 그런 잡다한 종류의 일이었다. 엘더처럼 적극적이고 용감한 성격을 가진 사람에게 썩 어울리지 않는 일이었다. 어찌 보면 그녀는 삶이라는 여정에서 360도를 돌아 원점에 와 있었다. 엘더는 앨라배마의 작은 마을에서 무명 속기사로 시작해서 다시 휴즈항공사에서 아무도 알아주지 않는 비서가 되어 있었다. 그녀는 언젠가 기자들에게 한때 자신이 외모를 무기로 영화에 출연해서 25만 달러를 번 적도 있다고 말했었다. 그리고는 "물론 손가락 사이로 물 빠져나가듯이 다 사라져 버렸지만요."라고 덧붙였다.

짧은 기간 반짝 스타로 영화에 출연한 후에 엘더는 잊혀졌다. 휴즈가 그녀의 경제 사정이 어렵다는 것을 안데다, 비행의 세계에서 뭔가를 첫 번째로 이룬 사람에 대한 특별한 애정을 가지고 있었기 때문에, 그의 회사에서 일할 수 있도록 배려해 준 것이다. 이는 일반인들이 잘 모르는 휴즈의 따뜻하고 사려 깊은 면모다. 사실 그의 이런 면을 아는 사람은 거의 없다.

비행 테스트부서 직원들은 엘더가 매우 재미있는 사람일 뿐 아니라 비행사에서 세운 공적도 매력적이라는 사실을 알게 되었다. 하지만 그녀는 힘겨움을 감추고 미소 짓는 피에로처럼 보였다. 삶은 분명 그녀에게 호의적이지 않았다. 과거의 아름다움과 명성, 여걸다움은 이제 사라져 버렸다. 잠깐의 연예계 생활 이후 그녀의 인생은 내리막

길을 걸었다. 엘더는 언론계에서 일하다가 나중에는 광고업계로 뛰어들었다. 일하던 광고 대행사가 망한 뒤 그녀는 몇 차례에 결혼을 했다. 여섯 번째이자 마지막 결혼은 1953년에 끝이 났다. 당시 그녀의 남편은 그녀를 '머리가 허연 노파'라고 불렀다.

순식간에 세계적인 명성을 얻었듯이 엘더의 몰락 또한 가파른 내리막길을 탔다. 휴즈항공사 비서들은 엘더가 알코올 중독을 극복하기 위해서 수없이 많은 치료를 받은 것을 알고 있었다. 하지만 치료는 성공적이지 못했다. 그녀가 책상 밑에 숨겨둔 술병을 꺼내 마시는 것이 눈에 띄기도 했다. 비행 스케줄 담당인 존 쇼셀스는 엘더가 문구류 서랍 안에 술병을 감춰두고 있었다고 말했다. 술을 먹고 잠든 채로 여자 화장실에서 발견되기도 했다. 엘더는 휴즈항공사에 오래 머물지 못하고 1957년 회사를 떠났다. 알코올이 엘더를 점점 갉아먹고 있었다. 정신착란증으로 헛소리를 하면서 들것에 묶여 병원으로 호송되던 모습이 회사에서 엘더의 마지막 모습이었다.

루스 엘더는 1977년 10월 7일 침대에서 죽음을 맞이했다. 여성 최초로 대서양횡단 비행을 시도했던 50주년을 이틀 앞두고 있었다. 하워드 휴즈는 이미 1년 전에 죽은 뒤였다. 엘더의 시신을 태운 재는 골든게이트브리지에서 공군 비행대원들의 손으로 태평양에 뿌려졌다. 그녀와 어울리는 장례식이었다.

* * *

민간항공관리국이 조종사의 자질 검증 규정을 바꾸자 휴즈도 비행 능력 테스트를 다시 받아야 했다. 그는 한밤중에 테스트를 받고 싶어 했다. 1955년 2월 11일 새벽 2시 30분이 지난 직후 민간항공관리국 비행 검사관 드와이트 F. 피터슨이 아내의 차를 타고 로스앤젤레스 국제공항에 도착했다. 그는 서류가방을 손에 들고 공항 건물로 걸어갔다. 휴즈는 트윈엔진의 콘베어 240(등록번호 N24927)을 몰 수 있는 형식한정(type ratings, 조종사와 항공기관사의 자격은 항공기 형식별로 인정된다) 자격을 필요로 했다.

피터슨은 민간항공관리국 —지금은 연방항공관리국, 즉 FAA가 되었다— 산타모니카 사무실에서 일하고 있었다. 그는 휴즈항공사 테스트 비행부서에서 많은 전화를 받았다. 용건은 그곳 비행사들에게 형식한정 자격과 계기비행 자격(계기 비행 능력 시험을 통과한 조종사에게 부여되는 자격증)을 확인해 달라는 것이었다. 민간항공관리국이 12,000파운드 이상의 무게가 나가는 비행기를 조종하려면 민간항공관리국 직원에게 비행 검수를 받도록 요구했기 때문이다.

휴즈는 새벽 1시 30분에 피터슨의 집에 전화를 했다. 로스앤젤레스 공항으로 나와서 필요한 형식한정 비행 검수를 해달라는 용건이었다. 피터슨은 시간이 너무 늦어서 테스트를 할 수 없으므로, 약속을 잡고 오전 8시에 다시 전화해 달라고 이야기했다. 휴즈는 지금 당장 테스트를 해야 한다고 우겼다. 피터슨은 마지못해 동의했고 공항으로 갔다.

코트를 입은 낯선 사람이 피터슨과 합류하면서 웃으며 인사했다. 그는 피터슨을 컴컴한 비행기 격납고 모퉁이로 데려갔다. 피터슨은 어둠 속에서 콘베어 240의 윤곽을 알아볼 수 있었다. 비행기 출입문에서 무척 여윈 얼굴을 한 사람이 들어오라고 손짓하고 있었다. 비행기 착륙등이 켜졌을 때 그 사람이 하워드 휴즈라는 것을 알아볼 수 있었다. 물론 그를 전에 본 적은 없었지만. 피터슨은 비행기에 올랐고 조종실로 갔다. 그리고는 자기소개를 했다.

"번거롭게 해서 죄송합니다. 하지만 저희가 형식한정 자격증을 바꾸었기 때문에 가지고 계신 것이 효력이 없어졌답니다." 피터슨이 말했다.

휴즈는 고개를 끄덕였다. "알고 있습니다. 어떻게 해야 하는 건가요?"

"엔진을 가동하고 출발하시면 됩니다. 그냥 일반적인 검수 비행일 뿐이니까요." 피터슨이 대답했다.

당시에는 민간항공관리국 검사관이 관련 자격을 갖고 있지 않더라도 형식한정 등급 검사를 해주는 것이 일반적이었다. 피터슨은 콘베어 240 조종에 대해 잘 알지 못했다. 더구나 그와 휴즈만 비행기에 탑승한다는 사실을 알게 되었다. 피터슨은 휴즈가 저 컴컴한 어둠 속으로 돌진해서 태평양의 안개 위에서 검사를 받으려 한다는 사실을 알아챘다.

콘베어 240이 이륙한 뒤에 휴즈는 몇 마일 떨어진 바다로 가야 한다고 주장했다. 그리고는 산타모니카 도시와 해변의 불빛들조차 거의 보이지 않는 지점까지 비행기를 몰고 갔다. 참조할 만한 물체가 없는 데다 지평선도 보이지 않았으므로, 두 사람은 날개의 수평을 유지하기 위해서 비행계기판을 열심히 들여다봐야 했다.

싱글엔진 조종에 대한 능숙도를 보기 위해서 한쪽 엔진을 꺼야 할 시점이 되었을 때, 피터슨은 도시의 불빛을 볼 수 있는 해안선까지 돌아가야 한다고 주장했다.

피터슨은 비행 검수 시 싱글엔진 부분에 다음과 같이 말했다. "지랄 같은 작업이죠. 비행기 오른쪽을 위로 한 채 유지하는 겁니다. 휴즈는 잘 해냈습니다. 전 그에게 형식한정 자격증을 발급해 주었죠."

콘베어 240에서 내려서 휴즈와 피터슨은 나란히 도로를 향해 걸어갔다.

"차가 어디 있습니까?" 휴즈가 물었다.

"집에 있습니다. 택시를 타고 갈 예정입니다." 피터슨이 대답했다.

"그러시면 제 차를 타시죠." 휴즈는 낡은 첼비 승용차 키를 피터슨에게 건넸다.

휴즈가 왜 한밤중에 비행 검수를 받으려고 했을까? 피터슨은 사람들을 피하고 싶어서라고 설명했다. 사람들은 늘 이런저런 이유로 그의 뒤를 쫓아다녔다. 휴즈는 이런 대중의 시선이 싫었을 뿐이라는 것이다.

휴즈와 함께 비행한 마지막 정부 관료로서 피터슨은 전문가적인 견해에서 휴즈의 비행 능력이 우수하다고 평가했다. 그가 자질 검증을 한 사람은 원하면 어떤 비행기라도 살 수 있는 사람이기도 했다.

"휴즈는 일반인이 갖지 못한 배짱과 대담함을 가지고 있었습니다. 하지만 전 다음 날 아침 많은 시민들의 항의 전화에 시달려야 했죠. 지난밤 새벽 3시쯤에 소음이 있었다는 거예요. 휴즈가 산타모니카 공항에서 두 번 정도 착륙을 반복하던 그 시간이었습니다."

휴즈는 비행기를 살 때 늘 긴급하고 중대한 사안인 것처럼 재촉하지만 곧 존재조차 잊어버리는 경우도 종종 있었다. 생산라인에서 갓 나온 비행기를 구입하면 휴즈는 모든 것을 샅샅이 점검하도록 정비사를 공장으로 보냈다. 때로 어떤 비행기들은 점검 기간이 몇 년이나 걸리기도 한다. 그동안 계속 제조 공장에 있는 것이다. 만약 다른 비행사가 조종하던 비행기를 사면 언제나 성능 개선을 위해서 정비사에게 보냈다. 그리고는 비행기가 자신이 원하는 높은 성능을 갖출 때까지 엄청난 돈을 쏟아 부었다.

더글러스 DC-6A 리프트마스터(Liftmaster) 전투기는 이런 일반적인 케이스는 아니었다. 1957년, 리들에어서비스(Riddle Air Services)는 막 생산라인에서 나온 제품번호 45372를 구입해서 N7780B라는 등록번호를 받았다. 비행기는 산타모니카 공항 활주로 북쪽에 있는 더글러스사 공장에서 만들어졌다. 하지만 리들에어서비스는 비행기를 인도받을 시점까지 대금을 다 마련하지 못했다. 휴즈가 27만 5천 달러를 내고 이것을 샀다. 이 비행기는 마지막으로 만들어진 DC-6A 모델이었다. DC-6A는 DC-6의 두 번째 개량 모델이었다.

DC-6은 더글러스사가 DC-4를 업그레이드할 필요성이 있다고 판단하여 그 결과로 만들어진 것이다. 록히드 컨스털레이션이나 보잉 스트라톨리너 같은 제2차 세계 대전 후 등장한 DC-4의 라이벌들을 제치기 위해서였다. 이처럼 처음부터 DC-6은 기본적으로는 업그레이드된 DC-4였다. 엔진은 플래트&휘트니 R-2800을 썼고, 기체는 6피트 10인치 정도가 더 길어졌고, 여압기능이 추가되었다. DC-6은 DC-4에 비해 비행고도도 높아서 대기권 위로 비행할 수 있었다. 또한, 좀 더 개량된 제빙시스템과 고출력의 엔진, 고성능 무선장비와 항법장비들이 장착되었다.

처음 생산된 비행기는 52명의 승객을 태울 수 있도록 좌석을 배치한 것이었다. DC-6은 1946년 6월에 비행을 시작했다. DC-6 기본형은 175대가 생산되었고, 이후 DC-6B로 교체되었다. DC-6B는 엔진이 업그레이드되고 102명의 승객을 태울 수 있도록 의자가 더 다닥다닥 배치된 것이 특징이었다. DC-6B와 동시에 더글러스사는 DC-6의 전투기 버전인 DC-6A를 내놓았다. DC-6A는 워터인젝션(Water Injection, 가스 터빈 엔진의 연소실에 직접 액체를 분사하여 추력을 증대시키는 장치)이 설치된 플래트&휘트니 R-2800-CB17 성형엔진으로 성능을 업그레이드한 것이었다. 기체는 2피트 정도 더 길어졌고, 선실 바닥을 강화하고 창문을 없애고, 날개 앞뒤에 화물칸으로 통하는 문을 냈다.

휴즈가 DC-6A를 구입한 뒤 비행한 시간은 총 52분이었다. 그것도 더글러스 테스트 조종사가 감항증명서를 받기 위해 비행한 것이다. 그리고 비행기는 관제탑 아래 활주로 남쪽으로 견인되었다. 비행기는 휴즈가 격납고 사용료로 매달 4,000달러를 지불하고 있는데도 옥외에 계류되었다. 휴즈는 UCLA에 다니는 학생들을 경비원으로 고용해서 24시간 비행기를 지키게 했다. 비행기는 그곳에 오랫동안 방치되어 있었다. 브루스 버크에 따르면, 휴즈는 정비사들에게 이 비행기를 유지 보수하고 관리하는 것조차 지시하지 않았다고 한다. 휴즈는 때로 정비사들에게 엔진을 돌리게 했고, 몇 번은 자신이 직접 엔진을 돌리기도 했다. 하지만 이 비행기를 타고 비행한 적이 없고, 다른 조종사도 마찬가지였다. 휴즈는 어느 누구도 자신의 비행기를 만지는 것을 원치 않았다.

"휴즈는 비행기 상태가 계속 나빠지도록 방치했습니다." 브루스 버크의 말이다. 태평양 근처에 위치한 산타모니카 야외에 나와 있었기 때문에, 비행기는 많은 습기에 노출되었다. 여러 해가 지나면서 비행기 이곳저곳이 엄청나게 부식되기 시작했다. 휴즈는 이 비행기를 근처에 있는 격납고로 끌고 들어가는 것도 반대했다. 격납고는 비어 있었고, 휴즈는 여전히 대여 비용을 내고 있었는데도 말이다.

그선에 휴즈는 DC-6 기본형을 구입했었다. 버크는 이 비행기가 만들어지는 것을 모니터링하기 위해서 2년 동안 더글러스사 공장에서 시간을 보냈다. 이것도 역시나 보살핌이나 유지 보수가 전혀 없이 여러 해 바깥에 방치되어 있었다. 결국 버크는 비행기를 되팔기 위해서 원상태로 복구하는 작업을 해야 했다. 그는 서커스단이 쓰는 텐트를 빌려서 DC-6 위에 쳤다. 자연 현상에 그대로 노출되어 있는 일하는 정비사들과 비행기 부품을 보호하기 위해서였다. 브루스는 하마터면 비행기를 잃어버릴 뻔했었다고 한다. 어느 날 밤, 바람이 거세게 부는 통에 DC-6이 '스스로 날아가 버리려고 했다'는 것이다. 결국 복구 작업이 마무리되었고, 이 비행기는 이탈리아 항공사에 팔렸다.

휴즈는 사우디아라비아 이븐 사우드 왕에게 DC-6A를 사라고 권했다. 이븐 사우드 왕은 4발 엔진 수송기를 찾고 있었다. 그는 브리티시사의 코멧을 살까 하다가 마음을 바꿨다. 2대가 공중 폭발했기 때문이다. 그는 비행기 파괴는 악마가 하는 일이라고 믿었으므로 다시는 제트 수송기를 타지 않겠다고 맹세했다. 왕은 DC-6A 대금으로 1백 5십만 달러를 지불할 용의가 있었다. 프로펠러 비행기 비용치고는 당시로서는 큰 금액이었다. 소문에 따르면 왕은 유대인인 휴즈가 이 비행기를 탄 적이 없기 때문에 이렇게 엄청난 금액을 지불하려고 했다고도 한다. 사실 비행시간이 52분밖에 되지 않았으므로, 이 비행기는 세계에서 가장 비행시간이 짧은 프로펠러 수송기였을 것이다. 왕은 계약금으로 휴즈에게 5십만 달러를 지불했다. 그리고는 6개월 동안 휴즈가 비행기를 인도해 주기를 기다렸다. 하지만 휴즈는 인도하지 않았다. 휴즈는 값을 흥정하는 것을 좋아했고, 왕이 훨씬 많은 돈을 내놓을 것으로 생각했기 때문이다. 하지만 휴즈의 허세 부리기가 이번에는 통하지 않았고 결국 휴즈는 계약금을 돌려주었다.

왜 휴즈는 DC-6A 비행기를 그렇게 무시했던 것일까? 휴즈가 이 비행기를 샀을 당시 그는 록히드사의 컨스털레이션 프로그램에 깊이 관여되어 있었다. 휴즈는 록히드사 경영진에게 자신이 경쟁사인 더글러스사의 비행기를 가지고 있다는 사실을 알리고 싶지 않았을 것이다.

몇 년 뒤 휴즈가 니카라과에 살고 있을 때, DC-6A는 니카라과발전동맹(Alliance for Progress program to Nicaragua)에 팔렸다. 이 비행기는 후에 노던에어카고(Northern Air Cargo)사에 팔려서 알래스카로 갔고 지금도 활용되고 있다. 노던에어카고에서 비행기를 받았을 때 총 비행시간이 22시간에 불과했다고 한다.

1950년대 휴즈는 세계적인 조종사요 항공 분야의 천재이며, 천부적인 재능을 가진 혁신가로 명성을 떨치고 있었다. 즉석에서 문제를 찾아내 해법을 제시하는 그의 문제해결 능력은 널리 알려져 있었다. 하지만 휴즈의 개인 조종사들은 그의 다른 면모들까지 볼 수 있는 기회가 많았다.

휴즈항공사 조종사들은 휴즈와 관련된 개인적인 경험에서는 서로가 한 수 위라고 자랑하고 앞서가고 싶어 하는 경쟁심리 같은 것이 있었다. 테스트 조종사 업무와 회사 조종사 업무라는 두 가지 업무를 동시에 수행하던 초기 조종사들은 특히나 그랬다.

어둡고 비 내리는 겨울 어느 날, 날씨 관계로 휴즈항공사의 모든 비행기 운항이 멈췄다. 이런 날이면 조종사들은 만사를 제치고 격납고에 모여들어 삼삼오오 비행 이야기를 나누곤 했다. 테스트 조종사 알 맥다니엘이 주의를 끌면서 이야기를 시작했다.

6. 기이한 행동들 *217*

"있잖아, 언젠가 밤에 휴즈와 비행하면서 최악의 경험을 했어. 그때 나는 트윈 비치 18을 타고 라스베이거스로 날아가서 그를 내려주고 다시 컬버시티로 올 예정이었지."

맥다니엘이 이야기를 시작하자 한 사람이 눈살을 찌푸렸다.

"자네가 비행을 하고 휴즈를 라스베이거스까지 데려다줬다는 뜻이야?" 그 조종사가 물었다. "내 생각엔 휴즈는 항상 조종석에 앉아서 직접 비행을 하곤 했는데."

"자네 말이 맞아. 하지만 들어보라고." 맥다니엘이 자세를 바로잡으면서 대답했다. 이 특이한 저녁 비행에서 휴즈는 조종석에 있다가 일어나 맥다니엘에게 조종하라고 말했다. 그리고는 자리에서 빠져나가서 트윈 비치 18 뒤쪽으로 사라졌다. 그날은 바깥도 매우 어두웠고, 조종석을 비추는 흐린 계기판 빛만이 있을 뿐이었다. 계기판에서 반사된 아주 적은 빛만이 뒤쪽 객실을 비추고 있었다.

휴즈가 자리에서 일어나 뒤로 간 지 한참이 흘렀다. 맥다니엘은 도대체 뭘 하러 간 건지 호기심을 억누를 수 없었다. 그는 슬쩍 고개를 돌려서 객실을 바라봤다. 휴즈가 잠깐 선잠이라도 자는 모습을 볼 수 있으리라 생각하면서. 하지만 맥다니엘은 눈앞에 보이는 광경에 말문이 막혔다. 아니 거의 자리에서 떨어질 뻔했다. 휴즈는 5파운드짜리 빈 커피 캔 위에 위태로운 자세로 앉아서 일을 보고 있었다. 휴즈는 캔 위에서 균형을 잡기 위해서 객실 복도 양쪽의 좌석을 붙잡고 있었다.

캔을 조금이라도 더 편하게 만들기 위해서 휴즈는 병 가장자리를 두꺼운 종이 핸드타월로 에워쌌다. 자신만의 화장실을 만들어낸 것이었다. 트윈 비치 18에는 화장실이 없었다. 하지만 휴즈는 특유의 창조적인 성격에 걸맞게 화장실까지 만들어냈다. 맥다니엘은 난기류라도 만나서 비행기가 흔들리기라도 하면 어쩌려고 했는지 의아했다.

바지를 올리고 휴즈는 조종실로 돌아와서 작은 소리로 말했다. "일을 보고 왔다네."

맥다니엘은 문제의 커피 캔이 라스베이거스에서 치워졌는지 컬버시티까지 돌아왔는지에 대해서는 명확히 말하지 않았다.

1950년대에 휴즈는 TWA의 지배권을 가지고 있었다. TWA는 휴즈가 1930년대 후반부터 계속 주식을 보유해 온 회사였다. 휴즈는 TWA에 필요한 새로운 수송기를 사는 책임을 맡고 있었다. 하지만 휴즈가 TWA의 비행부서에 연락을 하는 일은 꼭 회사에서 필요한 수송기 구매 결정을 내리기 위해서만은 아니었다. 휴즈는 시장에 나와 있는 모든 종류의 비행기를 조종해 보고 싶어 했고 늘 혼자서 최종 구매 결정을 내렸다. 물론 항공기 제조사들은 그와 거래를 하고 싶어 했다. 프랑스의 카라벨(Caravelle) 항공기가 휴즈 공항에 도착한 것은 1956년 후반이었다. 물론 휴즈 공항으로 날아온 목적은 휴즈의 관심을 끌어 비행기를 판매하기 위해서였다.

카라벨은 1955년 첫 비행을 시작했다. 프랑스 회사 서드(Sud) 항공이 만든 것으로, 이 회사는 나중에 아에로스파시알(Aerospatiale)이 된다. 설계 명세서는 프랑스 민간항공국(French civil aviaton agency)에서 나왔다. 순항속도 470mph로 64명의 승객을 수송할 수 있는 중단거리 제트기를 만들라는 것이었다. 기수는 영국의 코멧을 변형해 만들었다. 2기의 롤스로이스 에이번(Avon) 제트엔진이 탑재되었고, 상당히 선구자적인 면모가 돋보이는 비행기였다. 프랑스에서 설계되고 만들어진 최초의 제트기였다. 하지만 더욱 중요한 것은 엔진이 비행기 뒤 유선형 덮개 위에 올려진 최초의 제트기라는 사실이었다. 즉, 날개 아래가 아니라 선실 뒤쪽에 엔진이 장착되었다. 덕분에 승객들은 엔진이 돌아가는 소리를 거의 들을 수 없었다. 카라벨을 탄 여행은 엔진 돌아가는 격렬한 진동 없이 조용하고 부드럽다는 점에서 무척 매력적이었다. 카라벨은 모두 11가지 버전으로 282대가 생산되어 35개 항공사에 판매되었다.

휴즈가 조종실로 들어갔다. 영업사원들이 그에게 계기판과 비행조종 장치를 보여주었다. 휴즈는 카라벨에 대해 이런저런 질문을 하면서 약간의 시간을 보냈다. 그리고는 영업사원들에게 잠시 나가 달라고 요청했다. 구매를 결정하는 데 약간의 시간이 필요하다는 이유였다. 그리고는 문을 닫더니 잠갔다. 몇 분 후 엔진을 가동시키더니, 휴즈 공항 활주로 동단으로 활주하기 시작했다. 관제탑에 무선 연락을 하거나 비행계획을 전송하는 일은 물론 하지 않았다. 비행기는 이륙 후 시야에서 사라졌다.

카라벨사 영업사원들은 초조했지만 휴즈가 금세 돌아올 것으로 생각했다. 처음에 그들은 휴즈가 휴즈 공항으로 돌아와 착륙할 것이라고 생각했다. 하지만 휴즈는 공항으로 돌아오지 않았다. 그러자 그들은 로스앤젤레스 국제공항 관제탑을 비롯해서 큰 공항 관제탑에 연락을 했다. 그가 어디에 있는지를 알기 위해서였다. 하지만 아무도 그의 소재를 몰랐다. 이쯤 되자, 사람들은 두 가지 걱정으로 당황스러워하기 시작했다. 카라벨을 잃을지도 모른다는 생각과 휴즈의 건강과 안전이라는 문제였다. 이 수수께끼 같은 억만장자에게 무슨 일이 일어났을까? 며칠 후에 비행기는 팜스프링스에서 발견되었다. 하지만 휴즈는 어디에서도 보이지 않았다.

* * *

    8개월 후 1957년 초 여름, 휴즈는 캐나다 몬트리올에 다시 나타났다. TWA에서 쓸 만한 캐나다와 영국 비행기를 찾아보기 위해서였다. 그즈음 TWA 컨스털레이션의 부조종사로 일했던 비행 교관이 사직했다. 휴즈는 참모인 모르몬교도 빌 게이에게 대체할 새로운 부조종사를 찾아보라고 지시했다. 빌 게이는 할리우드 7,000번지 로맨틱가에 있는 휴즈의 사무실을 운영하고 있었다. 록히드사 기술 담당 직원이던 올리버 글렌이 이 자리에 지원했다. 게이는 휴즈와 상담해 봐야 한다고 말했다.

    과거 글렌은 휴즈와 장황한 이야기를 나눠본 적이 두 번 있었다. 휴즈는 그를 기억하고 있었고, 글렌은 일자리를 얻었다. 며칠 후 저녁이었다. 글렌은 코니의 부조종석에 앉아서 휴즈가 도착하기를 기다리고 있었다. 아름다운 여름 밤, 자정쯤 된 시각에 차 한 대가 탑승 계단 앞으로 천천히 다가와서 멈췄다. 휴즈는 차에서 내린 뒤 재빨리 조종실로 들어와 글렌에게 인사했다. 휴즈는 부드럽고 유쾌한 목소리로 기다려줘서 고맙다고 했다. 휴즈와 항공사는 즉시 4개의 엔진을 가동시켰다. 엔진이 가열되는 동안 글렌은 휴즈에게 체크리스트를 읽어 주었다. 휴즈는 모든 스위치와 회로 차단기들을 점검했다. 체크해야 할 것이 많았다. 휴즈가 점검을 마쳤을 때쯤 엔진이 데워졌고 그들은 활주하기 시작했다.

    휴즈는 무선도 스스로 다뤘다. 보통 무선을 조정하는 일은 부조종사의 일이었다. 하지만 휴즈는 글렌과 비행해 본 적이 없으므로 모든 무선교신을 자신이 담당할 생각이었다. 엔진 출력을 올린 뒤 그들은 이륙 허가를 받았다. 몬트리올 같은 주요 공항도 자정 가까운 늦은 시각에는 한산했다. 휴즈는 글렌에게 밤에 비행하는 것이 더 좋다고 말했다. 밤에는 다니는 비행기가 적은데다 기류도 훨씬 평온하다는 것이 이유였다.

휴즈와 글렌은 몬트리올에서 오타와까지 갔다. 그곳은 항공기 운항이 적은 정도가 아니라 아예 하나도 없었다. 휴즈는 무선으로 관제탑과 연락을 해서 착륙 허가를 받았다. 관제탑에 몇 번의 착륙을 반복적으로 할 것이라고 말했다. 말대로 휴즈는 착륙을 반복했다.

2, 3번째 착륙을 한 뒤였다. 글렌은 코니 속도가 너무 빨라서 급히 제동을 걸지 않으면 활주로 끝에서 멈추지 못할 것 같다는 판단을 했다. 휴즈가 지금 속도를 간과하고 있다고 생각하고, 직접 몸을 뻗어 스로틀 4개를 모두 뒤로 당겨 완속 상태를 만들었다. 활주로에 접지한 뒤 천천히 유도로를 타고 가면서 휴즈는 셔츠 주머니에서 크리넥스 화장지를 꺼내 스로틀을 닦았다.

휴즈는 조용히 대화할 때의 목소리로 "자네는 플랩과 기어를 신경 써주게. 나머지는 내가 알아서 할 테니."라고 말했다.

글렌은 많은 기장들이 권한을 침해당한 그런 경우에 완전히 이성을 잃고 격노하거나 최소한 험상궂은 분위기를 연출한다고 말했다. 하지만 휴즈는 완벽한 신사였다. 글렌은 비행기가 추락하는 절박한 상황이 아닌 한 조종에 간섭하지 않기로 마음먹었다. 글렌은 휴즈가 세균 공포증이 있다는 것을 알고 있었다. 글렌은 휴즈의 세균 공포증이 치명적이었던 추락사고 때문이 아닐까 생각했다. 휴즈가 XF-11 시제기 잔해에서 구출되었을 때 말이다. 글렌은 그때 입은 상처들이 휴즈의 면역 체계를 약화시킨 것은 아닐까 하고 추측했다.

대여섯 번의 착륙을 했을 때 관제탑 기사는 착륙해서 서류에 사인하고 착륙비용을 지불하라고 요구했다. 그 기사는 조종사가 하워드 휴즈라는 사실을 모르고 있었다. 착륙할 때마다 최소한 수백 달러의 착륙비가 들어가므로 비용은 상당한 것이었다.

"휴즈는 들어가서 착륙비용을 지불하기보다는 떽떽거리는 관제탑 기사와 담판을 짓는 쪽을 택했습니다." 글렌은 잭 리얼에게 쓴 편지에서 이렇게 말했다. 비행기를 지상에 착륙시킨 뒤, 휴즈는 착륙비용과 관련해서 상대편을 설득하기 위한 논쟁을 시작했고, 논쟁은 거의 2시간을 끌었다. 결국 관제탑 기사는 비용을 이 비행기를 관리하고 있는 트랜스캐나다에어라인(Trans Canadian Airlines)에서 지불해야 한다는 데 동의했다. 글렌은 휴즈가 필요할 때는 교묘한 설득의 달인이라고 말했다.

며칠 후, 할리우드의 빌 게이에게서 글렌과 항공사에게 전화가 왔다. 게이는 코니에 가스를 넣고 비행할 준비를 하라고 했다. 게이는 비행사가 아니었기 때문에 휴즈에게 연료가 얼마나 필요한지 묻는 것을 잊어버렸다. 게이는 휴즈에게 다시 전화하는 것을 꺼렸다. 바보스러워 보이고 싶지 않아서다. 글렌은 휴즈가 어디로 비행할 계획인지를 알 수 없었으므로, 연료가 얼마나 필요한지도 확신할 수 없었다. 해군 시절 펜사콜라에서 룸메이트로 지냈던 친구가 TWA 기장이었다. 그 친구는 코니를 타고 무정차 여행으로 파리에서 샌프란시스코까지 23시간 30분을 비행해 본 적이 있었다. 때문에 글렌은 코니가 연료탱크를 가득 채우면 북미 어느 곳이라도 갈 수 있다는 것을 알고 있었다. 게이는 글렌에게 옷가지를 챙기고 만반의 준비를 하라고 지시했다.

몬트리올에서 이륙했을 때, 글렌은 어디로 가는지 전혀 알 수가 없었다. 휴즈는 기장을 글렌이라고 하고 몇 가지 비행계획을 전송했다. 그리고는 이륙한 뒤에 기존 비행계획을 취소하고 또 다른 비행계획을 전송했다. 휴즈는 다른 사람이 그들의 비행기와 목적지를 추적하기가 매우 어렵게 만들었다.

휴즈는 글렌을 바라보면서 말했다. "아마 저 녀석들 혼 좀 날 걸세."라고. 휴즈는 대중매체와 줄다리기 하는 것을 즐겼다. 그는 6시간을 비행해서 바하마에 있는 나소에 착륙했다.

"TWA 조종사가 누구죠?" 휴즈가 승객 탑승 지대를 활주해 지나가고 있을 때 트랜스캐나다에어라인의 DC-4 조종사가 무선으로 물어왔다.

"올리버 글렌입니다." 휴즈는 세관과 입국수속 관리 앞을 멈추지 않고 스쳐지나 가면서 재빨리 대답했다. 나소에서 휴즈는 근사한 에메랄드 비치 호텔의 모든 객실을 접수했다. 몬트리올 리츠칼튼 호텔에서 그랬던 것처럼. 곧 휴즈와 두 명의 고참 수행원, 비행 승무원들이 호텔을 독차지하게 되었다. 글렌은 너무 적막한 나머지 조금은 무서웠다고 말했다. 하지만 다행히 식당과 무도회장은 저녁에 문을 열어서 완전히 사람이 없지는 않았다.

TWA와 록히드사 경영진들은 휴즈가 나소에 착륙한 것을 모르고 있었다. 그들은 열흘이 지나서도 소재를 파악하지 못했다. 글렌이 휴즈의 허락을 받아 자신의 주간 업무일지를 전송했을 때야 그들은 휴즈의 소재를 알게 되었다. 휴즈는 승무원들에게 무엇을 하든 자유라고 맘대로 하라고 했다. 다만 호텔 수영장에 들어가는 것만 빼고. 휴즈가 세균을 두려워한 또 다른 예였다. 그의 세균에 대한 두려움은 점점 더 강해지고 있었다.

* * *

휴즈가 관여하는 일치고, 일상적인 것이 거의 없다. 휴즈가 관여하면 일이 늘 비정상적이거나 특이해지곤 했다. 1957년 7월 11일, 테스트 조종사 존 시모어는 더글러스 A-20G(등록번호 NL34920)를 타고 로스앤젤레스 국제공항에서 휴즈항공사까지 평온무사한 10분간의 비행을 했다. 하지만 이것이 이 비행기의 마지막 비행이 되리라고는 생각조차 못했다. 최종 그의 항해일지에는 '비행기 상태 양호'라고 쓰여 있는데도 말이다.

1957년 시모어는 휴즈항공사에서 9년 동안 근무하면서 많은 회사 비행기들을 운전해 왔다. A-20G는 가장 성능이 좋은 비행기 중에 하나였다. 그의 말에 따르면, A-20G는 빠르고, 강력하고, 조종하는 데도 부담이 없었다. A-20G는 공격용 폭격기라기보다는 전투기에 가까웠다.

그는 A-20G에 많은 유명인사들을 태우고 여기저기 흥미로운 곳을 다녔다. 물론 똑 부러지는 성격에 자기중심적이고, 괴상하기도 한 그의 보스 휴즈를 포함해서. 시모어가 A-20G를 타고 한 대부분의 비행은 평온하고 일상적인 형식이었다. 하지만 휴즈가 탑승하면 상황이 달랐다. 휴즈와 함께하는 비행은 보통 한밤중에 외진 장소로 가는 비행이었고, 아무도 모르게 하려는 미스터리와 심술궂은 책략으로 가득 차 있었다. 당시에도 휴즈는 여전히 비행기를 조종했지만, A-20G는 직접 조송하지 않았다.

처음 시모어가 휴즈를 만났을 때 휴즈의 남을 압도하는 듯한 성격에 맞추기 힘들었다. 모든 것이 그가 원하는 방식대로 되어야만 했으니까. 그러나 시모어는 서서히 휴즈와 좋은 관계를 발전시켜 갔다. 그는 휴즈가 하는 말을 그대로 듣고 있기보다는 그 의미를 이해할 필요가 있음을 알게 되었다. 하지만 시모어가 휴즈와 맞추려고 노력하는 만큼, 그와의 비행이 그렇게 원활하고 평온하게 진행되지는 않았다. 거의 마지막이 된 A-20G 비행은 그 좋은 본보기였다.

시모어는 그 비행이 그저 일상적인 비행일 것으로 생각했다. 그는 휴즈와 두 명의 승객을 라스베이거스에서 로스앤젤레스 국제공항까지 태우고 가기로 되어 있었다. 실제 비행시간은 1시간 10분으로 추산되었다. 하지만 휴즈와 관련된 세세한 제반 사항들 — 날씨를 점검하고, 휴즈가 내려서 이동할 교통수단을 준비하고, 그저 그가 도착하기를 기다리는 것 등 — 을 처리했을 때, 비행은 4시간 30분짜리로 돌변해 있었다. 일상적인 비행이 되어야 할 이 비행이 휴즈가 탑승하자 더욱 황당한 것이 되어 버렸음은 두말할 나위도 없다.

시모어가 로스앤젤레스 국제공항에 착륙했을 때, 휴즈는 TWA 비행 터미널의 미리 골라둔 위치에 계류시키도록 지시했다. 유니폼을 입은 안내인이 주기장의 정확한 지점으로 시모어를 안내했다. 휴즈는 시모어에게 A-20G의 계류에 대한 정확한 지시를 내렸다.

"문을 잠그고 바로 여기에 세워두게. 누구도 접근하지 못하도록 하고." 여기까지는 휴즈가 늘 하는 말이었다. "어떤 상황에서도 비행기를 움직이지 말도록 하게. 내가 직접 비행기를 움직이라고 할 때까지." 휴즈는 덧붙였다. 마지막 말을 내뱉기가 무섭게 휴즈는 대기하고 있는 쉘비 승용차에 타고 속도를 높였다.

휴즈가 A-20G에 대해서 어떤 말도 하지 않은 채 4달이 흘렀다. 그리고는 잔뜩 화가 난 건설회사 간부가 시모어에게 전화를 걸어왔다.

"우리는 로스앤젤레스 국제공항의 이 자리에 창고를 짓고 있습니다. 당신이 이 비행기 조종사라면, 여기서 비행기를 치워주십시오. 일하는 데 방해가 되지 않도록." 그가 말했다.

시모어는 휴즈의 지시를 어겼을 때 일어날 수 있는 끔찍한 결과를 조심스레 그려보았다. 그는 비행기가 개인적으로 휴즈의 소유이며 그가 운영하는 TWA사의 터미널에 그의 특별한 지시를 받고 계류시킨 것이라고 설명했다.

하지만 그는 설복당하지 않았다. "글쎄, 이보시오, 나는 여기다 창고를 지어놓기로 계약을 했단 말입니다." 그리고는 덧붙였다. "건축업자로서는 그 비행기가 안에 있건 밖에 있건 크게 다를 것은 없소. 하지만 당신이 비행기를 다시 쓰고 싶다면, 여기서 치우는 것이 좋을 거요."

시모어는 재빨리 건설 현장으로 가서 사태를 확인했다. 건물의 기초를 쌓기 위해서 넓은 지역을 파기 시작했는데, A-20G의 계류 지역에 거의 가까워지고 있는 사태였다. 조금만 더 있으면 시모어가 보기에 비행기는 탈출할 수도 없이 창고에 갇혀서 기념물이 되고 말 상황이었다.

시모어는 급하게 여기저기 전화를 해댔다. 휴즈를 찾아 비행기를 옮겨도 좋다는 허락을 받기 위해서였다. 모든 전화번호로 전화를 해봤지만 성과가 없었다. 시모어는 결론은 오직 한 가지밖에 없으며, 그 결론을 내릴 사람은 바로 자신이라는 걸 깨달았다. 그는 A-20G의 엔진을 점화하고 컬버시티에 있는 휴즈항공사 활주로까지 3마일을 날아갔다. 시모어의 항해일지에는 엔진을 켰다가 끌 때까지 총 10분이 걸렸다고 기록되어 있었다. 그는 비행 테스트부서 빌딩 서쪽 외진 곳에 비행기를 계류시켰다. 이때부터 비행기는 영원히 오지 않을 추가 지시를 기다리면서 먼지 속에 방치되어 있었다. 오랜 세월이 흐르는 동안 잡초와 잔디가 비행기 타이어와 랜딩기어 주변으로 무성하게 자라났다.

약 10년 후에 시모어는 A-20G를 다시 둘러봤다. 비행기는 그가 놓아둔 그대로 있었다. 헤드셋과 마이크는 여전히 조종실 작은 고리에 걸려 있었고, 비행일지가 작은 금속 박스 안에 들어 있었다. 시간이 흘러 종이들은 누렇게 변했지만, 마지막 문장은 여전히 선명하게 읽혔다. 'LAX-HAC, 비행시간 : 10분, 비행기 상태 양호, 존 시모어, 1957년 7월 11일'이라고 쓰여 있었다.

다들 그렇듯이 시모어도 휴즈에게서 지시를 받으면 메모를 해두곤 했다. 어느 날 시모어는 휴즈항공사 조종사와 비행 스케줄 관리자들에게 할리우드 사무실의 빌 게이로부터 걸려온 전화 내용을 전달했다. 하워드 휴즈의 지시를 빌 게이가 중간에서 전달한 것으로 회사 비행기 사용에 관한 내용이었다. 그 내용은 아래와 같다.

허스트 집안사람들만이 휴즈 씨에게 먼저 허락을 받지 않고 회사 비행기를 탈 수 있다. 만약 그들이 비행기를 타고 싶어 하면 먼저 나를 찾아서 사장님께 허락을 받을 수 있도록 한다. 만일 나를 찾지 못하면 먼저 비행을 하고 나중에 나에게 알린다. 그 외, 다른 사람은 나 또는 휴즈 씨에게 먼저 연락을 취하지 않고는 절대로 비행기를 출발시킬 수 없다. 조 셍크, 바우트저, 워터스, 대럴 자누크, 월드 윈첼, 월터 케인, 트로터 등을 포함한 여러분이 생각할 수 있는 모든 사람이 이에 해당하며, 이 규정은 회사가 소유하거나 대여했거나 조종하고 있는 모든 비행기에 해당된다.

신형 B-25와 구형 B-25에 대해서 말하겠다. 매주 같은 방식으로 동시에 엔진을 가열시켜 주도록 한다. 매번 같은 사람이 작업을 하도록 한다. 이 일을 담당하는 사람은 비행기에 들어가고 나오는 법을 교육받아야 한다. 늘 한결같은 방식으로 엔진을 가동시켜야 한다. 또, 이 일을 담당하는 사람은 일을 하게 되는 바로 그 위치 말고는 비행기의 어느 곳에도 들어가서는 안 된다. 휴즈 씨의 허락 없이는 이 비행기들을 누구도 어떤 목적으로도 사용해서는 안 된다. 이 비행기들을 테스트 비행해서는 안 된다. 어떤 경우에 어떠한 목적으로도. 비행기 접근도 가능한 최소화해야 한다. 엔진을 가동시킬 때 이외에는 누구도 어떠한 경우에도 안으로 들어가서는 안 된다. 비행기 안으로 들어갈 때는 반드시 같은 출입구로 들어가야 하고, 다른 부분들을 통과하지 않도록 한다. 선실에 꼭 들어가야 할 필요가 있을 경우에는 가장 가까운 길을 통해서 들어가도록 한다. 다른 부위에 최대한 적게 닿게 하기 위해서다.

(존 시모어가 쓴 메모를 시모어의 딸 캐시 폴이 제공해 주었다.)

1950년대 휴즈가 개인적인 비행에 빠져 관심을 기울이고 있는 동안에도 휴즈항공사는 새로운 분야로 진출해서 선도적인 기업이 되어 가고 있었다. 신형 군용 레이더와 미사일 테스트 비행이 컬버시티에서 계속되었다. 이 새로운 기술 발전에서 중요한 역할을 했던 사람 중에 한 명이 테스트 조종사 해리 듀간이었다. 그는 1953년 휴즈항공사에 채용되었다.

듀간이 휴즈항공사에서 처음 운전한 비행기는 F-89였다. F-89

에 처음으로 레이더를 장착하는 작업이 캘리포니아에서 성공리에 마무리되었다. 테스트 조종사들이 이 비행기를 뉴멕시코 홀로만 공군기지로 수송해 갔다. 군의 화이트샌드(White Sand) 미사일 사정거리 안에 있는 무인비행물체에 대한 실제 사격 실험을 하기 위해서였다. 조종사들은 홀로만에서 2주를 보내고 주말에 캘리포니아로 돌아왔다.

1년 후, 듀간은 5대의 B-17 무인비행기를 격추시켰다. 모두 지상 1,000피트 이하에서 날고 있는 상태였다. "무인비행기를 격추시키면, 화염 속에 폭발해 기수를 처박고 땅으로 곤두박질치죠." 듀간은 유머러스한 말투로 덧붙였다. "5대의 무인비행기를 격추시켰으니, 나는 이제 전후 남아도는 고물 비행기 격추왕이 되었구나 생각했죠."

듀간은 성공리에 임무를 마치고 돌아오면서 홀로만 공항 활주로 근처에서 보조날개를 좌우로 흔들었다. 전쟁 때 임무를 성공적으로 마치고 데브던 공항으로 돌아올 때마다 이렇게 하곤 했었다. 하지만 공군은 평화 시에 이런 조종을 하는 것을 보고 눈살을 찌푸렸다.

그의 상급자인 숩이 물었다. "F-89에서 보조날개를 흔든 사람이 누군가?"

"제가 그랬습니다. 임무를 성공적으로 끝낸 것이 기뻐서였습니다." 듀간이 대답했다.

"나도 무인비행기를 격추시켜 본 적이 있지만, 나는 그렇게 하지는 않았어." 숩이 명령하듯 말했다.

듀간이 힘없이 말했다. "알겠습니다. 긴말하지 않으셔도 됩니다."

2년 후에 듀간은 홀로만 공군기지 근처에 갈 일이 있었다. 이때 휴즈항공사 조종사들은 F-102A 비행 테스트를 하고 있었다. 듀간은 비행기 한 대를 컬버시티에서 뉴멕시코까지 수송해야 했다. 애리조나

F-102기의 팔콘 미사일과 함께(위) 맥도널 F-101B 부두 앞에서 휴즈항공사의 테스트 비행사들(아래)

주 코치스 상공을 42,000피트 고도로 날고 있을 때, 기름 부족을 알리는 경고등이 들어왔다. 상태를 바꿔보려고 파워 세팅을 변경했지만 소용이 없었다. F-102A는 플래트&휘트니 J-57 엔진을 장착하고 있었고, 연료로 합성오일을 쓰고 있었다. 듀간은 일반오일을 쓰는 T-33 엔진이 기름이 떨어진 뒤에도 30분 정도의 거리를 더 간다는 것을 기억해 냈다. 조종사가 동력을 약하게 해준다면 말이다. 듀간은 해볼 만한 방법이라고 생각했다.

듀간은 F-102A를 텍사스에 있는 빅스 공군기지로 몰고 갈 생각이었다. 문제가 발생한 자신의 비행기를 무동력 착륙시키기 위해 빅스 공군기지의 긴 활주로를 이용할 생각이었다. 활주로 위에서 360도 선회하면서 활공비행을 하려면 비행장 위에서 10,000피트 정도의 고도가 유지되어야 했다.

하지만 안타깝게도 빅스 공군기지 비행장 표고는 4,000피트였고 기지까지 가는 도중에 엘파소 시가 버티고 있었다. 듀간은 빅스까지 닿지 못할까 걱정스러워서 차라리 사람들이 없는 지대에서 비상탈출을 하기로 했다. 비행기가 도시 상공에서 추락하는 것을 막기 위해서였다. 그는 14,000피트에서 비상탈출을 해서 낙하산을 잡았다. 그리고 멕시코 접경 근처 텍사스 서부 사막의 산쑥 지대에 착륙했다.

착륙한 뒤 듀간은 위에서 궤도비행을 하고 있는 J-3 클럽(Club) 비행기를 발견했다. 그는 주황색과 흰색이 섞인 낙하산을 두 개의 나무 사이에 매어놓고 시선을 끌었다. 클럽 조종사가 그를 발견했고 확성기를 통해서 말을 걸어왔다. 이처럼 드문 일이 일어난 상황에서 요긴하게도 클럽 비행사는 확성기를 가지고 있었다. 불법 이민자들을 찾는 국경순찰대의 지프차 행렬을 인도하고 있었기 때문에 확성기가 필요했다. 조종사는 듀간에게 부상을 당했으면 왼손을 올리고 그렇지 않으면 오른손을 올리라고 말했다. "여기에 있어요." 조종사가 말했다. "사람들이 곧 데리러 올 겁니다." 듀간은 몇 분 후 구조되었다. 한쪽 다리 근육이 접질린 것 이외에 아무런 상처도 입지 않았다.

1960년대 초, 듀간은 휴즈항공사에서 개발한 MA-1 사격제어시스템을 테스트하기 위해 F-106A를 타기 시작했다. 당시 MA-1은 두 가지 기술적인 문제로 난항을 겪고 있었다. 첫째로 레이더가 지면잡상(ground clutter) 때문에 낮은 고도에 있는 목표물을 탐지하는 데 어려움이 있었다. 또, 구소련이 이 레이더를 무력화할 전자장비를 개발할지도 모른다는 우려였다. 이 두 가지 문제를 해결하기 위해 휴즈항공사 엔지니어들은 적외선 탐색 및 추적(IRST, inflared search and track)이라는 새로운 분야를 연구하고 있었다. 이 기술은 요격기들이 비행기 꼬리 배기관에서 발산되는 열을 이용해 비행기를 탐지하고 추적할 수 있게 함으로써 공중 레이더의 근본적인 한계를 극복하게 해주었다.

"IRST는 레이더가 수년 동안 메우지 못했던 결함을 메워주었습니다." 듀간은 말했다. 그는 이 신기술의 최전선에서 일하면서 휴즈항공사 엔지니어들과 공군에 제품을 판매하는 여러 직원들을 알게 되었다. IRST 장비 운전에 대한 폭넓은 지식과 전문성 때문에 듀간은 휴즈항공사에서 또 다른 일을 해보지 않겠느냐는 제안을 받았다. 제안을 받고 듀간은 수석 테스트 조종사이자 상관인 로버트 드헤이븐을 만나러 갔다.

"다른 부서로 가서 신기술을 판매할 수 있는 기회가 생겼습니다. 어느 쪽이 좋겠습니까?" 듀간이 물었다.

드헤이븐은 새치름하게 말했다. "가게. 자네는 여기서 더 이상 비전이 없네." 듀간은 드헤이븐의 승진과 영달을 위협하는 존재였으므로, 드헤이븐은 듀간이 비행 테스트부서에서 떠나는 것을 오히려 좋아했다.

8년간 테스트 비행부서에서 일한 뒤 듀간은 새로운 일을 시작했다. 그가 적외선사업부로 자리를 옮겼을 때, 이 부서는 연간 1백만 달러의 매출을 올리고 있었다. 23년 후인 1989년 퇴직할 때 이 부서의 연간 매출액은 20억 달러였다. 듀간이 테스트했던 초기의 적외선 장비들은 이제 중요한 신기술이 되었다. 열에 의해서 물체를 감지하는 이 장비는 육군, 해군, 공군 모두에서 사용되었다. 현재 군용기들은 낮보다 밤에 비행하는 것을 더 선호한다. 40여 년 전 휴즈항공사가 탄생시킨 이 장비 덕분이다. 듀간은 이 장비 개발에서 매우 중요한 역할을 했다. 듀간은 신기술을 개발하고 판매하는 부서에서 더 나은 미래를 설계할 수 있었다.

* * *

다른 조종사들도 드헤이븐이 숍에 비해 일하기 힘든 사람이라는 것을 알고 있었다. 숍은 신사로 알려져 있었다. 그는 늘 공정했고 조종사들의 이익을 생각했다. 드헤이븐은 자기 이익만을 도모하고, 모든 일을 자신의 승진과 경력에 어떤 영향을 줄 것인가 하는 견지에서 바라봤다. 드헤이븐은 자신이 숍을 포함해서 상관들과 잘 지내고 있다고 확신했다. "드헤이븐은 맘만 먹으면 매우 매력적으로 보일 수 있는 사람이었습니다." 듀간의 말이다.

드헤이븐은 F-86D 레이더의 수석 테스트 조종사였다. 그는 테스트 임무를 수행한 뒤 오류 하나 없이 완벽한 테스트 카드를 가져왔다. 장비의 문제점과 가능한 해결책까지 정교하게 적어 넣었다. 드헤이븐은 정확한 사람이었고 언제나 임무 수행을 빈틈없이 준비했다. 이처럼 그는 조종실에서는 우수한 조종사였지만, 함께 일하는 아래 비행사들을 많이 힘들게 한 사람이었다. 이후, 숩이 부사장으로 승진하여 부서를 떠나자 드헤이븐이 비행 테스트부서장으로 승진했다. 그가 상당 기간 그 자리에 있는 동안, 조직원들은 모두 고통을 감내해야 했다. 드헤이븐은 결코 부사장으로 승진하지는 못했다.

VII
세계 최고의 갑부

    1957년 봄, 하워드 휴즈와 노어 디트리히의 사이가 틀어졌다. 휴즈는 TWA에서 사용할 보잉 707, 더글러스 DC-8, 콘베어 880, 다수의 교체용 비행기 엔진 구입 계약을 체결했다. 휴즈는 휴즈공구회사를 통해 구매한 뒤 TWA에 대여해 주는 형식을 취할 계획이었다. 이미 많은 제트기들을 구입하느라 휴즈공구회사가 400만 달러의 빚을 지고 있는 실정이었다. 전화로 휴즈는 디트리히에게 휴스턴으로 가서 휴즈공구회사의 장부상 이윤을 부풀려 달라고 부탁했다. 디트리히는 반대했지만 결국에는 지쳐서 한 가지 조건 하에 동의하겠다고 했다. 디트리히는 휴즈의 자산 중에 일부를 그에게 양도한다는 개인적인 서면 계약을 맺기를 원했다. 휴즈는 나중에 그 문제에 대해서 이야기하자고 했다.

    디트리히는 말했다. "더 이상 입에 발린 약속만으로는 곤란합니다. 지금 계약서에 사인을 해주지 않으면 전 그만두겠습니다."

    "자네 지금 내 머리에 총을 겨누자는 건가?" 휴즈가 물었다.

    "저는 지금 이 순간부터 그만두겠습니다." 디트리히가 전화를 끊었다.

    나중에 디트리히는 자신이 스스로 그만두었다고 하고, 휴즈는 자신이 디트리히를 해고했다고 말했다.

디트리히의 전용 비행기인 B-25C 조종사인 에드 벨이 나중에 크리스 스미스에게 말한 바에 따르면, 다음 날 아침 그는 비행 테스트부서 빌딩에 있는 사무실에 도착했다. 평소 하던 대로 비행계획을 체크하기 위해서 디트리히의 사무실에 전화를 했다. 하지만 아무도 전화를 받지 않았다. 이것은 특이한 상황이었다. 디트리히의 비서가 늘 자리를 지키고 있었기 때문이다. 뭔가 문제가 있다고 생각하고 벨은 사무실을 나서서 회사 중역 사무실이 있는 건물로 갔다.

얼마 안 돼서 벨은 심하게 동요된 모습으로 사무실로 돌아왔다. "휴즈는 사무실을 치워버리고 디트리히를 해고했습니다. 디트리히와 연관이 있거나 디트리히에게 급료를 받는 모든 사람을 해고했습니다. 그의 비서를 포함해서요. 디트리히의 사무실은 완전히 치워져 있었고, 보안시스템도 바뀌어서 열쇠도 맞지 않았습니다." 벨이 말했다.

비행 테스트부서장인 숩은 벨과 피터슨도 해고 리스트에 들어 있다고 이야기해 주었다.

"사실 전 몇 년 동안 '더 맨'의 해고 대상 리스트에 있었습니다. 그는 기억력이 무척 좋으니까요." 벨은 크리스 스미스에게 말했다.

벨은 자신이 휴즈의 호사스러운 B-23을 손상시킨 이래, 휴즈가 자신에게 좋지 않은 감정을 품어 왔다고 믿었다. 이 비행기는 한때는 텍사스에 있는 샴록 정유회사 운영자 글렌 멕카시의 것이었다. 휴즈는 벨에게 라스베이거스로 와서 크로켓 비행장에서 친구 몇 명을 태우라고 지시했다. 라스베이거스 공항 활주로 끝부분에 고압선, 즉 전화선 다발이 꼬여 있었다. 벨은 최종 접근을 할 때 약간 낮은 자세를 취해서 이 선들을 보지 못했다. 선을 통과해서 곧장 날아갔고, 그 결과

B-23이 망가졌다. 벨은 착륙 자체는 잘못되지 않았다고 한다. 다만 문제는 거기서 휴즈와 그의 친구들이 기다리고 있었다는 점이었다. 휴즈는 불같이 화를 냈다.

숍은 벨과 피터슨을 회사 비행 테스트부서 내에 숨겨주려고 했다. 하지만 나중에 재고한 뒤에 두 사람을 내보냈다. 휴즈가 자신이 비밀리에 이 조종사들을 고용하고 있다는 사실을 알게 되었을 때 얼마나 화를 낼지가 두려웠기 때문이다. 휴즈는 디트리히가 쓰던 B-25C 비행기를 비행장 동서쪽으로 가져가 잠가 두라고 지시했다. 거기에서 이 비행기는 먼지를 뒤집어쓰고 겨울이면 진흙탕에 빠져 17년 동안이나 방치되어 있었다.

디트리히가 그만둔 뒤 휴즈는 그 공석을 메워줄 적임자를 만나는 행운을 얻었다. 42세의 잭 리얼이었다. 리얼은 록히드사에서 일한 최초의 테스트 항공사였다. 리얼이 처음 휴즈를 본 것은 휴즈가 컨스틸레이션을 살펴보러 왔을 때라고 했다. 영화배우 페이스 도머그를 데리고 왔었다고 한다. 4년 후 리얼은 컬버시티 공항에 가서 휴즈에게서 컨스틸레이션을 받아올 때 다시 한번 그를 만났다.

1953년, 리얼은 공군의 4발 엔진에 터보프로펠러가 장착된 YC-130 비행기의 테스트 항공사로 일하고 있었다. 1954년 그는 이 비행기의 첫 비행에 탑승했다. 1957년 록히드사에서 그가 맡고 있는 분야가 터보프로펠러의 민간 버전인 L-188 엘렉트라(Electra)로 바뀌면서 리얼의 인생은 의미심장한 변화를 겪게 된다.

휴즈는 록히드사의 제품을 좋아했다. 그는 1938년 유명한 세계일주 비행을 했을 때 록히드사의 L-14 수퍼엘렉트라를 타고 비행사의 한 장을 장식했었다. 휴즈는 또 록히드사의 콘스텔레이션에도 감동했는데 TWA는 다른 어떤 항공사보다 이 기종을 많이 주문한 회사였다. 하지만 휴즈는 TWA 수송용으로는 엘렉트라를 한 대도 주문하지 않았다. 록히드사의 이사장 밥 그로스가 휴즈에게 전화를 해서 아메리칸에어라인이 35대를 샀고, 이스턴에어라인이 40대를 샀다고 말했다. 그는 농담조로 휴즈를 위해서 1대 정도는 찾아봐 줄 수 있다고 이야기했다. 유머로 한 이야기라는 것을 알아채지 못한 휴즈는 화를 내면서 전화를 끊어 버렸다. 그러자 그로스는 리얼을 불러 휴즈를 만나보라고 지시했다. 당시 리얼은 엘렉트라가 연방항공관리국(FAA)으로부터 증명서를 받는 일을 전담하고 있었다. 리얼은 휴즈가 엘렉트라를 탈 수 있도록 하고, 결국은 TWA 수송선으로 비행기를 구매하게 하라는 지시를 받았다. 두 사람은 금세 가까워졌다. 휴즈는 시도 때도 없이 리얼에게 전화를 걸어대기 시작했고, 두 사람은 때로 밤늦게까지 대화를 나눴다. 제트엔진이나 터보프로펠러 개발의 최신 동향, 비행기 기종마다 다른 비행 특징 등등에 대한 이야기였다. 그들은 빠른 속도로 개인적으로 친밀해졌고 업무상의 관계도 마찬가지였다. 이 관계는 휴즈가 죽을 때까지, 말하자면 이후 19년간 지속되었다.

이어지는 몇 달 동안 리얼은 휴즈가 TWA에서 안고 있는 여러 문제들을 해결하는 데 집중했다. 필자에게 낮에는 록히드사에서 일하고 밤에는 휴즈와 함께 일했다고 말했다. 록히드사 관리자들은 리얼이 휴즈와 긴밀한 관계를 쌓아가는 것을 기껍게 받아들였고, 그를 여전히 록히드사 직원으로 두었다. 리얼이 휴즈에게 엘렉트라 한 대만 팔아준다 해도, 록히드사로서는 그만큼 투자할 가치가 충분히 있었다.

휴즈는 이미 TWA를 위해 보잉 707, 더글러스 DC-8, 콘베어 880을 구매하기로 결정한 터였다. 휴즈는 리얼에게 록히드사가 금융지원을 해주면 엘렉트라를 기꺼이 구입하겠다고 했다. 그는 각종 비행기를 큰 규모로 사들일 생각이었기 때문에, 컨소시엄 형태의 은행 대출이 필요했다. 휴즈는 그 일에 자금을 대줄 7개의 은행과 2개의 보험회사를 끌어 모았다. 하지만 휴즈의 스타일상 절대로 TWA의 지배권을 빼앗기고 싶지 않았다. 즉, 회사 이사회의 멤버로서의 자신의 지위를. 이 시기는 휴즈의 인생에서 거칠고 불안정한 시기였다.

* * *

1955년 여름, 록히드는 이스턴에어라인과 아메리칸에어라인에서 작성한 설계 명세서에 입각하여 설계된 단거리 터보프로펠러 항공기를 만들기 시작했다. 이 설계안이 제트기로 향하는 전반적인 대세에 거스르는 것이긴 하지만, 록히드사 경영진은 엘렉트라의 터보프로펠러 성능이 보잉사나 더글러스사가 내놓은 터보제트엔진 비행기들보다 우수할 것으로 내다봤다.

상당히 성공적이었던 엘렉트라 모델 10과 휴즈가 세계일주 비행을 할 때 탔던 수퍼엘렉트라 모델 14의 이름을 따서 엘렉트라 188로 명명했다. 엘렉트라 188은 날렵하게 보였던 컨스털레이션에 비해서 외관이 작고 우아함도 덜했다. 앨리슨(Allison)의 501D-13 엔진 4기가 장착되어 있는데, 하나당 3,750축마력(shp)짜리였다. 날개 길이는 99피트, 기체 길이는 104피트 6인치, 순항속도는 405mph였다. 이륙 가능한 최대중량은 116,000파운드, 항속거리는 3,460마일이었다. 좌석 수는 비행기마다 달랐는데, 44, 64, 88좌석이 있었다.

록히드사의 테스트 조종사가 첫 비행을 한 것은 1957년 12월 6일이었다. 크리스마스와 새해 사이에 리얼은 휴즈가 버뱅크에서 엘렉트라를 운전할 수 있도록 준비했다. 하지만 1957년 후반에 휴즈는 록히드사에서 평판이 좋지 않았다. 모든 사람들이 그가 야간비행을 좋아하며, 미리 알리지 않고 미국 전역을 돌아다니곤 한다는 것을 알고 있었다. 대부분의 조종사와 기관사들은 결혼을 했고 아이들도 있었다. 그들은 좀 더 정상적인 비행 스케줄을 원했다.

록히드사 비행 테스트 경영진은 휴즈가 코니를 새로 구입한 뒤 록히드 공장 바로 맞은편에 방치하는 것에 화가 나 있었다. 이 비행기는 록히드사의 생산 과정에 지장을 주고 있었지만 휴즈는 옮기지 않았다. 그는 하루 24시간 경비원을 세우고, 내부를 시원하게 하기 위해서 트럭에 에어컨 장치까지 해놓았다. 하지만 코니를 타는 일은 드물었다. 결국 비행기 표면의 접착성 화합물이 말라 버리고, 유압 누수 현상이 발생할 정도였다. 록히드사 경영진에게는 무척 안 된 일이지만 코니는 록히드 주기장에 10~12년 정도를 있었다. 휴즈가 남아메리카에 있는 항공회사에 팔아 버리기 전까지.

록히드사의 설계 파트를 맡고 있는 경영진들도 휴즈 때문에 골치를 썩기는 마찬가지였다. 휴즈는 켈리 존슨에게 밤이고 낮이고 끝없이 전화를 해댔다. 심지어 주말에까지도. 비행기 설계 특징에 관한 사소한 조언을 구하기 위해서였다. 록히드사의 고급 개발 프로젝트 관리자로서 존슨은 휴즈와 보잘 것 없는 주제를 놓고 대화하기에는 너무 바쁜 사람이었다.

록히드사가 그렇게 휴즈에게 짜증이 나 있었음에도 휴즈는 이후 3년 동안 엘렉트라를 18번이나 타게 된다. 존슨 밑에서 일하는 비행사들 중 한 명이 부조종사로 휴즈와 함께 비행했다. 36세의 딕 달라스였다. 휴즈는 달라스가 텍사스적인 이름을 갖고 있다며 그를 좋아했고 두 사람은 잘 맞았다.

화이트에 따르면, 달라스는 최고의 비행사였지만 '도박을 위해서 모든 것을 거는' 노름꾼이기도 했다. 달라스가 결혼을 하지 않는 싱글이었기 때문에 다른 록히드사 조종사들이 달라스에게 휴즈의 부조종사로 자청하라고 했다. 그도 반대하지 않았다.

엘렉트라의 항공사인 케니스 커크도 나에게 달라스의 노름 문제에 대해서 이야기했다. 달라스는 라스베이거스에서 여성 블랙잭 딜러를 만났다. 커크와 달라스는 더블데이트를 즐겼으며, 딜러와 달라스는 결혼했다. 하지만 그녀는 달라스의 도박 버릇을 좋아하지 않았고, 도박을 그만두던지 아니면 떠나겠다고 했다. 달라스는 도박을 그만둘 수 없었고, 그녀는 떠나 버렸다.

달라스는 록히드사의 조종사와 비행 테스트 기관사들에게 돈을 빌렸다. 커크에게도 750달러를 빌렸지만 4백 달러만 되돌려 주었다. 커크가 주변에 알아본 결과 달라스는 비행 승무원들에게 약 8천 달러에 가까운 돈을 빚지고 있었다.

그럼에도 불구하고 사람들은 달라스가 믿음직한 사람이라고 생각했다. 그는 늘 시간을 정확히 지켰고 술도 마시지 않았다. 록히드사 항공사 존 코스타는 나중에 캘리포니아 아르카디아의 산타모니카 경마장에서 달라스와 우연히 만난 적이 있다고 말했다. 경마에 돈을 걸었다가 잃었음에 분명한 모습이었다. 코스타가 그를 봤을 때, 경마장 마구간에서 건초를 나르고 삽으로 퇴비를 푸고 있었다.

어느 날 휴즈는 자정 조금 전에 버뱅크 공항에 도착해서 엘렉트라를 타고 싶다고 했다. 달라스와 항공사 루이 홀란드는 접지후이륙을 반복하기 위해서 모하비로 갔다.

달라스는 나중에 커크에게 "휴즈가 엘렉트라를 바닥에 세게 부딪히게 했다."고 말했다.

착륙한 뒤 다시 이륙하기 위해 활주하고 있을 때, 달라스가 조종실 문을 열고 통풍을 좀 시키려했다.

"문을 열지 말게. 세균이 들어올 거야." 휴즈가 말했다.

엘렉트라를 타고 12~15번 정도의 착륙을 한 뒤에 휴즈는 모하비 상공 10,000피트 고도까지 올라갔다. 휴즈는 버뱅크의 격납고에서 그의 비행기를 지키고 있는 2명의 록히드사 기관사에게 무선 연락을 했다. 아이스크림과 집에서 만든 애플파이를 요청했다. 휴즈는 사용할 상자의 크기와 깊이까지 매우 자세하게 설명했다. 록히드사 직원들이 아침 이른 시각에 버뱅크 주변으로 황급히 흩어졌다. 휴즈가 제시한 정확한 지시를 이행하기 위해서였다. 오늘날에는 24시간 문을 여는 편의점이 보편화되었지만 당시는 이런 가게들이 없었다. 하지만 사람들은 휴즈가 주문한 모든 음식물을 찾아내 대령했다.

휴즈는 착륙한 뒤에 격납고로 들어와서 1시간 동안 여자 친구와 전화를 했다. 그는 자신이 주문한 음식에는 손도 대지 않았다. 그는 밖으로 걸어 나가면서 말했다. "음식은 귀로 먹은 셈치세."

* * *

1950년대 휴즈는 라스베이거스를 떠나 대부분의 시간을 로스앤젤레스에서 은둔하며 보냈다. 그의 은신처였던 어두운 비벌리힐스 호텔의 방갈로에서, 휴즈는 로스앤젤레스 국제공항에 비행기들이 착륙하려고 접근할 때, 그 엔진 소리를 들을 수 있었다. 비록 비행을 거의 하지 않았지만 비행에 대한 애정은 강하게 남아 있었고, 그 결과 그의 두 번째 비행을 주제로 한 영화가 만들어졌다. 휴즈는 <제트기 조종사(Jet Pilot)>라는 제목의 각본을 사들였다. 제트기 시대의 <지옥의 천사들>이라 할 또 하나의 스펙터클한 비행 영화를 만들 계획이었다. 이 영화 또한 줄거리는 그리 좋지 않았다. 다만 컬러 영화 기법인 테크니컬러(Technicolor) 기법을 활용해 생생한 화면을 보여주었고, 하늘을 번개처럼 질주하는 제트기들의 모습이 장관이었다는 것이 그나마 빈약한 스토리 라인에 대한 면죄부가 되어 주었다. 휴즈는 그가 가진 세 가지 열정을 한 영화에 담기 위해 이 프로젝트를 시작했다. 비행기에 대한 사랑, 공산주의에 대한 증오, 가슴이 풍만한 여성에 대한 찬미.

<제트기 조종사>의 주연은 존 웨인이 맡았다. 그는 구소련 접경에서 몇 분 거리밖에 되지 않은 알래스카 황무지의 외진 기지에 주둔한 미 공군 대령 역할을 맡았다. 이야기는 매혹적인 러시아 여성 조종사 역을 맡은 자넷 레이에 집중되어 전개된다. 자넷 레이는 존 웨인을 함정에 빠뜨리기 위해서 자유 진영 쪽으로 망명한 체하는 역할을 맡는다. 레이의 비행기가 미국 상공에서 격추되고 웨인이 그녀를 체포한다. 웨인은 풍만한 레이가 비행 장치에서 빠져나오느라 거의 스트립쇼를 하는 장면을 유심히 바라본다. 그리고 레이는 샤워를 하고 혹시 공산주의자들의 음모가 아닐까 생각하며 불신과 흥분 속에 그녀를 지켜보는 웨인을 짓궂게 괴롭힌다. 중간 중간 낮게 비행하는 제트기들이 머리 위에서 급상승하는 모습이 등장해 레이에게 집중된 장면의 흐름을 끊어준다. 그럴 때면 제트엔진의 포효하는 듯한 소리가 사

운드트랙을 통해 생생하게 들려왔다. 결국 두 사람은 결혼하게 되고, F-86 사브르(Sabre) 제트기를 타고 달 밝은 밤에 시적인 허니문 비행을 떠난다.

영화 촬영은 1949년에 극적인 장면부터 시작되었다. 휴즈는 은퇴한 영화감독 조세프 폰 스턴베르그를 작업에 끌어냈다. 그리고는 자신이 더 잘할 수 있다면서 스턴베르그를 해고했다.

그는 제트기의 격투 장면을 촬영하기 위해서 미국 곳곳의 비행기지로 영화 제작진을 보냈다. 여느 때처럼 완벽주의자인 휴즈는 <지옥의 천사들>에서 주장했던 것과 같은 똑같은 배경을 원했다. 거대하게 부푼, 하얀 뭉게구름이 피어나는 배경. 예상할 수 있는 것처럼 최종 작품을 보면, 하늘에서 회전하고, 옆을 미끄러지듯 스쳐지나가는 제트 전투기들의 공중곡예 장면이 보인다. 또, 웨인과 레이가 각자의 비행기에 앉아서 농담을 주고받는 모습도 볼 수 있다. 그때 두 비행기의 모습은 마치 서로 애정 행위라도 하는 것처럼 잡혀 있다. 지극히 휴즈다운 영화였다.

1951년 1월까지 휴즈는 총 150,000피트의 필름을 촬영했다. 이 길이는 24시간 동안 계속 영화를 틀 수 있는 분량이고, 보통 영화를 완성하는 데 들어가는 분량의 10배였다. 휴즈는 모든 장면을 너무나 좋아한 나머지 어느 장면을 포함시키고 어느 장면을 삭제해야 할지를 결정하지 못했다. 그는 6년 동안 산더미처럼 쌓인 영화필름과 힘겨운 씨름을 벌여야 했다. 영화관에서 상영 가능한 적당한 길이로 <제트기 조종사>를 편집하기 위해서 였다. 결국 영화가 개봉된 것은 1956년이었다. 총 4백만 달러 이상이 들어갔다.

당시 나는 화학을 전공하고 있었고, 장차 과학자가 되려던 대학생

이있다. <제트기 조종사>에 대한 광고 소식을 듣고 나와 내 친구는 영화 개막식에 참석하기 위해서 30마일을 운전해 갔다. 이것은 내 인생을 바꾼 경험이었다. 제트기들이 구름 주변에서 서로를 쫓아가며, 포효하는 소리를 내며 급상승하는 모습을 보고, 나는 제트기 조종사가 되기로 마음먹었다. 물론 대부분의 관객들이 그 영화를 즐겼을 뿐, 나처럼 인생의 방향을 바꾸는 적극적인 반응을 보이진 않았다. 비평가들의 평은 대체로 좋지 않았다. 결국 <지옥의 천사들>과는 달리, 하워드 휴즈는 <제트기 조종사>에서는 손해를 봤다.

* * *

상업용 제트기 시대가 시작된 것은 1954년 7월 15일 시애틀에서였다. 보잉사 비행장에서 대시 80(Dash 80)이 처녀비행을 시작한 시점이다. 보잉사는 대시 80 시제품을 개발하는 데 자사 자금 1천 6백만 달러를 투자하면서 제트기 사업에 뛰어들었다. 맵시 좋은 4발 엔진의 이 제트 수송기는 공군을 위해 개발한 KC-135 공중급유기를 발전시킨 것이었다.

막 제트기 시대가 시작되던 무렵에, 대시 80 시제기는 항공계에서 최고의 인기를 끌었다. 많은 조종사와 항공사 중역들, 군과 정부 관료들이 이 비행기를 통해 처음으로 제트기 탑승 경험을 맛보았다. 이 시제기는 원 모델이 군 급유수송기용이었으므로, 커다란 화물칸 문만 2개가 있었고 객실 좌석이나 창문은 없었다. 대시 80은 날개 길이 130피트, 전체 길이 128피트, 총중량 160,000파운드였다. 42,000피트 고도에서 550mph의 순항속도로 2,000마일을 갈 수 있었다. 10,000

파운드 추력의 플래트&휘트니 JT3 터보제트엔진 4기를 장착하고 있었다. 대시 80은 항공수송의 혁명을 불러왔다. 대시 80 자체는 상업적으로 실제 사용된 적이 없지만, 제트 수송기인 보잉 707 시리즈들을 탄생시켰기 때문이다.

상업적인 제트 수송기로 만들어진 보잉 707은 더글러스사의 DC-8과 맹렬한 경쟁을 벌였다. 말썽을 많이 일으켰던 드하이비랜드(DeHaviland)사의 코멧(Comet) 정기 여객기가 먼저 서비스를 시작하기는 했지만, 보잉 707은 넓은 대중들의 호응을 얻고 상업적인 성공을 거둔 최초의 제트 수송기였다.

1958년 10월, 휴즈는 로스앤젤레스 국제공항에서 대시 80을 타고 비행을 해보고 싶다고 요청했다. 보잉사의 설계 파트 경영진은 테스트 비행기를 캘리포니아 서부로 보내기를 꺼렸다. 중요한 테스트들이 아직도 남아 있었기 때문이다. 반면 보잉사 판매부서 경영진은 보잉 707을 휴즈에게 판매하는 데 지대한 관심을 갖고 있었다. 그가 TWA의 주요 주주였기 때문이다. 로스앤젤레스에서 수송기가 다시 돌아오는 시간까지 포함해서 시범비행은 2~3일만 하는 것으로 하여 보잉사 경영진은 대시 80을 캘리포니아로 보내기로 결정했다.

이 비행기의 정식 테스트 조종사는 할리 비어드였는데, 휴즈는 어린 시절 그의 영웅이었다. 휴즈가 1930년대에 세운 각종 비행기록 때문이었다. 비어드는 디트로이트에서 태어나서 제 2차 세계 대전 때 B-24를 조종했다. 1946년에는 오하이오 주 라이트 비행장에 주둔하고 군 영화 제작부대에 배속된 조종사로 복무했다. 그의 나이 22세였고 중위였다. 그는 당시 B-25를 몰고 있었다. 휴즈가 첫 번째 XF--11의 처녀비행을 할 때, 이 장면을 찍어 오도록 그가 컬버시티로 파견되

있다. 하지만 불행하게도 비행기에 문제가 생기는 바람에 첫 번째 XF-11은 그가 컬버시티에 있는 동안 비행을 하지 못했다. 당시 그는 휴즈를 만날 수 없게 된 것에 실망했다.

다음 해 비어드는 C-47을 타고 비행하던 도중 무선을 통해서 휴즈가 국회 청문회에서 질의를 받고 있는 것을 들었다. 휴즈는 전쟁 당시의 계약 건에 대해 증언을 요청받은 상태였다. 국회의원이 휴즈에게 물었다. "우리에게 하실 말씀이 있습니까?" 한참 동안 침묵한 뒤에 휴즈는 대답했다. "아니오. 저는 제가 말한 것을 믿지 않으니까요."

"휴즈가 그 국회의원을 바보로 만든거죠." 비어드가 말했다.

비어드가 프로젝트 조종사이긴 했지만, 보잉사에서 일을 한 지 1년밖에 되지 않았으므로 그의 상관은 브라이언 와이글을 기장으로 하고 비어드를 부조종사로 하기로 결정했다. 와이글은 34세로 캐나다에서 비행을 배웠다. 1951년 5월, 그는 테스트 조종사로 보잉사에 채용되었다. 그는 보잉사에서 7년째를 맞고 있었고, 그의 이런 경력은 휴즈와 흥정을 하는 데 도움이 될 터였다. 보잉사로부터 받은 명령은 간단했다. 안전하게 비행하고 휴즈를 만족시키라는 것. 물론 그는 그 일이 얼마나 어렵고 긴장되는 일인지를 전혀 알지 못했다. 비어드로 말할 것 같으면, 그는 1946년에는 이 세계적인 비행사를 보지 못한 것이 유감이었지만 12년이 흐른 이 시점에는 그를 정말로 본다는 것이 유감일 터였다.

휴즈는 1958년 10월 8일 오후 12시 30분 이후에 대시 80이 로스앤젤레스에 도착할 것이라는 전언을 보냈다. 그리고 이 비행기를 현재 건설 중인 새로운 TWA 시설에 계류시키라고 요청했다. 시애틀에서는 와이글과 비어드가 3, 4번 엔진을 점화하고 있었다. 그들이 1, 2

번 엔진을 막 점화하려 할 때, 보잉사 관제탑 기사가 무선 연락을 해 왔다.

"엔진을 끄십시오. 상황 설명을 위해서 사람을 보내겠습니다." 기사가 말했다.

보잉사 경영진은 휴즈가 직접 비행사들에게 언제 엔진을 가동시킬지 말하겠다고 한 요청을 받아들였다. 결국 엔진을 가동시키라는 휴즈의 전화가 왔고, 와이글과 비어드는 기내 승무원 및 대시 80 뒤쪽에 실려 있는 수많은 여분의 부품들과 함께 이륙했다.

착륙 후, 그들은 TWA를 위한 시설이 갖추어진 곳으로 활주했다. 그들은 보잉사에서 온 보좌원 밥 브라운과 약 18대 가량의 렌트카가 주기장에 주차되어 있는 것을 보았다. 승무원들이 엔진을 끄고 조종실을 정리하고 짐을 내렸을 때 브라운과 모든 렌트카들이 사라져 버렸다.

휴즈를 대신해서 나온 검은색 정장을 입은 사람이 말했다. "제가 여러분을 마중 나온 차를 돌려보내고 호텔 예약을 취소했습니다."

"어찌된 일인가요?" 비어드가 물었다.

휴즈의 대리인은 말했다. "휴즈 씨는 여러분을 손님으로 초대하고 싶어 하십니다. 휴즈 씨가 차량을 제공하고 여러분이 쉐라톤 호텔에 머물 수 있게 해주실 것입니다."

비어드는 휴즈가 모든 상황과 사람을 지배하려는 일종의 '지배벽(control freak)' 있는 사람이라는 것을 알고 있었다. 휴즈는 정말 모든 것을 지배하고 싶어 했다. 언제 엔진을 가동시킬 것인지, 사람들이 어디에 머무를 것인지까지도. 하지만 이 사건은 빙산의 일각일 뿐이었다.

비어드와 지상 요원들은 쉐라톤 호텔에 투숙했다. 하지만 와이글은 비벌리힐스 호텔에 있는 방갈로에 투숙했다. 휴즈도 이 방갈로들 중의 하나에 살고 있었다. 휴즈는 와이글이 자신이 지켜볼 수 있는 위치에 있기를 바랐다.

첫 비행 때 휴즈는 낡은 쉘비 승용차를 몰고 오후 5시쯤 도착했다. 차에서 내린 뒤 운전기사와 10분 정도 대화를 했다. 운전사가 방갈로로 돌아갈 수 있도록 길을 자세하게 가르쳐주고 있었다.

휴즈는 비행기로 올라와 조종석에 앉았다. 와이글이 부조종사 자리에 앉았고, 비어드는 항공사 자리에 앉았다. 휴즈는 반팔 옷을 입고 있었다. 그의 바지는 발목까지 말려 올라가 있었고, 수염이 덥수룩한 것이 면도가 필요한 상태로 보였다.

비어드는 생각했다. "저 사람은 면도할 시간조차 없을 정도로 바쁜가보군."

나중에야 그는 휴즈가 가위로 콧수염을 손질하는 작업을 직접 한다는 사실을 알았다. 아무래도 서투를 수밖에 없었을 것이다. 휴즈는 양말을 신지 않았다. 신발을 벗고 맨발을 방향타 페달(rudder pedal, 기체 뒤쪽의 방향타를 조정할 수 있게 조종실 내에 설치된 조종페달)에 올려놓았다. 그는 맨발로 페달을 밟는 이유가 좀 더 느낌을 잘 받기 위해서라고 설명했다. 비어드는 휴즈의 발톱이 발가락보다 2인치 정도는 더 길다는 것을 알아챘다.

휴즈의 시종인 조지도 탑승했다. 그는 샐러리와 당근을 넣어 만든 샌드위치를 가져왔다. 또, 초콜릿 두 박스와 우유 한 팩도 가져왔다. 휴즈는 라이터 유동액을 꺼내어 휴지에 적신 다음 조종간과 스로틀을 닦았다. 자신이 만지는 모든 것을 살균해야 하는 사람이었다.

휴즈는 이제 53세가 되었고 너무나 말라서 몸무게가 150파운드도 나가지 않을 정도였다. 와이글과 비어드는 휴즈보다 스무 살 가량 젊었다. 휴즈는 보잉사 요원들에게 신경쇠약 때문에 병원에 있다가 막 나왔다고 말했다.

첫 비행 하루 전에 휴즈는 리얼을 불러서 팜데일 기지의 착륙장 사용허가를 받아두도록 지시했다. 팜데일은 로스앤젤레스 북쪽 모하비 사막에 있는 군 기지로 민간기의 운항이 금지된 곳이다. 휴즈는 리얼에게 휴즈 비행 테스트부서 숩에게 연락을 취하라고 했다. 숩은 캘리포니아 주 공군의 대장이었지만, 팜데일 기지에서 휴즈가 접지후이륙을 할 수 있는 허가를 받아내지 못했다.

팜데일에서 북쪽으로 약 20마일 정도 거리에 해군의 예비 비행장이 있다. 리얼은 담당 장교에서 전화를 해서 보잉사가 대시 80을 가지고 새로운 이착륙 테스트를 진행 중이라고 했다. 장교는 이 비행을 허락했다.

휴즈는 늘 왼쪽의 조종석에 앉기를 고집했다. 휴즈는 언젠가 리얼에게 "신이 모든 사람을 다 양손잡이로 만들었다 해도 난 아니라네."라고 말했다.

첫 비행에서 휴즈는 이륙해서 모하비까지 날아간 뒤 접지후이륙을 되풀이했다. 와이글에 따르면, 휴즈는 착륙 진입 시 기수를 올리고 비행해야 하는 대시 80의 비행 자세에 잘 적응하지 못했다. 그렇다고 와이글의 코치에 귀를 기울이는 것도 아니었다. 휴즈는 활주로 끝에 기수를 들이대는 형식의 코니를 비행하는 데 익숙했다. 대시 80은 받음각이 높은 형태로 설계된 후퇴익 비행기였다. 하지만 휴즈는 기수가 높아지는 것을 좋아하지 않았다. 그는 계속해서 기수를 아래로 밀었고 그 결과 비행기는 점점 더 낮아졌다. 결국 착륙을 위해 진입할 때 비행기가 너무 낮아서 바닥에 질질 끌리는 형국이 되어 버렸다. 와이글과 비어드 둘 다 이 때문에 무척이나 불안했다. 모하비 공항 주변은 1958년에는 인구밀도가 적었고, 패턴(pattern, 착륙하기 위해서 접근하거나 이륙 후 공항을 이탈하기 위해서 항공기가 따라야 하는 정해진 비행)에는 다른 비행기가 하나도 없었다. 지상에 불빛이 많지 않은 상황에서 매우 낮게 비행을 하고 있어서 비어드는 대시 80이 날아가는 것이 아니라 활주하고 있는 것처럼 느꼈다.

비어드는 2003년에 나에게 "활주로를 보기 위해서 잠망경이라도 써야 할 정도였습니다!"라고 말했다.

휴즈는 기름이 떨어질 때까지 접지후이륙을 끝없이 반복했다. 거의 40번 정도를. 그리고는 로스앤젤레스로 돌아왔다. 비어드는 휴즈가 대시 80으로 하고 싶어 하는 것이 접지후이륙뿐이라는 사실에 놀랐다.

"하워드는 그 비행기를 가지고 다른 어떤 것도 안 했습니다. 실속이나 방향 조정 등 그 무엇도요." 비어드의 말이다.

로스앤젤레스로 돌아오는 길에 와이글은 휴즈 때문에 더 큰 곤란을 겪었다. 그는 항공교통관제 지시를 따르기를 거부했다. 헤드셋도 끼지 않고 원하는 대로 비행했다. 그들은 12,000피트 상공에서 순항했고 7,000피트까지 하강해야 착륙 허가를 받을 수 있었다. 하지만 휴즈는 아무렇지도 않게 7,000피트를 지나쳐 버렸다.

"7,000피트에서 멈춰야 합니다." 와이글이 휴즈에게 말했다.

휴즈는 "젠장!" 하고 대꾸하면서 3,000피트까지 계속 내려갔다.

그동안 와이글은 항공교통관제에 연락을 취해서 그들이 지시를 따르지 못한 것에 대한 구구절절한 변명을 늘어놓았다.

가파르게 하강했기 때문에 대시 80은 속도가 높았다. 휴즈는 결국 로스앤젤레스 공항에 착륙하기 위해서 속도를 늦추기가 힘들었다. 휴즈는 최종 착륙 진입을 할 때 플랩각도를 40도로 내리고 170mph의 속도로 진입했다. 규정된 30mph보다 훨씬 높은 속도였다. 비어드는 자신의 테스트 비행기가 혹사당하는 것을 보면서 충격을 받았다.

"속도가 너무 높습니다." 비어드가 와이글에게 말했다.

하지만 이미 늦은 후였다. 이미 비행기 일부가 부서져 나갔다. 10피트 길이의 뒷전 플랩(trailing edge flap)이 떨어져 나가서 근처 자동차 전용 극장에 떨어졌다.

착륙하자 연방항공관리국 직원이 기다리고 있었다. 물론 자동차 전용 극장에 떨어진 날벼락에 대해서 말하려는 것이었다.

"나가서 얼마면 되겠냐고 물어보게." 휴즈가 조지에게 말했다.

"연방항공관리국 직원에게 뇌물을 줘서는 안 됩니다." 비어드가 휴즈에게 말했다.

"제기랄, 안 된다고!" 휴즈가 대답했다.

"기다리십시오. 제가 가서 이야기해 보겠습니다." 비어드가 말했다.

비어드는 연방항공관리국 직원에게 물었다. "사람이 다쳤습니까?"

"아닙니다. 하지만 사람들이 공포에 떨었죠. 당신네 비행기가 날아간 뒤에 하늘에서 이 물건이 떨어졌으니까요." 직원이 말했다. "하지만 사람이 다치거나 뭐가 부서지진 않았습니다."

"어떻게 하실 생각입니까?" 비어드가 물었다.

"아무것도 안 할 생각입니다. 휴즈 씨가 저기 계십니까?" 직원이 물었다.

"대답할 수가 없네요." 비어드가 답했다.

"저도 계실 거라 생각하지는 않습니다." 연방항공관리국 직원이 말했다.

문제는 일단락되었다.

며칠 후에 비행을 승인했던 해군 장교가 리얼에게 전화를 해서 "당신 친구는 좀 이상한 비행 과정을 실험 중이더군요. 좀 무서웠소."라고 말했다.

리얼이 휴즈에게 이 전화 이야기를 하자 휴즈는 올드그랜드대드 위스키 한 상자를 그 해군 장교에게 가져다주라고 했다. 리얼은 지시대로 했다. 그는 이미 휴즈의 독특한 비행 스타일을 알고 있었다.

보잉사의 비행 승무원들은 매일 휴즈와 비행할 수 있게 준비를 했다. 하지만 휴즈는 날마다 비행하지는 않았다. 휴즈는 비행 승무원들에게 호텔에 머물면서 충분히 휴식을 취하고 비행을 준비하라고 했다.

와이글은 나에게 휴즈는 늘 늦게 비행하러 왔다고 말했다. 또, 조종실에 앉아서 와이글과 이야기하는 것을 좋아했다. 한 번은 지상 요원들이 엔진 가동을 기다리고 있는 상태에서 4시간 동안 이야기를 한 적도 있다. 와이글에 따르면, 휴즈는 기발한 이야기들을 몇 가지 알고 있었다.

그중에 하나는 이렇다. 휴즈가 혼자 코니를 타고 뉴욕에서 로스앤젤레스까지 비행할 때의 일이었다. 어디까지나 와이글의 기억에 의지한 것이다. 보통 코니에는 조종사와 부조종사, 그리고 항공사가 탑승한다. 하지만 휴즈는 B-23, DC-3, 콘베어 240 같은 많은 다발 엔진 비행기들을 혼자서 조종했다. 이때 휴즈는 연료를 넣기 위해 캔자스 주 위치타에 들렀다. 그리고는 이륙해서 낮은 순항고도까지 상승해 비행기를 자동조종 장치에 맡겼다. 그는 서류가방에서 종이를 꺼내서 일을 시작했다. 2시간 정도가 지났다. 거의 어두워질 무렵이었다. 휴즈는 별안간 전면 유리 앞에 뭐가 지나가는 것을 보았다. 무슨 일인가 하고 자세히 쳐다본 휴즈는 나무들이 창문을 스치고 지나가는 것을 보고 놀랐다. 휴즈가 너무 낮은 고도로 순항하고 있어서 비행기가 콜로라도 산맥 위로 올라가지 못하고 산 속을 비행하고 있었던 것이다. 그는 거의 죽을 뻔했던 것이다.

와이글은 휴즈와 다섯 번 정도 비행했던 것으로 기억하고 있다. 모두 모하비에서 접지후착륙을 하는 것이었다. 매번의 비행이 늘 같았다. 휴즈는 이륙을 해서 방향을 곧바로 모하비로 틀었다. 그리고는 낮은 각도로 날다가 비행기를 질질 끌면서 착륙 진입을 하고, 또 반복했다.

"착륙 진입을 할 때는 무서웠습니다. 그가 비행하는 방식 때문에요." 비어드가 말했다.

"휴즈는 계기를 사용하지 않고 직감에 의존해 비행하던 시절의 사람이었습니다. 계기판의 숫자를 보지도 않고 점검표를 이용하지도 않았습니다."

어느 날 저녁 비어드와 지상 요원들이 쉐라톤 호텔에서 파티를 열었다. 그들은 와이글에게 전화를 해서 파티에 초대했다. 와이글이 택시를 타고 호텔로 왔다. 온 지 약 10분 정도 되었을 때 휴즈의 개인 보좌관이 나타났다.

그는 "와이글 씨, 휴즈 씨는 당신이 숙소에 돌아와 계셨으면 합니다." 하고 말했다.

분명 휴즈는 와이글의 방갈로를 지켜보고 있었고, 그가 떠나는 것을 보았던 것이다. 비어드에 따르면, 모든 것을 일일이 통제하고 지배하고자 하는 휴즈의 면모를 보여주는 또 하나의 사례였다.

애초 로스앤젤레스에서 2~3일을 보내겠다는 계획이었으나, 10월 20일까지 보잉사 승무원들은 12일을 휴즈와 함께 있었다. 당시 와이글은 수상비행기 레이스를 하고 있었고, 라스베이거스 근처 미드 호수에서 열리는 레이스에 참가하기 위해서 휴가를 가질 계획이었다. 그는 보잉사 테스트 조종사 사무엘 윌릭에게 전화를 걸어서 여객기를 타고 로스앤젤레스로 와 달라고 했다.

휴즈가 한 번 더 비행하기를 원했다. 이번에는 토요일 저녁이었다. 자정에 샌프란시스코에 도착할 계획이었다. 아메리카 은행의 회장을 태워서 TWA의 보잉 707을 구매하는 데 드는 자금 조달 문제를 논의하려 했다.

이번에는 시종 조지 대신에 아내 잔 피터스가 탑승했다. 휴즈와 피터스는 겨우 1년 넘게 함께 살았지만, 법적으로는 부부였다. 31세의 피터스는 결혼한 후에 연기를 그만두었다.

샌프란시스코까지 순항하는 동안에, 피터스가 비어드의 어깨를 톡톡 두드리면서 자기를 따라서 뒤쪽으로 오라고 손짓했다.

그녀는 약 10피트 정도 뒤로 걸어가서 비어드에게 물었다. "여기서 담배 피워도 되나요?"

"그럼요." 비어드가 말했다.

그녀는 담배에 불을 붙였고 두 사람은 대화를 시작했다. 피터스는 휴즈가 비행하는 것을 좋아하지 않았다. "하워드는 정말 비행을 잘하는 조종사에요, 그렇죠?" 그녀는 물었다.

"아, 예, 그럼요." 하지만 비어드는 뒤에서 손가락으로 X표를 그었다.

비어드는 드디어 보고 싶어 했던 세계적인 조종사를 만났지만, 그는 개인적으로 휴즈가 허튼소리나 지껄이는 바보라고 생각하고 있었다. 게다가 그는 비행에도 그리 능숙하지 못했다.

그의 생각의 흐름을 깨면서 피터스가 말했다. "하워드가 와요." 휴즈는 피터스가 담배 피우는 것을 좋아하지 않으므로, 그녀는 담배를 비어드에게 건넸다. 사실 그는 담배를 피우지 않는다. 비어드는 립스틱이 묻은 담배를 들고 있었다. 휴즈는 비어드가 혼자서 대시 80의 뒤편에서 피터스와 함께 있는 것을 달가워하지 않았다. 거기에 있으면 아내를 계속 감시할 수 없기 때문에.

휴즈는 샌프란시스코 공항에 착륙해서 TWA사 이용 구역 근처 모퉁이에 비행기를 계류시켰다. 와이글은 4번 엔진을 끄지 않고 두었다. 엔진을 다시 돌릴 때 쓸 압축공기가 없었기 때문이다. 아메리카 은행 회장이 탑승하자, 휴즈는 와이글과 비어드를 선실 뒤쪽으로 보냈다. 그리고는 조종석에 남아서 자정까지 은행가와 재정 조달 문제를 의논했다. 자정 즈음에 그들은 은행가를 점프 좌석(조종사와 부조종사 좌석 사이 약간 뒤에 설치된 이동식 좌석)에 앉히고 이륙했다. 로스앤젤레스에 돌아오기 전에 도시 주위를 돌아서 비행했다. 은행 회장조차도 휴즈의 생활 스타일에 맞춰야 했다. 자정 가까운 시간에 회의를 해야 했으니 말이다.

그 사이 윌릭은 유나이티드 항공의 로스앤젤레스행 DC-6 비행기에 승객으로 탑승하고 있었다. 윌릭이 탄 여객기가 로스앤젤레스에 착륙했을 때 그는 대시 80이 이륙을 위해 활주하고 있는 것을 보고 놀랐다.

"뭐하고 있는 거죠?" 그가 보잉사의 지상 요원에게 물었다. 그들은 와이글과 휴즈가 샌프란시스코를 향해 비행하고 있으며, 휴즈는 그날 이 비행이 끝나고도 한 번 더 비행하고 싶어 한다고 전했다.

한밤중에 로스앤젤레스에서 돌아온 뒤 휴즈와 윌릭, 비어드, 와이글은 다시 라스베이거스로 향했다. 휴즈가 활주로를 빠져나와 이륙하는 동안, 윌릭은 무선을 맡아서 관제탑에 휴즈가 문제를 일으키지 않을 것임을 확인시켰다. 그들은 비행계획을 전송하지는 않았고 다만 관제탑에 접촉하고 이륙했다. 윌릭이 점검표를 읽었고 휴즈는 절차를 따랐다.

휴즈는 카키색 바지를 입고 끈을 푼 테니스화를 신고 있었다. 칼라가 없고 소매가 긴 셔츠를 입고 있었다. 휴즈는 마른데다 영양 상태가 영 안 좋아 보였다. 마치 등에 무슨 문제가 있는 것처럼 똑바로 서지를 못했다. 윌릭은 그의 건강 상태가 정상인지 의구심이 들 정도였다고 말했다. 조종사석에 앉아 있을 때조차도 휴즈는 똑바로 앉아 있지 않고 안절부절못하는 모습이었다.

이번 비행에는 <타임>지 편집자가 휴즈의 손님으로 탑승했다. 휴즈와 달리 그는 코트를 입고 넥타이를 매고 있었다. 윌릭은 그 손님이 이 한밤중에 비행할 용의가 있었다는 사실에 놀랐다. 윌릭은 당시 아이젠하워 대통령이 로스앤젤레스에 있었으므로, <타임>지가 휴즈보다 아이젠하워에 더 관심을 쏟아야 할 텐데 하는 생각도 들었다고 한다. 어쨌거나 윌릭은 운이 좋았다. 휴즈가 모하비로 가서 위험한 접지후이륙을 되풀이하지 않았기 때문이다. 그들은 대신에 도시의 불빛들을 보면서 라스베이거스 상공을 선회했다. 그리고는 로스앤젤레스로 돌아왔다.

휴즈의 마지막 비행 전에 보잉사 지상 요원들은 자신들의 모든 장비와 물품을 대시 80에 실어두었다. 착륙 후 휴즈는 보잉사 직원들에게 라스베이거스로 가서 며칠 동안 좀 즐기라고 제안했다. 하지만 비행 승무원들은 집으로 돌아갈 생각이었다. 휴즈가 떠난 뒤 윌릭과 승무원들은 시애틀을 향해 이륙했다. 그들은 해가 막 떠오르려 할 때 시애틀에 도착했다. 윌릭과 비어드는 거의 24시간을 자지 않고 조종했다.

이 시범비행에 대해 요약하자면 와이글의 생각은 이러했다. "휴즈는 매우 이상한 사람입니다. 그래도 전 그를 좋아하지 않을 수 없고 한편으로 가엾게 여기지 않을 수 없었습니다. 정말 가엾은 삶이었어요."

* * *

휴즈는 록히드사에 뭔가 요청할 일이 있을 때 회사의 명령 라인을 거치지 않았다. 리얼에게 전화를 해서 어떤 문제를 풀어 달라고 한다거나, 그가 원하는 것을 준비해 달라고만 했다.

1960년 7월 초, 휴즈는 록히드사의 제트스타(JetStar)를 조종해보고 싶었다. 켈리 존슨이 버뱅크 설비소에서 제트스타를 설계했다. 처음 제트스타에는 총 9,700파운드의 추력을 발생시키는 브리티시 브리스톨(British Bristol)사의 오르페우스(Orpheus) 터보제트엔진 2기가 설치되었다. 1960년대에 비행기 테스트 및 제작 작업이 조지아주 마리에타에 있는 록히드조지아로 이관되어 있었다. 록히드조지아는 제트스타에 4발 엔진을 장착해서 안전성을 높이자고 결정했다. 이에 따라 총 12,000파운드의 추력을 내는 플래트&휘트니 사의 JT-

12 터보세트엔진이 새로운 엔진으로 선택되었다.

　록히드사 테스트 조종사인 번 피터슨과 할란 아미티지는 제트스타가 민간항공관리국의 감항증명을 받기 위한 제반 절차를 진행하고 있었다.

　피터슨과 아미티지는 에드워드 공군기지에서 제트스타를 테스트하고 있었고, 무게와 균형을 체크하기 위해 격납고로 가져가기로 되어 있었다. 리얼이 조지아 비행 테스트 관리부서로 연락해서 휴즈가 비행기를 타볼 수 있게 해달라고 요청했다. 관리부서에서는 휴즈를 위한 시범비행을 할 시간이 없다고 답했다. 몇 주 전부터 균형과 무게를 체크하는 일정이 잡혀 있었기 때문이다. 리얼은 제트스타 관리부서에 힘이 미치지 못하자 이사장 댄 호턴에게 전화를 했다. 호턴은 휴즈의 비행을 허락해 주었다.

　휴즈는 리얼과 록히드 엘렉트라를 타고 버뱅크 공항을 이륙했다. 아침 7시에 팜데일에 착륙했는데 주로 밤에 활동하는 휴즈에게는 매우 이례적인 시간이었다. 리얼은 두 명의 록히드사 비행사를 휴즈에게 소개했다. 피터슨은 휴즈가 감기에 걸렸다면서 악수를 거부했다고 말했다. 물론 이것은 사실이 아니다. 세균 공포증 때문에 누구와도 신체 접촉을 피하고 있었던 것이다.

　피터슨과 아미티지는 휴즈를 제트스타 앞으로 데려갔다. 이 비행기는 테스트 비행을 위해서 초기에 제작된 시제품이었다. 따라서 화려한 인테리어보다는 테스트 비행을 위한 장비들로 채워져 있었다. 휴즈는 세균이 득실거릴 것 같은 정리되지 않은 모습을 보고 그다지 좋아하지 않았다. 휴즈는 청소 지시를 하고는 첼비 승용차를 타고 떠났다. 록히드사 승무원들은 다시 에드워드 기지로 돌아가서 테스트 프로그램을 진행했다. 피터슨은 나중에 휴즈가 록히드조지아에서 보낸 제트스타 비행사들을 마땅찮아 했다는 이야기를 전해 들었다.

몇 주 후, 피터슨과 아미티지는 록히드사 경영진으로부터 다시 전화를 받았다. 팜데일로 돌아가서 휴즈와 함께 제트스타 시범비행을 하라는 것이었다. 1960년 7월 18일, 그들은 몇 주 전과 똑같은 상태의 비행기를 타고 팜데일 공항에 착륙했다. 휴즈가 요청했던 내부 청소 건은 거의 되어 있지 않았다. 휴즈는 첼비 승용차를 타고 도착했고, 비행기 상태에 대해서는 아무 말도 하지 않았다. 아미티지는 처음에 제트스타의 외적인 특징에 대해서 설명하려 했다고 한다.

"휴즈는 전혀 관심을 보이지 않았습니다." 아미티지가 말했다.

피터슨은 휴즈가 비행기에 올라탄 뒤 조종실까지 가는 동안 주변의 어떤 것도 닿지 않도록 피해 갔다고 말했다. 휴즈는 조종실 왼쪽 조종석에 놓여 있는 낡은 쿠션을 바라봤다. 그리고는 잠시 망설이더니, 갑자기 바지를 내리고 흰 셔츠 끝을 당겨서 엉덩이를 덮었다. 피터슨은 휴즈가 속옷을 입고 있지 않았다고 말했다. 미처 눈을 돌릴 틈도 없이 보고 말았던 것이다. 후에 피터슨이 이 이야기를 사무실 비서들에게 하자 더 자세한 사항을 알고 싶어 했다.

"움츠려 있는 걸 어떻게 아나! 잘 보지 못했어." 피터슨의 대답이었다.

아미티지는 휴즈가 발목을 덮은 청바지를 입고 있었다고 기억했다. 양말은 신지 않고 테니스화를 신고 있었다. 조종석에 앉은 다음, 휴즈는 주머니에서 커다란 빨간색 손수건을 꺼내서 조종간과 스로틀을 닦았다.

피터슨은 휴즈가 비행기 제원 등에는 전혀 흥미가 없었고 오로지 조종하고 싶어 했다고 말했다. 그들은 시동을 걸고 이륙을 위해서 활주했다. 휴즈는 조종을 잘하는 것 같았지만 활주할 때 너무 높은 속력으로 달렸다. 피터슨은 휴즈에게 속도를 늦추라고 말했다. 휴즈는 비행기가 내뿜는 배기가스보다 앞서 가고 싶다고 답했다. 제트스타는 지상에서도 약간 가압상태여서 연기가 들어오지 않게 단단히 밀봉되어 있었지만, 피터슨은 지금 무리하게 속도를 늦추거나 하면 브레이크가 과열되지 않을까 싶어 휴즈가 하는 대로 내버려두었다.

피터슨이 관제탑에서 이륙 허가를 받고 동력을 높이자, 휴즈가 비행기를 활주로 아래로 몰고 갔다. 휴즈는 피터슨의 지시에 따라 기수를 올렸고 비행기가 공중으로 떴다. 10,000피트 상공에서 피터슨은 비행기를 조종하면서 몇 가지 조작 방법을 보여주었다. 휴즈는 제트스타에 만족스러워하는 것처럼 보였다. 그리고는 컬버시티 공항에서 몇 번 착륙 연습을 해봐도 되겠느냐고 두세 번 물었다. 록히드 승무원들은 안 된다고 말했다. 컬버시티 공항이 건설 중인 상태이므로 비행기가 손상을 입을 수 있어서였다. 내내 휴즈는 피터슨에게 자신을 하워드라고 부르라고 했지만, 피터슨은 '휴즈 씨(Mr. Hughes)'를 고집했다.

그들은 접지후이륙을 해보기 위해 팜데일 공항의 패턴으로 다시 하강했다. 피터슨은 휴즈에게 착륙 접근 시 제트스타에 적합한 속도를 간략히 이야기했다. 하지만 휴즈는 말을 듣지 않고, 175노트(knot, 1960년대부터 속도를 재는 단위로 노트가 사용되었다)로 비행했다. 플랩을 내린 상태에서는 최대 속도였다. 피터슨은 휴즈에게 왜 그렇게 빠르게 가느냐고 물었다.

"나는 지금 콘베어 880 비행 연습을 하고 있는 중이네. 오늘 오후에 탈 예정이거든." 휴즈의 설명이었다.

피터슨은 플랩을 착륙 진입 단계와 착륙 단계의 중간 정도로 맞췄다. 플랩을 안전하게 보호하고 비행기가 파손되는 것을 막기 위해서였다. 플랩이 위아래로 돌고 있기 때문에, 제트스타는 총체적으로 수직 운동에 대한 미세 조종이 안 되는 상태였다. 따라서 승무원들이 끊임없이 조종간을 밀고 당기는 수고를 하면서 승강타의 수직 운동을 살펴주어야 했다. 승무원에게는 불편한 일이지만, 이 소중한 테스트 비행기가 해를 입는 것보다는 백 배 나았다.

"다행히 팜데일 활주로가 길어서 별 일이 없었습니다." 피터슨의 말이다.

휴즈는 접지후이륙을 2회 한 후 최종 착륙을 위해 들어왔다. 피터슨은 휴즈가 고속으로 비행하고 있어서 급제동이 불가피할 것임을 알고 있었다. "예상대로였습니다. 14,000피트나 되는 활주로 끝까지 가서야 겨우 멈출 수 있었죠." 그리고는 덧붙였다. "타이어가 터져 버리지 않을까 싶어서 얼마나 숨을 졸였는지 모릅니다."

지상활주를 끝내고 주기장까지 가서 엔진을 끈 뒤에, 휴즈는 비행에 대해 고맙다고 말한 뒤 나중에 연락하겠다고 했다.

"휴즈가 일찍 떠나서 얼마나 다행이었는지 모릅니다." 피터슨의 말이다. "나중에, 모든 퓨즈 플러그가 꺼지고 메인 기어 2개가 공기가 빠져 주저앉았으니까요."

리얼이 제트스타에서 나오는 휴즈를 맞았다. 휴즈는 제트스타에 깊은 감명을 받았다. 떠날 때 휴즈는 제트스타를 다시 한 번 둘러보고 비행기 기수 부분에 키스했다. 정확히 말하자면 자신의 손가락에 키스하고 이 손가락을 기수 부분에 가져다 댔다.

그는 켈리 존슨에게 다음과 같이 전해 달라고 했다. "또 멋지게 한 건 했구먼, 켈리."

리얼은 휴즈에게 제트스타가 필요하지 않다는 것을 알고 있었다. 하지만 그는 록히드사의 직원이므로 제트스타의 성능과 가치에 대해 이야기했다. 휴즈는 2백 5십만 달러에 한 대를 샀다. 그리고는 또 한 대를 샀다. 그 뒤, 리얼은 점점 더 많은 제트스타를 휴즈에게 팔았다. 휴즈가 산 제트스타들은 모두 조지아 주 마리에타 록히드사의 주기장에 그대로 있었다. 당연히 비행기를 지키기 위해 대학생들이 고용되었다. 산타모니카 클리블랜드에서 DC-6A를 지키고 있는 UCLA 학생들처럼. 시간이 흐르자 서서히 타이어가 내려앉았다.

리얼은 총 12대의 제트스타를 휴즈에게 팔았다. 하지만 휴즈는 이 비행기들을 소유하지도 않았고 타지도 않았다. 훗날 휴즈는 판매자 시장(수요에 비해 공급이 적어서 판매자에게 유리한 시장)에 이 비행기들을 내놓았고, 대당 25만 달러의 이익을 보면서 되팔았다. 휴즈는 대금을 받으면 이 자금을 다시 새로 나온 제트스타를 구입하는 데 투자했다. 나는 잭 리얼에게 물었다. 휴즈가 처음 제트스타를 산 이유가 무엇이냐고.

리얼은 내게 말했다. "휴즈는 야심만만한 판매원들의 밥이었으니까요."

* * *

제트스타를 조종한 뒤 리얼과 휴즈는 엘렉트라를 타고 돌아갔다. 시동을 걸면서 휴즈는 리얼에게 샌디에이고 린드버그 비행장에 있는 콘베어 공장에 가본 적이 있는지 물었다. 콘베어 880이 만들어지고 있는 곳이었다. 리얼은 가본 적이 없다고 대답했다. 휴즈는 공장에 가본 지 오래되었다고 덧붙였다.

"거기에 한번 가보도록 하세. 멋진 경험이 될 걸세." 휴즈가 말했다.

1954년 초, 미국의 상업용 항공기 시장에서 큰 성공을 거둔 비행기 한 종이 그 수명을 다해 가고 있었다. 콘베어 공장에서 콘베어 240, 340, 440 시리즈의 생산이 둔화되고 있었던 것이다. 콘베어사는 중거리 비행기 제작자로 세계적인 명성을 얻었고, 최근 방위산업의 거인인 제너럴 다이나믹스(General Dynamics)에 합병된 상태였다. 콘베어 경영진은 신생 상업용 제트 수송기 시장에서 발판을 마련하고 싶었으나 늦은 출발로 뒤쳐져 있었다.

이듬해 보잉사와 더글러스사가 장거리 제트기인 707과 DC-8 시제기를 내놓았다. 보잉사와 더글러스사의 비행기는 기술면에서뿐 아니라 가격면에서도 혁명적이었다. 여분의 부품 및 엔진을 포함해서 비행기 대당 가격이 4백 5십만 달러에서 6백만 달러였다. 이렇게 엄청난 가격에도 불구하고, 항공운수회사들은 물건을 구입할 수밖에 없었다. 경쟁자들이 제트기로 변화해 가는 마당에 혼자만 뒤쳐져 있을 수는 없는 노릇이었기 때문이다. 콘베어 경영진은 세 개의 제조사를 먹여 살릴 만큼 충분한 장거리 제트기 판매 시장이 없다고 생각했기 때문에 대형 제트기 제작 계획을 포기했다.

휴즈는 늘 자신이 항공기 분야에서 혁신적인 것들을 창안해 왔고, 성공적이었던 록히드사의 컨스틸레이션의 설계 명세서를 작성했다는 사실에 자부심을 가져왔다. 하지만 보잉사나 더글러스사의 새로운 제트기와 관련해서는 긴밀하게 일하지 않았다. 휴즈는 자신만의 중거리 제트 수송기를 설계해서 제작해 볼까 하는 생각을 해본 적도 있었다. 하지만 콘베어사와의 동업에 관심을 가지면서 자체 제작 계획은 접었다. 휴즈가 콘베어 880 제트기를 설계한 것은 아니다. 하지만 이 비행기 컨셉의 상당 부분이 그의 머리에서 나왔으며 야심만만한 설계 계획서에도 그의 영향이 많이 반영되었다.

휴즈는 보잉 707이나 더글러스 DC-8보다 최소한 35mph 이상 빠른 비행기를 원했다. 이 제트기는 제너럴 일렉트릭의 J-79 엔진을 바탕으로 설계되었다. 이 엔진은 록히드 F-104, 콘베어 B-58 등에 쓰였던 성공적인 군용 동력 장치였다. 하지만 민간용으로는 쓰인 적이 없었다. 최종 설계 명세서는 4발 엔진에 80~130명의 승객을 수용할 수 있는 크기로 결정되었다. 자체 중량은 93,000파운드, 총중량은 193,500 파운드였다. 날개 길이 120피트, 전체 길이 129피트 4인치, 연료 적재량은 12,650갤론이었다.

콘베어사의 경영진은 처음 스카이락(Skylark)이라는 이름을 선택했다. 후에 그들은 600mph에 가까운 속도를 상징하는 콘베어 600으로 이름을 바꿨다. 하지만 휴즈는 두 이름 다 좋아하지 않았다. 휴즈는 골든 애로우(Golden Arrow, 금빛 화살)라고 부르고 싶어 했다. 전체를 도금한 비행기를 만들고 싶었기 때문이다. 양극산화처리(anodizing)라는 기법을 통해 제작하면서 알루미늄 표면에 금 피막을 입히는 계획이었다. 비행기 각 부분들이 별도로 양극산화처리가 되면 명암이 서로 다르게 나와서 문제가 될 텐데도, 휴즈는 여전히 골든 애로우라는 이름을 쓰고 싶어 했다. 하지만 이 이름을 쓰는 데는 또 다른 장애물이 버티고 있었다. 컨티넨탈에어라인(Continental Airline)이 자기 회사의 707시리즈를 위해서 골든 제트(Golden Jet)라는 이름의 저작권을 보유하고 있다는 사실을 알았기 때문이다. 최종적으로 콘베어 880이라는 이름이 선택되었다. 초당 880피트를 갈 수 있는 속도라는 데서 나온 이름이다.

1956년 6월, 휴즈는 이 비행기 30대를 1억 2천 6백 4십만 달러에 구매하기로 동의했다. 콘베어사는 휴즈와 사업하는 것이 위험하다는 것을 알고 있었다. 콘베어사는 휴즈가 정해진 일정대로 비행기 대금을 줄지에 대해서도 확신이 없었다. 하지만 제트 비행기 개발이 한창이던 당시 휴즈를 상대로 도박을 하는 수밖에 다른 선택의 여지가 없었다. 휴즈가 콘베어사의 유일한 고객이었기 때문이다. 휴즈는 콘베어사로부터 중요한 몇몇 양보를 얻어냈다. 2천 6백만 달러의 계약금을 준 이후 3년 후 비행기가 회사로 인도될 때까지 잔금을 치르지 않아도 된다는 조항도 포함되어 있었다. 33대의 보잉 707과 더글러스 DC-8을 주문한 뒤 휴즈는 플래트&휘트니사로부터 9천만 달러에 상당하는 제트기 엔진을 구매하기로 했다. 그는 제트기 엔진 시장에서 매점매석을 시도하고 있었다. 경쟁자들이 여분을 갖지 못하도록 하려는 것이었다. 휴즈는 총 4억 달러에 달하는 항공 역사상 가장 큰 규모의 장비 주문에 휴즈공구회사를 걸었다. ─휴즈는 이 자금 마련을 위해 한때 휴즈공구회사 매각을 고려했었다─

엘렉트라를 타고 샌디에이고에 도착한 뒤에 휴즈는 리얼에게 콘베어 880의 시범비행을 요청하라고 말했다. 또, 자기 곁을 떠나지 말고 함께 있으라고 지시했다. 휴즈는 콘베어 개발 계약을 책임지고 있는 더들리 딕스에게 리얼을 자신의 재정 담당 비서라고 소개했다. 콘베어 880 구매 자금에 대한 질문을 받고 싶지 않았기 때문이다. 딕스가 경쟁사인 록히드사 직원인 리얼 앞에서 돈 이야기를 꺼내지 않으리라는 것을 알고 있었다.

착륙 후에 휴즈는 엘렉트라를 콘베어 공장에서 떨어진 비행장 끝부분에 계류시켰다. 비행기를 지킬 경비원들이 도착했고 잠시 후 정장을 입은 남자가 도착했다. 딕스는 엘렉트라에 올라타서 휴즈와 악수를 하기 위해 손을 내밀었다. 리얼이 이를 제지하기 위해 딕스의 코트를 뒤에서 잡아 당겼다. 너무 세게 당겨서 코트가 찢어지지 않나 싶을 정도였다. 리얼은 휴즈와 악수하는 것이 있을 수 없는 일임을 알고 있었다. 휴즈는 리얼이 딕스의 옷을 심하게 잡아당긴 것에 대해 주의를 주고, 손에 피부염이 생겨서 딱지가 앉았으며 세균을 다른 데로 옮기고 싶지 않다고 설명했다. 리얼은 19년 동안 휴즈와 긴밀한 관계를 가져오면서도 한 번도 휴즈와 악수를 해본 적이 없었다.

휴즈와 리얼은 콘베어 격납고를 향해서 비행대기선을 차를 타고 내려갔다. 격납고에서 수석 테스트 조종사인 도널드 제머라드를 만났다. 제머라드는 휴즈와 리얼에게 다과를 내놓았다. 휴즈는 약간의 과일을 먹었다. 그리고 세 사람은 샌디에이고로 시범비행을 떠났다.

돌아오는 길에 리얼은 콘베어 880을 엘렉트라와 비교하면 어떤지를 물었다. 휴즈는 콘베어 880의 비행조종 장치가 너무 무겁다고 생각했다. "엘렉트라에 비하면 880은 형편없는 트럭 같아. 그에 비하면 엘렉트라는 스포츠카지." 휴즈가 대답했다.

그 뒤, 휴즈는 리얼에게 샌디에이고 투어를 시켜주었다. 휴즈는 샌디에이고 북쪽으로 20마일 정도 떨어진 란초산타페의 부촌에 캘리포니아 스타일의 커다란 집을 빌려 쓰고 있었다. 잔 피터스가 그 집에서 휴즈와 함께 살았다. 휴즈는 집 위에서 고도를 낮추면서 전에 이 근방에 와본 적이 있는지를 물었다. 리얼은 없다고 대답했다.

"그래. 그러면 이 기회에 충분히 보도록 하게." 휴즈는 짓궂게 웃으면서 리얼을 쳐다봤다.

휴즈는 다른 길을 찾아서 주변을 돌다가 아주 아래쪽까지 내려갔다. 집 지붕 널빤지에 박힌 못까지 볼 수 있을 정도였다. 너무 낮게 날아서 이웃들이 엘렉트라 꼬리에 있는 등록번호를 쉽게 볼 수 있었다. 그들은 경찰에 신고했다. 하지만 그가 가진 막대한 권력과 영향력 때문에 휴즈에게 어떤 제재도 가할 수 없었다.

1960년 가을 오후, 늦은 시각에 휴즈는 샌디에이고에 있는 퇴역 장군 조세프 맥나니의 사무실에 도착했다. 맥나니는 제너럴 다이나믹스사 콘베어부서의 부서장이었다. 휴즈는 또 한번의 시범비행을 요구했다. 하지만 테스트 조종사 제머라드가 자리를 비운 상태였다.

콘베어 테스트 조종사 존 네벨이 업무를 끝내고 막 집에 가려던 때 맥나니로부터 사무실로 오라는 전화가 왔다.

"하워드 휴즈가 내 사무실에 있네. 880을 타고 잠깐 비행을 하고 싶어 하는데, 가능하겠나?" 맥나리가 물었다.

"물론입니다. 하지만 항공사를 찾고 비행기도 준비시켜야 합니다." 네벨이 대답했다.

맥나니는 급히 네벨에게 대답했다. "유지 보수팀에 전화를 해서 비행기를 준비시키라고 하게. 무엇보다 휴즈 씨는 30대의 콘베어 880을 사실 분이시네."

네벨은 사무실을 뒤져서 항공사 로비 로빈슨을 찾아냈다. 로빈슨은 방금 아내에게 집에서 저녁을 먹는다고 전화했다고 말했다. 네벨은 자신도 아내에게 똑같은 말을 했으나, 휴즈에게 시범비행을 해주는 것은 콘베어사에게 무척 중요한 일이라고 말했다.

콘베어 비행 승무원들은 비행기에서 휴즈를 만났다. 휴즈는 매우 말끔한 복장을 하고 있었다.

네벨은 휴즈에게 물었다. "880을 타고 특별히 하고 싶으신 게 있으십니까?"

"아니, 없네. 그저 위로 올라가서 잠시만 비행을 하도록 하세." 휴즈가 대답했다.

휴즈는 자신이 원하는 특별한 테스트에 대해서도 말하지 않았고 비행기에 대해서 질문하지도 않았다. 하지만 네벨은 휴즈가 전에 880 프로젝트 엔지니어에게 밤에도 전화를 하고 새벽에도 전화를 했다는 것을 알고 있었다. 휴즈는 비행기 시스템에 대해서 논의하고 싶어서 전화를 한 것이었다. 전화통화를 통해 휴즈는 880의 세세한 부분들까지 많은 것을 알고 있다는 사실을 충분히 보여주었다.

휴즈는 조종석에 미끄러지듯 앉아서 이륙시켰다. 그들은 샌디에이고 상공으로 상승하여 21,000피트 고도에서 수평비행을 하면서 동쪽으로 향했다. 몇 분 후에 휴즈는 머리를 끄덕여 네벨을 부르고, 비행기를 조종하라고 지시했다. 자신은 객실에서 잠시 걷고 싶다고 했다. 그는 잠시 객실 주변을 돌아다니면서 음량을 체크하더니 다시 조종석에 앉았다.

휴즈는 안전벨트를 하더니 다시 비행기를 조종하기 시작했다. 휴즈는 곧 스로틀을 끌어당겨서 엔진을 정지 상태로 만들고 반대 방향으로 선회했다. 네벨은 휴즈가 이 거대한 4발 엔진 수송기를 거의 스플릿-S 상태로 만들려 한다는 것을 알고 놀랐다. 그들은 항공교통관제에 샌디에이고 동쪽 주 항공로를 따라서 내려가고 있다는 이야기조차 하지 않았다.

"아래쪽은 팜스프링스입니다." 네벨이 휴즈에게 말했다.

"알고 있네. 거기 착륙하려고 하네." 휴즈가 대답했다.

휴즈는 비행하고 있는 항공로를 관리하는 연방항공관리국 레이더 기사에게 연락을 하지도 않았고, 팜스프링스 관제탑에 연락해 착륙 허가를 요청하지도 않았다. 그는 그저 착륙을 했고 계류장으로 활주했다. 네벨은 비행 규제를 어기는 이런 행동에 휴즈는 전혀 개의치 않는 것 같았다고 말했다.

네벨은 휴즈가 처음부터 팜스프링스에 착륙할 작정이었다고 확신했다. 880을 계류시킨 뒤에 한 남자가 낡은 첼비 승용차를 몰고 비행기 쪽으로 왔다. 휴즈가 앞좌석에 앉고 네벨과 로빈슨은 뒷좌석에 앉았다. 에어컨이 없어서 첼비 승용차 안은 무척 더웠다. 네벨이 자기 옆에 있는 창문을 내렸다. 휴즈의 운전기사가 돌아서 네벨의 창문을 닫았다.

"휴즈 씨는 창문이 열려 있는 것을 좋아하지 않습니다." 운전기사가 말했다.

네벨과 로빈슨은 자신들이 어디로 가고 있는지, 휴즈가 무슨 생각을 하고 있는지 전혀 알 수가 없었다. 콘베어사에 있는 비행 테스트부서에서는 그들이 여전히 샌디에이고 상공에 있는 것으로 알고 있었다.

휴즈는 공항 커피숍으로 들어갔다. 콘베어 승무원들도 그를 따라갔다. 네벨과 로빈슨은 칸막이 좌석에 앉았다.

"몇 분 내로 돌아오겠네." 휴즈가 말했다.

네벨은 휴즈가 곧 돌아올 것이고 함께 비행기를 타고 샌디에이고로 돌아갈 거라고 생각했다.

하지만 사실은 그렇지 못했다. 돌아온 휴즈가 말했다. "함께 비행해 줘서 고맙네. 조 맥나니에게 내가 돌아가서 연락한다고 전해 주게."

네벨은 휴즈가 자신들과 함께 돌아가지 않는다는 사실에 놀랐다. 그리고 휴즈의 얼굴에 스치는 흥미로운 표정을 보았다. 휴즈는 네벨이 궁지에 빠졌다는 것을 알고 있었다. 조종석에 비행사가 한 사람인 채로 880을 타고 샌디에이고까지 돌아가야 하는 것이다. 연방항공관리국 규정에 따르면 콘베어에는 최소 두 명의 비행사와 한 명의 항공사가 탑승해야 했다.

휴즈는 커피숍을 떠났고, 콘베어 승무원들은 남아서 이 기묘한 시범비행 상황을 수습하려 하고 있었다.

"지뢰를 밟은 심정이구먼." 네빌이 로빈슨에게 이야기했다. 또 다른 880 비행사가 샌디에이고 콘베어 사무실에 돌아와 있긴 했다. 하지만 그와 연락해서 팜스프링스까지 오게 하려면 몇 시간이 걸린다. 두 사람은 이륙할 때 로빈슨이 부조종사석에 있기로 하자는 아이디어에 이르렀다. 물론 로빈슨은 조종사가 아니었다. 로빈슨은 비행이 진행되는 동안에는 항공사로 계기판의 수치들을 체크해야 한다. 그리고는 사무실 비행일지에는 허위로 다른 사람의 이름을 기입하기로 했다. 이 속임수는 팜스프링스에서는 통했다. 하지만 샌디에이고의 콘베어 공장에 착륙했을 때, 회사 정비사는 속아주지 않았다.

"정비사는 휴즈와 함께 시범비행한 자초지종을 듣더니 정신없이 웃어댔습니다." 네벨은 덧붙였다. "휴즈는 콘베어 880을 조종하는 데는 아주 능숙했습니다. 하지만 전혀 훈련받지 않은 사람이었죠. 그는 그저 새처럼 하늘을 날았어요. 규칙 같은 건 철저히 무시하면서."

콘베어 880은 제트기 시장에 너무 늦게 등장했고, 순항속도는 뛰어났지만, 엄청난 연료 소비를 대가로 한 것이었다. 사실을 말하자면 콘베어 880은 동서대륙횡단 비행기가 아니었다. 통상적인 역풍과 예비 연료 등을 고려했을 때, 880의 제트엔진은 제대로 개발된 상태가 아니었다. 특히, 분해검사(overhaul, 장치의 모든 부품 상태를 결정하기 위해서 완전히 분해하는 정비 절차) 사이의 간격(TBO)이 보잉 707이나 더글러스 DC-8 엔진의 분해검사 간격의 4분의 1에 불과했다. 또한, 880은 경쟁자들이 가로로 6개의 좌석을 나란히 배치하는 설계를 한 것에 비해 5개의 좌석을 나란히 배치하는 설계를 했다. 객실에 좌석을 움직일 수 있는 시트 트랙(seat track)이 없어서 좌석 배치에 탄력성이 없었다. 따라서 비행기는 1등석용인지, 일반 여행자용인지가 제작 단계부터 고정되어 변경할 수가 없었다.

이 비행기는 그리 널리 쓰이지 못했다. 3년 동안 총 65대가 생산되었고, 17건의 사고와 5번의 공중납치 사건에 휘말렸다. 콘베어사가 휴즈와 협력한 대가는 컸다. 한 회사가 일거에 입은 손해액으로는 사상 최대라고들 했다. 추정에 따르면 콘베어사는 거의 4억 9천만 달러의 손실을 보았다고 한다.

휴즈는 TWA 수송기로 30대의 콘베어 880을 구입했다. 자신의 주문분에 대한 자금을 확보할 수 없었기 때문에 13대의 880은 생산라인에서 나오자마자 바깥 창고에 놓이게 되었다. 결국 TWA는 27대의 비행기를 받았지만 4대는 노스이스트(Northeast) 항공사에 대여해 주었다. 이 회사 또한 하워드 휴즈의 소유였다. 휴즈가 1965년 7월, 노스이스트 항공사를 스토버(Stover) 방송국에 팔았을 때, 방송국 측은 이 4대의 비행기를 원치 않았다. 휴즈는 다시 가져와서 애리조나 사막에 놓고 오랫동안 방치했다. 타이어가 내려앉을 때까지.

휴즈와 디트리히의 결별은 휴즈에게 디트리히가 꼭 필요한 시점에 찾아왔다. 항공산업은 제트기 시대로 접어들고 있었다. 휴즈는 TWA 비행기들을 제트기로 전환시키는 자금 조달에 큰 어려움을 겪고 있었다. 이 전환에는 4억 달러라는 천문학적인 자금이 필요했다. 휴즈는 대단히 수익률이 좋은 휴즈공구회사에서 나온 엄청난 돈을 쏟아 부어서 TWA를 변화시키고 있었다. 하지만 휴즈공구회사의 풍부하던 현금도 이 거대한 제트기 전환프로그램 비용을 다 충당해 주지는 못했다.

휴즈는 도움을 받기 위해 월스트리트로 접근하기 시작했다. 월스트리트도 휴즈에게 접근하기 시작했다. 오랫동안 동부 금융계는 서부의 이 독불장군의 재산에 눈독을 들이고 있었다. 하지만 휴즈는 자신이 가지고 있는 그 무엇도 팔기를 거부했고, 심지어는 독점적 소유를 조금이라도 희석시키는 것도 거부했다.

휴즈는 재정 위기가 막다른 상황에까지 온 1960년까지 최종 결정을 피하고 있었다. 그리고 극적인 일련의 사건들을 통해서 휴즈는 결국 필요로 하는 자금을 조달했다. 하지만 그 과정에서 그가 아끼고 사랑했던 소유물 TWA에 대한 지배력을 잃었다. 휴즈가 TWA에 대한 지배권을 잃게 된 데는 휴즈와 한 중역 사이의 개인적인 충돌도 원인이 되었다.

1960년 여름, 휴즈와 거대 보험사 및 은행 연합은 TWA에 1억 6천 8백만 달러를 지원한다는 합의안을 만들어냈다. 여기에는 최고경영진에 경영 상태를 위태롭게 할 어떠한 변화도 없어야 한다는 조항이 포함되어 있었다. 당시 TWA의 사장은 찰스 토머스였다. 토머스는 아이젠하워 시대의 해군장관으로 2년 동안 TWA를 흑자로 잘 운영했다.

　대출금이 양도되기 몇 주 전 토머스는 휴즈에게 TWA 사장으로서 2년 계약이 거의 끝나가고 있다는 것을 상기시켰다. 토머스는 휴즈에게 자신의 의무와 부담을 상쇄할 수 있는 스톡옵션을 주면 현재의 자리에 기꺼이 있겠다고 이야기했다. 휴즈는 자신이 가진 것을 남과 나누는 것에 인색한 사람이었다. 그것이 아주 작은 부분이라도 휴즈는 안절부절못했다. 디트리히가 했던 것처럼 토머스도 그만두겠다고 휴즈를 위협했다. 휴즈가 요청한 긴급 대출금이 양도되기 이틀 전에 토머스는 TWA를 떠난다고 공표했다. 대출업자들은 "경영진에 변화가 있어서는 안 된다."는 조항을 들이대며 대출금 양도를 중단시켰다.

　휴즈는 궁지에 몰려 있었고 다른 선택의 여지가 없었다. 어쩔 수 없이 대출업자들이 제시한 딜론 리드(Dillon Reed) 안을 받아들였다. 이 안에는 휴즈의 TWA 주식에 부수하는 의결권을 대출업자들이 지명하는 3명의 대리인에게 맡긴다는 조항이 포함되어 있었다. 이로써 휴즈는 그가 애지중지하던 TWA에 대한 지배력을 잃었다. 몇 달 동안 휴즈는 침묵하면서 마음의 상처를 치료하는 시간을 보냈다. 그리고 휴즈공구회사 사장직을 사임하고, 그의 제국을 운영할 집행위원회를 지명했다. 이 일을 처리한 뒤 휴즈는 TWA를 되찾는 데 관심을 집중했다.

　휴즈가 TWA의 재정적인 어려움과 TWA 관련한 법률적인 문제들에 관심을 쏟고 있는 동안에도 휴즈항공사는 번창했다. 휴즈는 휴즈공구회사에서 휴즈항공사를 분리시켰다. 그 결과 휴즈항공사 사장 팻 하일랜드는 '휴즈 제국' 안의 모든 중역들이 부러워하는 자율권을 부여받았다. 회사가 독자적인 자기 결정권을 갖게 되자 이윤은 엄청났다. 휴즈항공사의 군수품 개발 계약은 1960년대 초, 총 3억 4천 9백만 달러에 달했다. 휴즈항공사는 미항공우주국(NASA)에서 쏘아 올린 최초의 정지통신위성을 설계하고 제작하는 일뿐 아니라 최초로 잠수함에서 발사되는 폴라리스(Polaris) 미사일을 제작하는 새로운 계약도 따냈다.

휴즈와 연관된 다른 모든 일이 그렇듯이 TWA를 놓고 벌어진 법정 분쟁의 규모도 상상을 초월했다. 서부의 독불장군과 동부의 적들은 맞소송을 제기했다. 요구하는 손해배상금만 해도 거의 5억 달러에 달했다.

휴즈가 TWA에 대한 지배권을 잃고 거의 1년이 지난 뒤에 민간항공위원회(Civil Aeronautics Borad)는 휴즈의 노스이스트에어라인 구매를 승인했다. 한때 조종사였던 이 사람에게 새로운 장난감이 생긴 셈이었다. 그는 여전히 TWA의 왕좌를 빼앗아오기 위해서 전쟁을 벌이고 있는 중이었다.

드디어 1963년 2월 휴즈는 연방법원으로부터 자기변호를 위해 출두하라는 명령을 받았다. 법원은 잘 듣지 못하는 휴즈가 진행 절차를 잘 따라올 수 있도록 특별히 확성기까지 설치하고 그를 기다렸다. 하지만 그는 결국 나타나지 않았다. 휴즈는 TWA를 사랑했고, 그것을 지키기 위해서 그의 힘닿는 범위 내에서 할 수 있는 모든 것을 했다. 하지만 막판 대결이 법정에서 벌어졌을 때, 그는 나타나기를 거부했다. 그의 응축된 힘이 법정에서의 반대 심문을 견디기에 충분치 못할까봐 두려워서일까? 계속해서 이어질 출두 요청이 두려웠던 것일까? 대중 앞에 모습을 보이기 싫었던 것일까? 어쨌든 만약 그가 대중 앞에 모습을 드러냈다면, 그의 능력과 자질에 더 심각한 불신이 제기되 없을 것이고, 아마도 그는 모든 것에 대한 지배력을 잃었을 것이다. 그래서 휴즈는 사랑하는 TWA를 위해 싸우기보다는 사라지는 쪽을 택했다.

새로운 경영진이 TWA에 대한 지배권을 행사하자 휴즈가 보유한 주식의 가치가 급격히 치솟았다. TWA는 1961년, 3천 9백만 달러의 손실을 내던 데서 1964년 3천 7백만 달러의 이윤을 내는 기업으로 바뀌었다. TWA 주식의 가치 증대와 동시에 휴즈공구회사와 휴즈항공사 가치도 비슷한 수준으로 커지고 있었다. 이로 인해 기묘한 은둔자 하워드 휴즈는 생애 최초로 억만장자의 반열에 올랐다. 휴즈항공사는 최근 3대의 초음속 제트 전투요격기를 업그레이드할 전자장비를 제공하는 내용으로 1천 1백만 달러에 달하는 새로운 계약을 따냈고, 회사의 가치가 3억 달러로 증가했다. 휴즈공구회사는 5억 달러에 달하는 기존의 가치를 그대로 유지하고 있었다. 휴즈가 보유한 TWA 주식의 가치는 총 3억 6천 5백만 달러에 달했다. 그가 컬버시티에 소유하고 있는 부동산은 <지옥의 천사들>을 촬영하기 위해서 사들인 땅까지 포함해서 1억 5천만 달러의 가치가 있었다. 휴즈가 휴즈항공사 공장 이전에 대비해 애리조나 투손에 사둔 땅은 1억 달러에 달했다. 노스이스트에어라인과 아트라스코퍼레이션(Atlas Corporation)의 소유 주식은 1천 7백만 달러의 가치가 있었다. <포춘>지에 따르면, 휴즈는 이 모든 것을 합쳤을 때 적게 잡아도 14억 3천 2백만 달러를 가지고 있었다.

휴즈는 TWA 소송에 대한 재판 결과를 기다리고 싶지 않았다. 1억 달러라는 엄청난 손해 배상금을 걸고 벌어지는 재판이 변호사석이 빈 채로 진행되는 결석재판이 될 것은 자명한 일이었다. 휴즈는 변호사에게 자신이 보유한 TWA 주식을 매각하라고 지시했다. 그는 보유한 모든 주식을 공매에 내놓았고, 30분 이내에 다 팔렸다.

    TWA 주식을 매각해서 얻은 이익 중에 많은 퍼센티지를 정부에 세금으로 내야 한다는 생각에 휴즈는 화가 났다. 이 세금을 피할 수만 있다면 무슨 짓이라도 기꺼이 하겠다는 심정이었다. 아직 환자까지는 아니었지만 그는 많은 시간을 침대에서 투약하거나 오래된 영화를 보면서 보냈다. 그런 그에게 회계회사는 즉시 캘리포니아를 떠나라고 권했다. 그가 캘리포니아 주에서 TWA 주식판매대금을 받으면 이 수입에 대해서 연방정부는 물론 주정부에까지 세금을 내야 한다는 이유였다. 캘리포니아 세법은 정말로 어렵고 위대한 일을 해냈다. 휴즈를 침대에서 일으켜 세운 것이다. 연방정부도 사립탐정도 영장 송달인도 할 수 없었던 일을 말이다.

VIII
라스베이거스

 라스베이거스는 속기 쉽고 어리석은 사람들을 위한 도시다. 패배자들이 자신의 운수를 시험해 보기 위해서 떼 지어 모여드는 곳이기도 하다. 1966년 11월 27일 일요일 새벽 4시, 라스베이거스 역사상 가장 큰 도박꾼이 이곳에 도착했다. 바로 하워드 휴즈였다. 그는 라스베이거스에 왔던 많은 도박꾼들이 가져온 것 중에 가장 큰 돈다발도 함께 가져왔다.

 합법화된 도박에 대한 이론들을 종합해 보면 반드시 하우스 -도박장- 가 이기고 고객은 지게 되어 있다. 휴즈는 도박장 테이블에 전 재산을 거는 일 따위에는 흥미가 없었다. 근본적으로 자신에게 불리한 게임에 배팅할 그가 아니었다. 휴즈는 하우스에서 도박을 하기에는 너무 영악했다. 대신 휴즈는 하우스를 사고 고객들을 불리하게 하는 그 승률이 자신의 것이 되게 만들었다.

 휴즈가 도박꾼들의 성지인 라스베이거스로 온 것이 처음은 아니었다. 1952년 가을, 휴즈는 자기에게 적대적인 할리우드를 비난하면서, 경영 기지를 이곳으로 옮기고 1년을 살았다. 물론 필요할 때마다 로스앤젤레스 여기저기로 비행기를 몰고 가긴 했지만. 1952년, 휴즈는 엘란초베가스 지구에 주거를 마련했었다. 그는 결코 잠들지 않는 이 도시를 좋아했다. 그처럼, 이 도시는 밤낮이라는 정해진 리듬에 의해서가 아니라 자신만의 고유한 패턴에 따라서 돌아갔다. 대부분의 활동을 저녁에 하는 휴즈 같은 사람에게는 라스베이거스는 이상적인 도시다. 물론 정상적인 생활 패턴을 가진 사람에게는 번쩍이는 네온과 명멸하는 불빛들은 마음을 어지럽게 하는 영 몰지각한 것으로 생각되겠지만.

1966년, 휴즈는 데저트인의 꼭대기 층인 9층에 개인적인 주거 공간 및 재무 본부를 설치했다. 9층 전체를 예약했으므로 아무도 그의 사생활을 침해하지 않았다. 그가 네바다에서 대리자로 내세운 인물은 전직 FBI 요원이자 역스파이 활동을 하기도 했던 로버트 마흐였다. 머리가 조금 벗겨지고 통통한 그가 네바다에서 휴즈의 모든 재정적인 문제들을 처리했다.

1950년대의 즐거웠던 시간과 사람들에 대한 기억 때문에 휴즈가 이 시점에 라스베이거스로 돌아온 것은 아니다. 몇 달 전, 휴즈는 역사상 가장 액수가 큰 개인수표를 받았다. TWA 주식 650만 주를 판 546,549,771달러짜리 수표였다. 이것은 아마도 한 개인이 한번에 손에 넣은 금액으로는 가장 큰 규모가 아니었을까 싶다.

이 판매금액은 휴즈가 TWA에 투자한 돈에 대한 환상적인 보답이었다. 이 정도 금액은 휴즈처럼 거대한 부를 이미 가진 사람에게도 유례없는 횡재였다. 연방정부의 세법 조항에 따르면 돈을 재투자하면 세금을 내지 않을 수 있었다. 더구나 네바다는 주에서 부과하는 세금이 없었다. 결국 휴즈는 4억 7천만 달러에 달하는 자산 매각 이윤에 대한 세금을 내지 않을 수 있었다. 이 돈을 2년 안에 재투자하기만 한다면 말이다. 이것이 바로 그가 라스베이거스행 비행기를 탄 진정한 이유다.

그해 12월, 61번째 생일이 다가오는 시점에 휴즈는 자신을 위한 크리스마스 선물을 준비했다. 데저트인 측이 돈 많은 도박꾼들에게 방을 주려고 휴즈에게 숙소를 옮겨줄 수 있겠느냐고 물었을 때, 휴즈는 카지노를 사기로 마음먹었다. 1천 3백만 달러가 조금 넘는 돈을 들여서 휴즈는 라스베이거스에 자신의 첫 번째 자산을 사들였다. 이 정도 돈이야 그가 가진 엄청난 돈뭉치에 거의 자국도 남기지 않을 터였다. 다음 2년 동안 휴즈는 라스베이거스에 있는 카지노 중 샌즈, 프런티어, 캐스트어웨이, 실버슬리퍼, 랜드마크를 사들였다. 그리고 르노에 있는 해럴드 클럽를 사들였다. 총 들어간 비용은 8천 3백 8십만 달러였다.

휴즈가 데저트인의 펜트하우스(penthouse, 빌딩 최상층의 고급 주택)에 정착한 후, 그는 줄곧 돈을 물 쓰듯 써댔다. 노스라스베이거스 공항도 사들였다. 도시 북쪽, 넬리스 공군기지 서쪽에 있는 작은 공항이었다. 휴즈는 또 조지 크로켓에게서 알라모 항공(Alamo Airway)도 사들였다. 이 회사는 비행기 대여와 판매를 겸하고 있는 회사로 맥카란 공항 남서쪽에 자리 잡고 있다. 맥카란 공항은 라스베이거스 스트립 가와 평행하게 자리하고 있었다.

노스라스베이거스 공항과 알라모 항공을 운영하기 위해서 휴즈는 컬버시티 시절부터 오랜 친구인 테스트 조종사 시모어를 불러왔다. 시모어는 1949년 후반 휴즈항공사에 채용되었다. 숩이 그에게 내린 첫 비밀 임무는 비행기를 팜스프링스 근처 버려진 활주로까지 조종해 가는 것이었다. 시모어가 받은 지시는 저녁까지 비행기를 지키면서 명령을 기다리라는 것이었다.

시모어의 딸인 캐시 폴이 2004년에 나에게 들려준 이야기는 이렇다. 그날 저녁 자정이 가까웠을 무렵, 한 사람이 숲에서 나타났다. 크림색 정장에 진홍색 실크 타이를 하고 중절모를 쓰고 있었다.

"이 비행기를 한번 타보고 싶네." 그 사람이 말했다.

"안 됩니다. 뒤로 물러서세요. 이 비행기는 하워드 휴즈 씨 개인 소유입니다. 더 이상 다가가지 마십시오." 시모어가 대답했다.

그 사람은 시모어의 눈을 똑바로 쳐다보면서 자신이 하워드 휴즈라고 말했다. 휴즈는 그가 만나는 모든 사람을 테스트하듯이 시모어를 시험한 것이었다. 그때부터 시모어는 휴즈로부터 모든 지시를 직접 받았다. 그 만남 이후 두 사람은 가까운 친구 사이가 되었다. 시모어는 휴즈의 신임을 얻은 것이다.

나중에 시모어는 휴즈를 위해 많은 비밀 비행을 한다. 한 번은 라스베이거스로 박스 하나를 싣고 직접 전달한 적이 있다. 휴즈의 방에서 그를 만났는데, 알고 보니 그 물건은 깨끗한 셔츠였다.

여러 번 휴즈는 시모어에게 전화를 해서 컬버시티 근처의 레스토랑에서 아침을 먹자고 했다. 휴즈는 늘 사나흘은 굶은 사람처럼 시모어 앞에 나타났다. 시모어는 필요한 돈을 가지고 나갔고, 모든 식사를 그가 계산했다. 휴즈가 돈을 가지고 다니지 않았기 때문이다. 휴즈는 늘 자신의 음식을 빨리 먹고는 시모어의 시선을 레스토랑 밖으로 돌리려고 애썼다. 레스토랑 밖에 있는 뭔가를 가리키는 식이었다. 밖을 쳐다보면서 시모어는 한쪽 눈으로 휴즈가 토스트 조각으로 시모어의 접시를 문질러서 마지막 남은 계란 조각을 가져가는 것을 보곤 했다.

1967년 초, 휴즈는 시모어를 휴즈네바다비행공사(Hughes Nevada Flight Operation)의 총지배인으로 승진시켰다. 시모어는 태평양 근처 팔리사데스에 있는 집을 팔고 데저트인 3층으로 이사를 갔다. 휴즈가 9층 펜트하우스에 살고 있었기 때문에 시모어는 휴즈를 만나기 위해서 엘리베이터를 타려고 했다. 하지만 엘리베이터는 휴즈가 살고 있는 층은 아예 막혀 있었다. 시모어는 비상계단으로 올라갔다. 하지만 문손잡이가 아예 없었다. 그는 문을 두드렸다. 그러자 휴즈의 사생활을 지키기 위해서 고용된 모르몬교도가 나와 그를 막았다.

시모어는 오직 전화를 통해서만 그와 연락할 수 있었고, 휴즈로부터 많은 메모를 받았다. 그가 초기에 받은 메모 중에 하나는 비행기 대여 터미널 인테리어를 다시 하라는 것이었다. 인테리어 디자이너인 시모어 여동생 바바라가 1백만 달러에 이 리모델링 계약을 수주했다. 휴즈는 사업 진행을 위해서는 끊임없이 돈을 내놓았지만 다른 사람을 위해서 돈을 쓰고 싶지는 않았던 것으로 보인다. 시모어가 받은 메모는 노스라스베이거스 공항 활주로와 관제탑에 관한 것이었다. 휴즈는 다음과 같은 지시를 내렸다.

자네가 이 사실을 이리저리 떠벌리지 않을 건설업자와 계약을 체결했으면 하네. 이미 우리가 노스라스베이거스 공항 관제탑을 최소한의 장비만 갖춘 곳으로 만들기로 계획하고 있기 때문이네. 내가 이 시점에 영구적으로 쓸 관제탑이나 활주로를 원하지 않는다는 사실을 알아줬으면 하네. 나는 관제탑을 가장 단순하게 만들었으면 하네. 가능하면 재료는 철이나 나무로 하고, 노스라스베이거스에 있는 가장 높은 건물보다 4~5피트 이상 높지 않았으면 하네. 차나 비행기가 부딪히더라도 피해가 크지 않도록 가벼웠으면 하네. 타워 건설비용이 비싸지 않았으면 하네. 물론 이것은 부차적인 문제이지만.

다음번에는 타워에 설치되어야 할 장비에 대해서 이야기하도록 하세. 나에게 즉시 노스라스베이거스의 활주로에 대한 자네의 생각을 정리해서 보내주게. 우리가 이 활주로를 안전하게 —그 이상은 절대 아닐세— 만들기 위해서 해야 할 최소한의 일을 말일세. 이 개조 작업에 최소한의 돈만 들였으면 하네. 지표면을 너무 깊게 파지 않았으면 하네. 활주로 상태에 영향을 줄 만큼 심각한 사고를 예방할 수 있을 정도면 충분하네.

이 일이 더 이상 지연되지 않아야 하네. 활주로에 대해서는 말 그대로 수리 작업만 하기를 바라네. 그 이상을 하려고 하지는 말게. 위치를 옮겨서 노스라스베이거스의 새로운 활주로는 만들 생각이기 때문이네. 존, 언젠가는 정말로 좋은 활주로를 만들게 될 걸세.

자네가 정말로 믿을 수 있는 사람 이외에는 이 문제를 의논하지 말게. 자네가 이 계획과 이러저러한 사항에 대해서 누구에게도 말하지 않을 만한 사람을 찾아서 일하기를 바라네. 오직 자네가 믿을 수 있는 사람에게만 말하고 그가 비밀을 지키도록 하게나.

이제 이 문제가 해결되었기를 바라네. 자네가 믿을 만한 사람과 이 문제를 이야기할 때도 간단하고 명료한 용어를 써서 이야기하게. 이런저런 이유들을 말할 필요는 없네. 그리고 나에게 보고한 뒤 내가 진행하라고 지시하기 전까지는 어떤 작업이나 계약도 진행해서는 안 된다는 사실을 명심하게. 지금은 회사 내부든 외부든 누구와도 이 문제를 의논하지 말도록 하게.

휴즈는 또 자신 소유인 노스라스베이거스 공항에서 비행하는 한 비행사에 대한 염려를 적어 보내기도 했다. 시모어에게 보낸 또 다른 메모다.

1. 노스이스트 항공사 비행사에 관하여.
그가 착륙할 때 자세히 살펴볼 것. 그래서 착륙을 잘하는지 아닌지를 판단하고 다음 비행에서도 그를 활용할 것인지를 결정할 것.
2. 엔진이 뜨거울 때 세척하지 말 것. 뜨거운 엔진에 오일을 뿌리지 말 것.
3. 바람의 주 방향을 알려줄 기상학자를 찾을 것.
기상학자가 말하는 바람의 각도에 맞춰서 비행기를 계류시킬 것.
바람의 방향 등을 반드시 확인할 것.
밤에 낯선 공항에 착륙하러 들어가지 말 것.
저속비행을 하도록 하며, 스톨 상태에서 계속 비행하지 말 것.
계류된 비행기가 정확히 바람이 불어오는 쪽을 향하게 할 것.
-각도를 맞춰서-
비행기를 뒤로 미는 데 견인 막대를 사용해도 됨. 하지만 비행사가 계류 지점을 10~20피트 정도 놓쳤을 경우에는 방향을 바꾸어 다시 계류시켜야 함. -착륙하는 것을 지켜보도록- 10~20피트 정도의 여유 공간을 확보하도록 해야 함.
착륙하는 것을 지켜볼 것. 연착륙인지를 살필 것. 그 조종사의 착륙을 살필 수 있는 시간에 도착할 수 있게 시간을 잘 계산할 것. 설령 그 조종사가 노스이스트사의 수석조종사라 하더라도 반드시 보고 연착륙인지를 판단할 것.

언제나 그래왔듯이 휴즈는 모든 상황을 통제하고 있다. 자신이 접촉하는 사람과 함께 모든 사람을 평가하고 시험하면서.

로스앤젤레스를 떠나 나라 곳곳을 여행하는 동안에도, 휴즈는 비행 관련 조언이나 항공 여행 등에 대해서는 계속해서 록히드사 엔지니어 잭 리얼에게 의존했다. 휴즈는 6개나 되는 카지노와 텔레비전 방송국 하나, 비행기 대여회사 하나, 그 외 많은 부동산을 사들이고도 만족하지 못했다. 그의 최우선 순위는 TWA를 대체할 새로운 항공사를 사들이는 것이었다.

"나에게 항공사를 하나 사주게." 휴즈는 리얼에게 말했다.

록히드사에서 상근하고 있는 처지였지만 리얼은 자신이 휴즈에게 '안 된다'는 말을 못한다는 것을 잘 알고 있었다.

에어웨스트(AirWest)는 1968년 7월 보난자(Bonanza), 퍼시픽, 웨스트코스트(West Coast) 세 항공사가 합병하여 탄생했다. 이 항공사는 곧 승객들에게 에어워스트(AirWorst, 최악의 항공사라는 의미)라는 이름으로 알려지기 시작했다. 서비스가 나빴기 때문이다. 탄생 직후 에어웨스트 컴퓨터 시스템에 문제가 발생했다. '빈 비행기 운행'(deadheading, 승객을 태우기 위해서 또 다른 목적지로 승객이 없이 운항해야 하는 비행을 가리킴)을 막기 위해서 비행을 조절하는 기능과 관련된 것이었다. 회사는 그 후 경제적인 어려움에 봉착했고, 이것이 바로 특매품 헌터(특매품만 찾아다니는 사람) 하워드 휴즈에게는 좋은 기회가 되었다.

휴즈는 1968년 63세 생일이 지난 3일 후, 자신을 위한 또 다른 크리스마스 선물을 샀다. 9천 4백만 달러에 에어웨스트를 사들인 것이다. 에어웨스트는 60대의 제트기를 보유하고 있었다. 이 제트기들은 미국 서부 8개 주와 캐나다, 멕시코 등지의 73개 도시 노선을 운항하고 있었다. 에어웨스트를 사들임으로써 휴즈가 네바다에 와서 보유하게 된 자산이 2억 2천 9백만 달러가 되었다. 하지만 그는 라스베이거스에 들고 온 커다란 돈뭉치의 반도 채 쓰지 못했다.

휴즈는 거처인 데저트인 이외에 자신이 소유하고 있는 어떤 카지노에도 발을 들여놓지 않았다. 또한, 이제 휴즈에어웨스트라는 이름이 된 이 항공사를 위해서 비행기 한 대도 더 사지 않았다. 이 항공사는 휴즈가 죽은 4년 뒤인 1980년에 리퍼블릭 항공사에 팔린다.

1969년 휴즈의 비행기 대여회사인 휴즈항공서비스(Hughes Aviation Service)는 록히드사의 낡은 코니 -14번째로 만들어진 것이었다- 에 부동산을 둘러보기 위한 승객을 태우고 비행을 한다. 조종사는 승객을 가득 채운 채 라스베이거스 공항 이륙을 세 번이나 시도했다. 하지만 세 번째도 성공하지 못했다. 그러자 승객들이 내리겠다고 했다. 다음 날 비행에 쓰이는 가솔린 대신 제트기에 쓰이는 연료가 들어간 것이 원인임이 밝혀졌다. 시모어가 관리하고 있는 지상 근무요원들이 중대한 실수를 범했던 것이다.

만약 조종사가 계속해서 이륙을 시도했다면, 엔진 오작동이 일어났을 것이고 비행기 추락사고가 났을 것이다. 휴즈는 이에 대한 보고를 받고 만약 코니가 추락했다면, 자신이 주체할 수 없이 복잡한 소송에 휘말렸을 것임을 깨달았다. 승객들에게 무료승차권을 주고 다음 날 비행할 수 있도록 배려했다. 리얼은 필자에게 회사 총지배인인 시모어가 희생양이 될 수밖에 없었다고 말했다. 직접 이 문제에 책임이 있는 것은 아니지만 그는 실수를 한 사람들에 대한 책임을 지는 자리에 있었다. 마흐가 시모어를 운영 책임자에서 해고했다. 하지만 시모어는 계속 비행기 영업사원으로 남아 있었다.

데저트인에 있는 4년 동안 휴즈는 자신의 거처를 떠나본 적이 없다. 물론 전화와 메모를 통해서 마흐와 자주 연락을 했다. 마흐는 휴즈를 한 번도 본 적이 없지만, 네바다에서 벌이고 있는 휴즈의 비즈니스와 관련하여 최고의 영향력을 행사하고 있었다. 휴즈는 당시 폐렴에 걸려 있었다. 로스앤젤레스 사무실에서 재정 문제들을 처리하고 있던 모르몬교도들은 마흐가 자신들에게 위협이 된다고 생각했다. 그들은 휴즈의 시중을 들도록 고용한 경호원에게 마흐와 휴즈 사이의 모든 메시지를 보류시키라고 지시했다. 모든 상황을 지배하려고 애썼던 사람 휴즈가 이제는 그 자신의 삶에 대한 통제권조차 잃은 셈이 되었다. 마흐와 어떤 연락도 되지 않자 휴즈는 자신의 네바다 사업에 대한 모든 권한을 로스앤젤레스에 있는 모르몬교 집단에게 넘긴다는 위임장에 사인했다. 마흐는 며칠 동안 자신이 축출되었다는 사실조차 알지 못했다.

결국 휴즈는 병이 깊어서 모든 것을 지배하고 통제하고 관리하는 일종의 독점게임이라 할 자신의 삶을 통제할 수 없게 되었다. 1970년 추수감사절 저녁, 캘리포니아에서 온 5대의 검은색 리무진이 데저트인에서 출발하여 맥카란 공항으로 향했다. 하지만 이 차들은 사람들을 속이기 위한 미끼였다. 차 안에는 사람들이 많았지만 거기에 휴즈는 없었다. 잠시 후 진짜 휴즈가 데저트인 9층 펜트하우스 스위트룸을 떠났다. 폐렴 때문에 들것에 실린 채 비상계단으로. 그는 또 다른 차에 올라탔고 넬리스 공군기지를 향해 북쪽으로 차를 몰았다. 그곳에서 록히드 제트스타가 그를 기다리고 있었다. 끝없이 항공 산업 및 항공 수송에 대한 조언을 해주고 휴즈를 위한 수송기를 제공해 온 잭 리얼이 다시 휴즈를 보필했다. 밤의 장막 속에서 라스베이거스에 도착한 날로부터 4년에서 이틀이 모자란 시점에, 휴즈는 다시 철저한 비밀 경호 속에서 도시를 떠났다.

    오후 9시 30분이 막 지났을 때 제트스타는 바하마를 향해 이륙했다. 비행기는 중간에 뉴멕시코의 앨버커키에서 연료를 넣기 위해 잠시 멈추었다. 휴즈는 더 이상 비행기의 조종사가 아니었다. 이제 비행기의 승객이 되었다. 거의 10년 만에 처음으로 탄 비행기였다.

IX
기자회견

    1972년 1월 7일, 하워드 휴즈는 매우 이례적인 기자회견을 연다. 이 유명한 기자회견을 열게 된 이유는, 휴즈와 함께 230,000단어 분량의 전기를 집필했다는 클리포드 어빙의 주장을 부인하기 위해서였다. 기자회견 한 달 전에 맥그로우힐 출판사는 <하워드 휴즈 자서전>을 출판할 예정이라고 발표했고, <라이프>지가 이 내용을 발췌해서 실었다.

    휴즈가 어빙과 어떤 종류의 공동작업도 하지 않았다고 직접 부인하기 전까지 미국 곳곳의 사람들이 어빙의 주장이 상당히 신빙성이 있다고 믿었다. 이 해괴한 사건을 살펴보면, 어빙의 주장이 왜 그렇게 믿을 만하게 보였는지를 쉽게 알 수 있다. 휴즈는 마음을 잘 바꾸기로 유명했다. 브루스 버크의 말에 따르면, 휴즈는 비행기를 어떻게 개조하고 싶은지에 대한 생각을 너무나 자주 바꿨다고 한다. 그래서 버크는 오직 끊임없이 바뀌는 휴즈의 생각들을 적어두기 위해 개인적인 일지를 썼을 정도다.

    사람들은 처음에 휴즈가 전기를 내라고 허락하고서 마음을 바꿨다고 생각했다. 이것은 휴즈가 해온 전통적인 방식이기도 했다. 어빙은 대부분의 사람들이 휴즈를 별나다고 생각한다는 것을 알고 있었다.

오늘날 우리가 날조된 것이었음을 명백히 알고 있는 그 어처구니없는 일을 어빙이 처음 생각해 냈을 때, 분명 그는 휴즈에 대한 사람들의 이런 평가를 이용하려고 계산했을 것이다. 그렇지 않고서야 어떻게 한 개인이 아직 살아 있는 사람에 대한 허위 자서전을 쓰겠다고 나서겠는가? 어빙은 휴즈가 삶보다는 오히려 죽음의 세계에 가까운, 오늘내일 하는 상태라는 것도 계산에 넣었다. 하지만 그는 휴즈의 부활과 정면 부인 전략은 생각지 못했다.

어빙과 맥그로우힐 출판사에 따르면, 휴즈는 원고에 대한 공동작업을 하기 위해서 무수히 어빙을 만났다고 한다. 그들은 휴즈가 저작물에 대한 출판권한을 주었고 이에 대한 상당한 정도의 금액을 이미 지불받아 찾아 갔다고 공개적으로 밝혔다. 어빙은 점점 대담해졌다. 그는 휴즈와 자신이 만난 장소와 날짜, 시간까지 밝혔다. 원고를 세세하게 살펴볼 기회가 있었던 사람들은 책 안에 휴즈가 아닌 다른 사람을 통해서는 도저히 얻을 수 없는 정보들이 들어 있다고 말했다.

맥그로우힐은 휴즈의 사인이 들어 있는 지불이 끝난 수표는 물론 휴즈가 직접 사인한 출판 허가 문서도 가지고 있다고 주장했다. 수표 중에 하나는 체이스맨해튼 은행에서 휴즈의 사인이 맞다고 확인까지 해준 것이라고 밝혔다. 맥그로우힐은 휴즈가 쓰고 사인한 수표와 다른 문서들은 서체 감별 전문가협회인 오스본 협회에 의해서 사실임이 밝혀졌다고 단언했다.

그러자 휴즈는 전통적인 방식으로 국세청에 자신이 맥그로우힐에서 주장하는 선금 75만 달러 중 한 푼도 받은 적이 없다는 것과, 따라서 스위스 은행에 예치되어 있을 법한 이 금액에 대해서 세금을 낼 의사가 전혀 없음을 밝혔다. 휴즈는 이러한 움직임에 국세청이 소송으로 대응하리라는 것을 알고 있었다. 더불어 휴즈의 변호사들은 스위스 은행에 있는 구좌가 휴즈의 것이 아니라는 명백한 증거를 가지고 있다고 주장했다. 결국 이 전략은 맥그로우힐 측이 클리포드 어빙의 주장을 재고하지 않을 수 없게 만들었다. 맥그로우힐은 스위스 은행 계좌와 사인에 대한 좀 더 확실한 확인이 될 때까지 원고의 출판을 연기한다고 밝혔다.

휴즈의 예상대로 국세청이 소송에 돌입한 후, 어빙의 공식 발표 횟수는 점점 줄어들었다. 내용도 점점 일관성이 없고 얼버무리는 식이 되어 갔다. 그렇지만 어빙은 오랫동안 자신의 주장을 고수했다. 어빙은 아마 다음과 같은 상황을 바랐을 것이다. 휴즈가 마지막 단계에서 지금까지 그래왔던 것처럼 침묵해 줌으로써 상황을 자신에게 유리하게 만들어주는 것이다. 어빙의 계좌 이야기는 휴즈의 널리 알려진 기벽 때문에 어느 정도 신빙성이 있다는 느낌을 주었다.

어빙은 계속해서 녹취를 위해 휴즈를 100번도 넘게 만났다고 주장했다. 그는 바하마, 멕시코, 미국 등지의 차 안 또는 호텔에서 가졌던 수많은 만남 이야기를 해댔다. 도대체 그 테이프는 어디 있느냐는 질문을 받으면, 복사를 위해서 휴즈에게 돌려줬다고 말했다. 두 사람의 만남을 본 목격자는 없느냐고 물으면, 아무도 없었다고 말했다. 그와 휴즈는 늘 단둘이 만났다는 것이다.

그렇다면 10억 달러가 넘는 부를 가진 사람이 왜 그깟 원고료 백만 달러를 갖고 싶어 하며 왜 자신의 이야기를 출판하고 싶어 하는 것일까? 이 문제는 다음과 같이 설명될 수 있었다. 휴즈가 대중들에게 널리 알려진 자신에 대한 잘못된 생각을 바로잡기 위해서 자서전을 쓰고 싶어 했다는 것이다. 오랫동안 휴즈는 언론에서 좋지 않은 평가를 받아왔다. 그를 중상모략하거나 그에 대한 허위 사실이 유포되는 경우도 있었다. 휴즈가 이런 잘못된 기록을 바로 잡고 싶어 한다는 것이다. 이 이론도 개연성이 있어 보였다.

10년 전 천만 명 이상의 미국인이 해럴드 로빈스의 <떠돌이들(Carpetbaggers)>이라는 소설을 읽었다. 이 소설에는 조나스 코드라는 인물이 등장하는데 믿기지 않을 정도로 자기중심적인 사람이었다. 이 떠들썩했던 소설은 최고의 판매 기록을 세우면서 남녀노소 할 것 없이 엄청난 사람에게 인기를 끌었다. 조나스 코드는 남자 중에 남자요, 자신이 시도한 모든 영역에서 성공을 거둔 사람인데다 모든 방면에서 천재였지만, 한편으로 상상을 초월하는 기이한 사람이었다. 더구나 조나스 코드는 최고의 조종사였다. 혈기왕성한 어떤 젊은이들조차 조종사로서 그의 명예와 능력을 따라잡을 수는 없을 정도였다.

가상의 인물 코드는 유복한 가정에서 태어났고, 성격은 독특하고 지적이며 이해하기 어렵고 남성적이고 변덕스럽고 부유하고 의심이 많았다. 또한, 죄악과 성공이 뒤섞인 듯한 무겁고 기묘한 분위기를 풍겼다. 코드는 영화에도 잠깐 손을 댔고, 영화에 출연한 적이 없는 섹스 어필한 여배우 두 명을 발굴해 냈다. 그는 또 조종사로서 전례없는 큰 성공을 거두었다. 할리우드에서 가장 큰 스튜디오 중 하나를 경영하고, 여가 시간을 가슴이 풍만한 여배우의 가슴 골짜기를 더욱 깊게 보이게 해줄 브래지어를 디자인하면서 보냈다. 금융계에서는 융자를 받아내고 계약을 따내는 달인으로 통했다. 침대에서는 정복자였으며, 그가 정복한 여성들은 유럽 왕실의 공주에서부터 할리우드의 선정적인 섹스스타까지 셀 수 없이 많았다.

공식적으로는 아니라고들 하지만, 조나스 코드가 실존 인물인 억

만장자 하워드 휴즈를 쏙 빼닮았다고 하는 사람들이 많다. 무시해 버리기에 두 사람은 너무 많이 닮았다. 사실 작가를 보호하기 위해서 이름만 바꿔서 넣은 게 아닌가 싶을 정도다. 이렇다보니 휴즈는 정말로 <떠돌이들>에 나온 자신의 성격 묘사를 논박하고 싶을 수 있고, 대중들에게 진정한 자신의 이야기를 들려주고 싶을 수 있을 터였다.

왜 휴즈는 맥그로우힐 출판사를 골랐을까? 맥그로우힐은 큰 출판사이긴 하지만 가장 큰 출판사는 아니다. 어빙은 맥그로우힐이 자신의 책을 낸 출판사라는 것 이외에 휴즈가 맥그로우힐에 출판을 허락한 별다른 이유를 제시하지 못했다. 당시 41세였던 어빙은 4권의 소설을 냈다. 이중 <사기꾼!(Fake!)>이라는 책이 2년 전 맥그로우힐에서 출판되었다. <사기꾼>은 피카소, 마티스 등 현대 미술 대가들의 그림을 모사해서 진품인양 팔아서 부자가 된 헝가리인 엘미르 드 호리의 이야기다.

휴즈가 자서전을 만드는 데 왜 그렇게 많은 돈을 요구했을까? 사실 좋은 원고가 나오고, 홍보가 잘되고, 배포가 원활히 되는 것이 훨씬 중요하다. 휴즈가 돈에 관심이 있었다면 어빙에게 가장 많은 돈을 제시하는 출판사를 찾아보라고 했을 것이다. 홍보와 배포에 관심이 있었다면 맥그로우힐보다 더 큰 출판사들이 얼마든지 있었다. 어느 쪽으로 봐도 석연찮은 구석이다. 이처럼 어빙의 이야기 속에는 많은 모순들이 있었다. 하지만 어빙은 주장을 굽히지 않았다.

잠시 모든 것이 잠잠해진 듯했다. 바로 그때 바하마에서 목소리가 들려왔다. 그리고 어빙이 구축한 허위의 세계를 뒤흔들었다. 바하마의 호텔에 머물던 휴즈가 2시간 30분 동안 전화로 7명의 기자들과 인터뷰를 했던 것이다. 기자들은 캘리포니아 노스할리우드에 있는 쉐라

톤유니버설 호텔에 앉아 있었다. 이 전화 통화는 라디오를 통해서 생방송되고 있었다. 7명 기자 모두 휴즈를 만나본 적이 있는 사람들이었다. 그의 목소리를 구별할 수 있고, 휴즈가 아니면 대답하기 힘든 질문들을 던져 사실을 확인할 수 있게 하려는 의도였다. <뉴욕타임스>의 글래드윈 힐, <시카고트리뷴>의 웨인 토머스, <연합통신>의 진 핸드사커, <UPI>의 버논 스코트, <로스앤젤레스타임스>의 마빈 마일스, <하스트>신문사의 짐 베이컨이 선발된 기자들이었다.

휴즈는 캘리포니아에서 3,000마일 떨어진 또 다른 호텔에 있었다. 바하마 파라다이스 섬에 있는 그랜드브리타니아비치 호텔이었다. 휴즈는 외로운 그의 은신처에서 세상을 향해 목소리를 내고 있었다. 휴즈가 혼자서 조용히 사는 것조차 허락되지 않는 현실에 대한 깊은 좌절감을 이야기했을 때, 사람들은 그의 목소리에서 절망과 고독, 초조함을 느낄 수 있었다.

"저는 어빙을 알지 못합니다. 본 적도 없어요. 이 일이 있기 전까지는 이름조차 몰랐습니다… 이런 일이 있을 수 있다니 저에게는 충격 그 자체입니다. 제 말을 믿으십시오. 사실 저는 이 사태를 어떻게 봐야 할지 정확한 원인이 뭔지도 잘 모르겠습니다. 한 개인의 우스꽝스러운 상상력 정도가 아니라 큰 출판사까지 동참하고 있다는 사실이 너무 터무니없어서 그저 아연할 뿐입니다. 어빙이야 돈 때문에 그런 일을 했다고 치지만, 맥그로우힐 출판사와 <라이프>지의 행태는 어떻습니까? 사실 허위 원고, 아니 그런 말도 안 되는 것 따위는 상대도 하지 않았어야 합니다."

7명의 기자 모두 자신들이 진짜 하워드와 통화하고 있다고 믿었다. 떨리는 듯 느린 텍사스 어투, 말하는 방식, 과거 비행 관련한 자질

구례한 사실에 대한 장황한 묘사 등은 휴즈가 아니면 불가능하다는 것이었다. 제 2차 세계 대전 후 휴즈항공사에 고용된 조종사 존 포스터는 아들에게 그 목소리는 분명 하워드 휴즈였다고 말했다. 마찬가지로 휴즈가 레이서를 제작하고 유지 보수하도록 고용했던 초기 고용자 중 한 사람인 거스 자이델도 아들에게 휴즈의 목소리였다고 말했다.

휴즈가 기자회견을 한 뒤 한동안 침묵이 흘렀다. 이제 화살은 어빙에게로 향했다. 맥그로우힐 출판사는 패배를 자인했다. 휴즈-어빙 사건은 분명 세간의 관심을 끄는 매혹적인 사건이었다. 호기심을 자아내는 모호함과 기묘함이 가득했기 때문이다. 전국의 신문들이 이 내용을 톱으로 다루었다. 아직도 휴즈를 의심하는 고집쟁이들이 있긴 했지만 점점 많은 진실들이 드러나면서 전반적인 분위기는 어빙에게 불리하게 돌아갔다.

1972년 3월 9일, 주와 연방 대배심은 뉴욕에 있는 어빙과 그의 아내를 우편물을 이용한 사기, 불법 공모, 중절도죄, 위조문서소지죄로 기소했다. 기소 결정이 내려지기 전, 대배심이 조사를 진행하는 동안에 미모의 덴마크 가수 바로네스 니나 반 팔란드트가 어빙에게 불리한 증언을 했다. 어빙이 멕시코에서 휴즈를 인터뷰했다고 한 그 여행에 자신이 동행했으며, 어빙은 계속 자신과 함께 있었고 휴즈를 인터뷰할 만큼 긴 시간 자리를 비운 적이 없었다는 내용이었다.

맥그로우힐이 'H. R. Hughes'에게 원고료로 지불한 수표를 현금으로 바꿔 간 사람은 어빙의 부인인 것으로 드러났다. 그녀는 헬가 R. 휴즈라는 가명을 쓰고 있었다. 어빙의 부인은 공범으로 기소되었다. 기소 결정이 내려진 4일 후 부부는 모든 혐의를 시인했다.

1972년 6월, 어빙에게 연방형무소에서 2년 6개월을 복무하고 벌금 10,000달러를 내라는 판결이 내려졌다. 다행히 그의 아내가 형기를 마칠 때까지 형 집행을 연기할 수 있다는 허락을 받았다. 부모 없이 남겨질 어빙의 어린 두 아들을 위한 배려였다. 어빙의 아내는 사기 및 문서위조죄로 스위스 감옥에서 14개월 동안 복역했다. 어빙이 17개월 동안 복역했으며, 어빙이 출소한 뒤 두 사람은 이혼했다.

1975년 6월, 어빙은 파산신고를 했다. 당시 그의 재산은 도합 410달러였다. 반면, 그 즈음 휴즈의 개인 자산은 25억 달러로 알려져 있었다. 휴즈는 석유업자 J. 폴 게티와 함께 세계 최고의 부자가 되어 있었다.

휴즈는 1972년 기자회견을 통해서 그가 여전히 지배력을 발휘하고 있다는 사실을 세상에 보여주었다. 그는 인터뷰 시간과 장소를 스스로 결정했다. 좋지 않은 건강과 청력, 기괴한 행동에도 불구하고, 그는 필요하면 상황을 제대로 파악하고 훌륭하게 대처하며, 질문에 정확히 답하고, 명료하게 사고할 수 있었다. 선정적인 타블로이드판 신문들이 퍼뜨린 그의 죽음에 대한 루머는 분명 시기상조였다. 그는 분명히 살아 있었다. 이 인터뷰에서 그는 다시 세상에 모습을 나타낼 것이며, 좀 더 자주 세상과 접촉하는 생활을 할 것이라고 말했다. 하지만 이 약속은 결코 지켜지지 않았다. 휴즈의 목소리 또한 다시는 공개적으로 들을 수 없었다.

X
마지막 비행

내가 컬버시티에서 극비 레이더 프로그램과 관련한 테스트 비행에 한창일 때, 휴즈도 자신의 극비 임무를 막 시작하고 있었다. 휴즈는 1972년 12월 26일 영국에 도착했다. 이틀 전 강진이 니카라과를 강타해 피해가 심각했다. 이 때문에 휴즈는 4개월간 머무르던 마나과의 인터콘티넨탈 호텔에서 급히 나와야 했다. 잭 리얼이 휴즈를 플로리다 포트로더데일까지 이송할 레어 제트(Lear Jet)를 준비했다. 리얼은 포트로더데일에 대서양을 건널 록히드 제트스타를 준비해 두었다. 휴즈는 67번째 생일에서 이틀이 지난 후, 다시 하늘에 있었다. 이때 영국으로 가기 위해 플로리다에 잠깐 들른 것이 휴즈가 미국 땅을 밟은 마지막이었다.

휴즈는 런던에 있는 인온더파크의 스위트룸 901호에 거처를 마련했다. 하이드 파크가 내려다보이고, 저 멀리 버킹검 궁전이 보이는 곳이었다. 1973년 봄, 휴즈는 캘리포니아에 있는 리얼을 런던으로 불렀다. 과거 휴즈는 여러 번 사람들을 놀라게 하곤 했다. 1947년 HK-1 헤라클레스를 타고 첫 비행을 했을 때 그는 정말로 세상을 놀라게 했었다. 다시 1960년대 전혀 예고 없이 콘베어 880을 타겠다고 샌디에이고에 나타났을 때, 콘베어 경영진을 놀라게 했다. 이제 휴즈는 조종을 하고 싶다고 하여 그의 오랜 조력자를 놀라게 했다. 그는 12년 이상 비행을 해본 적이 없고, 조종사 자격증은 기간이 지나서 효력을 잃은 상태였다.

휴즈는 리얼에게 자신이 비행할 수 있도록 가능한 모든 방법을 동원해 달라고 했다. 처음에 휴즈는 오래전부터 가지고 있었던 콘베어 240을 조종하고 싶어 했다. 이 비행기는 산타모니카 공항에 지난 15년 동안 방치되어 있었다. 리얼은 콘베어 240은 영국 정부로부터 감항증명을 받지 못한 기종이며, 비행기가 대서양을 건널 만한 연료 비축이 가능한지도 의문이라고 설명했다.

리얼은 휴즈에게 호커시들리(Hawker Siddeley)사의 터보프로펠러 HS-748을 추천했다. 이 비행기는 휴즈에어웨스트사에서 사용하고 있는 포커(Fokker) F-27과 비슷했다. 휴즈는 리얼에게 시범비행용으로 만든 HS-748을 빌리라고 지시했다. 에어웨스트에서 쓸 수 있는지 평가하고 싶어 한다는 내용으로.

호커시들리사는 2대의 선전용 비행기를 가지고 있었지만 휴즈에게 빌려주기를 꺼렸다. 하지만 휴즈가 에어웨스트사의 수송용으로 HS-748을 살 수도 있다는 것을 알고 등록번호 G-AYYG를 대여해 주기로 동의했다. 그런데 새로운 문제가 발생했다. 휴즈는 원래 수송용으로 구매하거나 대여한 비행기를 몰지 않았다. 그는 비행시간이 얼마 되지 않고 최상의 컨디션이 유지되고 있는 자기 소유의 비행기를 원했다. 리얼이 휴즈를 설득했다. 지금 상황이 마치 자신이 입으면 더 이상 새 옷이 아니기 때문에, 새 옷을 입지 않겠다고 고집을 부리는 사람 같다고. 결국 휴즈는 다른 HS-748 시범기를 타고 싶다고 했다. 이 비행기의 등록번호는 G-AZJH였는데, 다가오는 파리 에어쇼에서 비행하기로 되어 있었다. 마지못해 호커시들리사는 휴즈의 요구에 응했다. 하지만 짧은 시간 동안만 이용 가능하다고 못 박았다.

리얼이 다음으로 해야 할 일은 비행할 장소를 확인하고 휴즈를 도울 조종사를 찾는 것이었다. 호커시들리사에서 수석 비행사 토니 블랙맨을 추천해 주었다.

리얼과 블랙맨은 런던 북쪽 20마일 지점에 있는 해트필드 비행장을 선택했다. 이곳은 런던 중심에서 차로 가까운 거리여서 휴즈가 이용하기에 편리했다. 또, 호커시들리사의 소유로 개인 사무실들과 안전한 격납고가 갖추어져 있었다.

몇 주 동안 블랙맨은 대기 상태로 리얼의 전언이 오기를 기다렸다. 휴즈가 비행할 준비가 되었다는 전언을. 드디어 6월 10일 휴즈가 롤스로이스를 타고 도착했다. 68세의 휴즈는 여전히 6피트 3인치의 훤칠한 키였지만 몸무게는 겨우 100파운드를 넘을까 말까 했다. 리얼은 휴즈가 곧이라도 깨질 듯이 연약해 보였고, 갈색머리를 길게 기르고 있었으며 콧수염도 길렀다고 말했다. 휴즈는 칼라 없는 셔츠와 푸른색 바지, 샌들을 신고 있었다.

휴즈는 비행기에 탑승해서 객실을 둘러보고 조종실로 왔다. 리얼은 블랙맨에게 휴즈가 왼쪽 조종사석에 앉을 거라고 말해 두었다. HS-748의 앞바퀴를 조종하는 조종간이 조종석 왼쪽에 있었다. 따라서 블랙맨은 활주하고 이륙하는 동안 비행기 중심 유지를 온전히 휴즈에게 의지해야 했다.

휴즈가 세균을 두려워한다는 것을 알고 있었으므로 블랙맨은 휴즈에게 새 헤드셋을 주었다. 하지만 휴즈는 헤드셋 착용을 싫어했다. 블랙맨은 헤드셋을 착용하는 것이 서로 알아듣기에 더 수월하다고 그를 설득했다. 휴즈가 난청이라는 것은 널리 알려진 사실이었다. 물론 리얼은 비행에 관한 주제라면 휴즈가 무척 잘 듣는다고 말했었다.

비행기가 격납고 밖으로 견인되어 나오자, 블랙맨이 시동을 걸었다. 리얼과 휴즈의 시중을 드는 또 한 사람이 객실에 앉아 있었다. 휴즈는 이륙을 위해 활주하는 동안 HS-748을 조종했다. 블랙맨이 스로틀을 앞으로 밀어 동력을 높이자 비행기가 지그재그로 흔들리면서 활주로를 내려갔다. 휴즈가 비행기 중심을 잘 잡지 못했기 때문이다. 이륙 속도에 이르자 블랙맨이 휴즈에게 이륙하라고 말했고, 비행기는 곧 공중으로 떠올랐다. 휴즈는 이때 또 한 사람을 놀라게 했다. 블랙맨은 휴즈가 거의 13년 동안 비행을 해본 적이 없다는 것을 나중에야 알았다.

여느 때처럼 휴즈는 HS-748을 타고 접지후이륙을 반복해 보고 싶어 했다. 초기 비행 시절부터 생긴 버릇이었다. 이륙 후 블랙맨이 비행기를 조종하면서 착륙을 포함해 전통적인 비행 패턴 시범을 보였다. 그리고는 휴즈가 반복했다. 약 15년 전 대시 80 시제기를 탈 때와 마찬가지로 휴즈는 기수를 낮추고 활주로로 접근했다. 비행기는 점점 더 낮아졌고 결국 비행기가 활주로에 닿기도 전에 착륙하는 사태를 막기 위해서 마지막 순간에 블랙맨이 비행기를 조종해야 했다. 이것은 휴즈의 전형적인 착륙 습관이었다. 활주로 접근 시 안전한 500피트 고도를 유지하기보다는 활주로 시작 지점과 거의 같은 고도로 접근하는 방식이었다. 블랙맨은 예의바른 태도로 적절한 착륙 진입 방법에 대해 설명했다. 하지만 휴즈는 착륙할 때마다 같은 방법을 택했다. 다른 조종사들도 이 방법에 대해서 비판했었다는 말까지 하면서. 곧 어두워졌고 그들은 최종 착륙을 위해 해트필드 비행장으로 돌아왔다. 그들이 하늘에 있었던 시간은 3시간 남짓이었다.

   2주 후 휴즈는 다시 비행을 하고 싶어 했다. 이번에는 휴즈의 영국 방문 비자를 갱신하기 위한 여행이었다. 비행계획은 영국 밖의 어딘가에 착륙했다가 돌아오는 것이었다. 6월 27일 밤, 이 비행을 하는 동안 날씨가 최악이었다. 영국 남부에 구름이 낮게 깔리고 비가 와서 시야가 좋지 않았다. 블랙맨은 휴즈가 이륙까지 조종하도록 하고, 공중으로 뜨자마자 비행기를 자동조종 상태로 바꿨다. 세관에 신분증명서를 제시하기 위해 스탠스테드에 잠시 착륙했다. 날씨가 너무 나빠서 다른 호커시들리사 조종사가 휴즈와 교체했다. 이제 휴즈는 리얼과 함께 객실에 있는 승객이 되었다. 휴즈가 자는 동안 HS-748은 영국 해협을 지나 벨기에의 오스탕드까지 갔다. 접지후이륙을 한 뒤에 블랙맨은 관제탑에 유압에 문제가 있다고 알렸고, 스탠스테드 공항으로 돌아와 착륙했다. 롤스로이스가 휴즈를 런던까지 데려가려고 대기 중이었다.

   런던의 한 신문기자가 휴즈가 탄 롤스로이스의 뒷자리 창문이 보이는 사진을 찍어서 신문에 내보냈다. 다음 날 이 사진은 런던에서 발행되는 한 신문에 다음과 같은 캡션을 달고 게재되었다.

   해트필드 비행장을 소유하고 있는 호커시들리사의 대변인이 하워드 휴즈가 아주 잠깐 영국을 떠났다가 들어왔다고 말했다. 이를 통해 새로운 6개월짜리 여행비자를 받았다는 것이다. 하지만 이것이 사실이라면 하워드 휴즈는 쓸데없는 여행을 한 셈이다. 2.5펜스짜리 우표 한 장만 있으면 될 일이었기 때문이다. 내무부로 편지 한 장만 보내면 체류 허가를 연장할 수 있다. 사실 휴즈는 이미 이 사실을 알고 있다.

휴즈는 6개월 전 3개월 체류 허가를 받고 영국에 도착했고, 이미 나라를 떠나는 방식을 취하지 않고 한 번 연장한 바 있다. 그때 이미 1X1.5 인치 크기의 작은 증지 하나가 휴즈의 여권에 붙여졌다. 거기에 쓰인 내용은 간단하다. '6개월간의 영국 체류를 허락함'

7월에 휴즈는 호커시들리사의 HS-125 트윈제트 2대를 구입했다. 이 2대의 비행기는 해트필드로 수송되어 HS-748과 나란히 놓여서 비행 가능한 상태로 유지되었다. 당시 컬버시티의 휴즈항공사도 미국의 고위 회사 중역들을 수송하는 데 쓸 HS-125를 한 대 보유하고 있었다.

7월 17일, 휴즈는 블랙맨과 함께 영국에서 세 번째 비행에 나섰다. 이번에는 호커시들리사 소유의 HS-125를 탔다. 등록번호는 G-AYOJ였다. 첫 번째 비행에서처럼 휴즈는 접지후이륙을 반복했다. 마찬가지로 착륙 진입 시 너무 낮은 하강각도로 비행한 뒤에 활주로로 진입하려 하는 식이었다. 이번에는 7번의 접지후이륙을 반복했다. 휴즈는 HS-125의 조종감이 너무 좋아서 HS-748이 마치 둔한 트럭처럼 느껴진다고 말했다. 13년 전 콘베어 880을 탄 후 리얼에게 이야기할 때와 똑같은 표현이었다. 2시간 19분을 비행했고, 휴즈는 매우 만족스러워했다.

휴즈의 다음 비행은 7월 27일 똑같은 HS-125를 타고 진행되었다. 이번에는 런던 동북쪽의 우드포드 비행장에 착륙했다. 그곳에 블랙맨은 콘도와 비슷한 휴가 때 쓰는 공간인 클럽하우스를 가지고 있었다. 블랙맨은 휴즈에게 런던의 높은 빌딩 속에 사는 것이 질리면 이 집을 이용하라고 말했다. 휴즈는 그저 옆으로 활주해서 시설을 둘러보기만 했을 뿐 엔진을 끄지도 않았고 건물에 들르지도 않았다. 곧 우드포드 비행장을 이륙해서 접지후이륙을 좀 더 해보기 위해서 스텐스테드 비행장으로 돌아왔다. 총 2시간 50분의 비행을 하는 동안 휴즈는 9번의 착륙을 했다.

그로부터 12일 후 8월 9일에 휴즈는 왼쪽 엉덩이뼈가 부서졌다. 영국 의사가 약해진 관절에 쇠로 만든 핀을 끼워넣었다. 휴즈는 비행은 물론 다시는 걸을 수도 없는 상태가 되었다. 이후 휴즈는 자리에서 일어나지 못했다.

1976년 휴즈가 죽은 뒤, 잭 리얼은 영국에서 휴즈가 샀던 3대의 비행기를 팔았다. 그곳에서 휴즈는 HS-748 1대와 HS-125 2대를 샀지만 어느 것도 타보지는 않았다. 이 비행기들은 새것인 채로 리얼의 판매대상 리스트에 올라갔다. 리얼은 블랙맨에게 이 비행기들을 파는 일을 도와달라고 했다. HS-748은 뉴질랜드의 마운트쿡에어라인(Mount Cook Airlines)에, HS-125 1대는 아일랜드 벨파스트에 있는 숏브라더스(Short Brothers)에 팔렸다. 나머지 HS-125는 휴즈톤의 휴즈공구회사로 소유권이 이전되었다.

* * *

4개월 후 1973년 12월, 휴즈는 오하이오 주 데이턴에 있는 항공명예의전당(Aviation Hall of Fame)에 들어갔다. 항공의 역사에서 선구자적인 역할을 했던 다른 52명 중에 한 사람이 되었다. 이 안에는 오빌과 윌버 라이트 형제, 에드워드 리큰배커, 윌리엄 미첼, 헨리 아놀드, 찰스 린드버그, 와일리 포스트, 재클린 코크란 오드럼 등이 포함되어 있었다. 휴즈는 당연히 식장에 모습을 나타내지 않았다. 에드워드 런드가 그를 대리했다. 그는 1938년 휴즈의 세계일주 비행에 참가했던 비행 승무원 중 휴즈 이외에 유일한 생존자였다. 당시 그는 항공사로 비행에 참여했다.

명예의전당의 멤버이며 휴즈공구회사의 전직 임원이기도 한 이라이커 중장은 휴즈를 다음과 같이 짧은 멘트로 소개했다. "하워드 휴즈는 겸손하고 수줍고 외로운 천재였습니다. 종종 오해를 받았고, 또 가끔은 악의를 가진 탐욕스러운 소인배들이 그의 모습을 왜곡하거나 중상하기도 했지만 말입니다."

1975년, 휴즈의 HK-1 헤라클레스와 레이서가 항공박물관에 전시되는 선구적인 비행기 대열에 합류했다. 휴즈는 1947년 11월 2일 HK-1 헤라클레스를 타고 단 한 번의 비행을 했다. 이 비행기가 왜 다시는 날지 않았는가에 대한 추측들이 무성했다. 꼬리가 너무 작았다, 작은 파손들이 여기저기 있었다, 휴즈가 RKO 스튜디오나 TWA 같은 다른 프로젝트에 너무 깊이 관여하고 있었다는 등. 하지만 가장 중요한 것으로는 역시 제 2차 세계 대전이 끝나 그렇게 거대한 수송용 비행정이 필요 없었다는 것이 이유로 거론되었다.

오랫동안 HK-1은 롱비치에 있으면서 24시간 내내 보살핌을 받았다. HK-1은 특별 설계된 습기 조절 기능을 갖춘 격납고에 보관되었다. 휴즈는 1948년에 이 격납고를 빌리는 데 1백 75만 달러를 들였다. 1953년, 홍수 때문에 프로펠러와 꼬리가 파손되었지만 곧 수리했다. 1960년대 중반 롱비치 시는 헤라클레스가 휴식을 취하고 있는 그 지역을 개발하려 했다. 하지만 휴즈는 시가 토지 대여비용을 아무리 높게 올려도 그 비용을 계속 지불하면서 버텼다.

미국 행정관리청(GSA, General Services Administration)이 1949년 이래 이 비행기에 대한 법적 권리를 가지고 있었지만 비행기를 구매할 만한 사람을 찾지 못했다. 1970년대 초, GSA는 이 비행기를 국립항공우주박물관(National Air & Space Museum)에 주려고 했다. 하지만 이 박물관에는 헤라클레스를 전시할 만큼 충분한 공간이 없었다. 국립항공우주박물관은 오히려 레이서를 원했다. GSA는 결국 섬머협회(Summa Corporation) ―하워드 휴즈의 소유였다― 와 논의한 끝에 항공우주박물관에 레이서와 7십만 달러를 주고, HK-1은 섬머협회 소유로 한다는 내용에 합의했다. HK-1은 사우스캐롤라이나에 있는 항공클럽에 넘겨져 롱비치에서 호화스러운 항공기 퀸 메리 옆에 전시되었다.

브루스 버크는 이제 그만 은퇴를 하고 싶었다. 그는 1975년까지 38년 동안 휴즈를 위해 줄곧 일해 왔다. 그동안 전국에 흩어져 있는 비행기들을 개조하고 수리해 왔다. 이 비행기들은 아주 잠깐 휴즈에게 너무나 중요했지만, 그가 흥미를 잃었기 때문에 오랫동안 방치되어 있는 것들이었다. 노어 디트리히를 위해 중역용으로 개조되었던 B-25 미첼 폭격기는 휴즈항공사 비행장 서단에서 먼지를 뒤집어쓰고 있었다. 1957년에야 이 비행기를 옮겼다. 그 옆에는 더글러스 A-20G가 놓여 있었다. 콘베어 240 수송기는 비행도 하지 않으면서 클로버 비행장에 오랫동안 계류되어 있었다.

1975년 여름, 휴즈는 버크에게 최후의 그리고 가장 중요한 업무가 될 일을 지시했다. 레이서를 워싱턴 D.C에 있는 항공우주박물관으로 보낼 준비를 하라는 것이었다. 휴즈는 비행기가 갓 만들어진 것처럼 말끔하게 복구되기를 바랐다. 버크가 트럭에 실어 워싱턴으로 운반하는 것을 포함한 모든 작업을 맡았다. 특히, 정해진 시간 안에 작업이 마무리되어야 했다. 그래야 항공우주박물관이 처음 문을 열 때 전시될 수 있기 때문이다. 박물관 오픈은 1976년 7월 1일로 예정되어 있었다.

레이서는 좋은 상태로 보관되고 있었다. 외부 노출 없이 대부분의 시간을 퀀셋 임시 건물에 있었기 때문이다. 퀀셋은 실내온도 조절장치를 갖추지 않은 곳이었다. 또, 습한 바다에서 불과 20마일밖에 떨어져 있지 않았다. 하지만 문이 거의 열린 적이 없었다.

엔진은 부식방지 처리가 되어 있었기 때문에 —크랭크 케이스와 엔진 실린더에 기름을 주입해서 보호하고 밀폐된 덮개를 씌웠다— 레이서는 비행 가능한 상태로 복구할 수 있었다.

버크는 퀀셋 건물에서 레이서를 끄집어내어 휴즈항공사 비행대기선까지 견인해 갔다. 태양과 바람, 비에 노출되지 않도록 수리 기간 내내 나무 담으로 둘러싸인 실내에 두었다. 다발 엔진 수송기의 왕복 엔진을 보관하기 위해 만들어진 공간이었다.

레이서를 고치기 전에 날개와 기체를 서로 분리해야 했다. 버크는 레이서의 도면이 없어서 애를 먹었다. 레이서는 대량 생산될 계획이 아니었기 때문에 간략한 설계도만 있었다. 물론 자세하지 않은 것이었다.

"레이서는 따로따로 체계적으로 분해할 수 있는 상태가 아니었습니다. 잡아 찢어야 할 상황이었죠." 버크의 말이다.

휴즈의 정비사들은 레이서 복구 작업을 매우 진중하고 조심스럽게 진행했다. 과거 휴즈를 위해 수많은 프로젝트에서 경험을 쌓아온 그들이었지만. 내가 조종하던 맥도넬(McDonnell) F-4D와 록히드 T-

33의 유지 보수를 담당하던 일부 정비사들도 버크의 작업을 도왔다. 나는 비행대기선을 걸어 나올 때미다 작업장에 들러 복구 과정을 지켜봤다.

"하워드 휴즈 씨와 연락을 하고 계신가요? 레이서가 복구되면 휴즈 씨가 보고 싶어 할까요?" 내가 물었다.

"휴즈 씨의 몸 상태가 좋지 않다네. 하지만 계속해서 레이서의 상태를 그분에게 알려주고 있지." 버크가 대답했다.

필자가 휴즈항공사에 근무하던 초기 6년 동안 사람들은 늘 휴즈가 비행기를 타고 컬버시티 공항으로 올지도 모른다고 생각했었다. 그는 1940년대와 1950년대 이 비행장에서 많은 비행을 했다. 이미 17년 동안이나 비행대기선에 모습을 드러내지 않았지만, 그가 어느 날 예고도 없이 도착할지도 모른다는 작은 기대가 항상 있었다. 휴즈항공사에서 오래 일한 직원들은 휴즈가 만약 이곳에 다시 돌아온다면, 그것은 바로 레이서를 보기 위해서일 거라고들 했다.

1975년 늦은 가을의 금요일 오후였다. 휴즈가 세계비행 신기록을 세운 지 정확히 40년째 되던 해에 레이서는 워싱턴 D.C를 향해 긴 여행을 떠났다. 동체와 날개가 커다란 나무 박스에 따로 포장되어 두 대의 트럭 위에 놓였다. 버크의 정비사들이 각각의 트럭에 한 명씩 탔다.

휴즈항공사 비행장의 비행대기선 끝으로 떠나는 트럭을 바라보는 것은 슬픈 일이었다. 휴즈항공사의 역사에서 중요한 한 장이 그날 막을 내렸다. 휴즈의 신비스러운 분위기를 간직한 작은 부분이면서 이 비행장을 유명하게 만든 자랑거리기도 했던 것이 이제 사라졌다. 공군과 해군 조종사들이 방문하면 보여주곤 했던 '나만의 특별한 투어 패키지'가 멀리 가버렸지만, 나는 항공우주박물관에 전시된 레이서가 수백만 명의 관광객들에게 항공사에 길이 남을 위대한 결과물을 보는 기회를 제공하리라는 것을 알고 있었다. 바로 하워드 휴즈가 남긴 업적을.

* * *

1976년 4월, 나는 F-14 톰캣을 타고 포인트무구에 있는 해군기지로 돌아갔다. 본연의 임무인 테스트 비행을 위해서였다. 1976년 4월 5일, 휴즈항공사 사내 방송을 통해 하워드 휴즈가 죽었다는 소식이 들려왔다. 휴즈항공사의 또 하나의 중요한 역사가 막을 내리는 순간이었다. 내가 컬버시티에서 처음 일하기 시작한 7년 전만 해도, 많은 직원들이 휴즈와 함께 일한 기억을 가지고 있었다. 하지만 지금은 휴즈와 함께 비행했던 사람으로는 정비사 2명만이 남아 있을 뿐이었다.

휴즈가 죽기 하루 전, 잭 리얼은 휴즈와 함께 맥시코에 있었다. 리얼은 레어제트를 타고 휴즈를 미국으로 데려오고 있었다. 휴즈는 하늘에서 죽었다. 멕시코 아카풀코에서 텍사스 주의 휴스턴으로 돌아오던 도중이었다. 비행기는 멕시코 영공을 출발해서 휴즈가 죽던 시점에는 멕시코 만 위를 날고 있었다. 비행속도 세계 신기록, 2회의 대륙횡단 비행기록, 세계일주 비행기록 이 모든 비행기록을 혼자서 이룬 위대한 테스트 조종사에게 어울리는 죽음이었다.

휴즈가 만성신장질환으로 죽었을 때 그의 나이는 71세였다. 그는 하늘에서 많은 성공을 거두었지만 많은 자동차와 비행기 사고로 고통을 겪었고, 이것이 결국은 그를 죽음으로 몰고 갔다.

휴즈항공사 주간사보인 <휴즈 뉴스>에 하워드 휴즈의 부고가 났다. 그 내용은 다음과 같다.

선구자 하워드 휴즈의 죽음은 국가 전체의 커다란 손실이다.

미국은 1976년 4월 5일 하워드 휴즈의 죽음으로 위대한 선구자 중에 한 명을 잃었다고 휴즈항공사의 부사장이자 총지배인인 L. A. 하이랜드 씨가 밝혔다.

"많은 사람들이 오랫동안 그의 천재적인 비행 기술과 항공 산업에서의 공헌을 기억할 것입니다. 하지만 저에게는 오히려 언론에 거의 공개되지 않은 인류 전체를 위한 그의 선물, 즉 하워드 휴즈 의학센터(Howard Hughes Medical Institute)가 더 오래도록 남을 중요한 공헌이라고 생각됩니다."

하이랜드 씨는 계속해서 말했다.

"휴즈의 선견지명과 리더십으로 우리 회사가 탄생했고 성장해 왔습니다. 그리고 이 회사는 지역사회와 국가, 나아가 세계에 기여해 왔습니다."

"저는 이 큰 상실에도 불구하고, 흔들림 없이 과거와 같은 방식으로 회사를 이끌어갈 것을 여러분께 약속하겠습니다. 확고한 기틀이 잡힌 저희 회사는 이제 인류의 복지를 위해서 설립된 의학센터를 키워가는 위대한 비전을 수행하게 될 것입니다."

XI
하워드 휴즈의 유산

하워드 휴즈는 스무 살에 노어 디트리히에게 자신은 세계에서 가장 유명한 영화 제작자, 세계 최고의 조종사, 그리고 세계에서 가장 큰 부자가 되겠다고 말했다. 돌이켜보면 그는 이 세 가지 목표를 모두 이루었지만 결국은 자신의 삶에 대한 통제권을 잃어버렸다고 볼 수 있다.

휴즈는 20대에 캘리포니아로 이사한 직후 첫 번째 목표에서 순조로운 출발을 보였다. 물려받은 유산으로 오늘날에는 고전으로 일컬어지는 몇 편의 영화를 제작했다. 그가 만든 영화 <미인국 2인 행각(Two Arabian Nights)>은 1928년 아카데미상을 수상했다. <지옥의 천사들>은 그에게 전 세계인의 환호와 박수갈채 그리고 4백만 달러의 이윤을 가져다주었다. <프론트 페이지(The Front Page)>와 <스카페이스(Scarface)>는 그다지 큰 성공을 거두지는 못했다. 어쨌든 영화에서의 성공은 그가 원하던 국제적인 명성을 얻게 해주었고, 그의 첫 번째 목표를 이루는 데 도움이 되었다. 하지만 남의 눈을 끄는 화려한 존재가 되어 갈수록 그는 고립되고 싶다는 열망을 가지게 되었다.

휴즈는 영화 제작을 통해서 여배우들을 만났고, 당시를 풍미했던 대부분의 유명 여배우들과 데이트를 즐겼다. 하지만 그는 누군가와 더 깊은 관계를 맺고 발전시켜 나가기보다는 여성들을 끊임없이 수집하는 데만 관심이 있었다. 두 번의 결혼은 이혼으로 끝났다. 하워드 휴즈와 다른 사람과의 관계는 그가 원하는 대로 상대편이 맹목적인 충성과 절대적인 복종을 바칠 때만 유지되었다.

* * *

1927년, 찰스 린드버그가 스피릿오브세인트루이스를 타고 단독 비행을 한 것에 고무된 하워드 휴즈는 조종사 자격증을 따고 세계 최고의 조종사가 되기 위한 길을 걷기 시작한다. 휴즈는 자질이 탁월한 사람들을 선발해서 레이서를 설계하고 제작했다. 그리고 이 비행기를 타고 세계 비행속도 신기록을 세운다. 하지만 마지막에는 연료 부족으로 랜딩기어를 내리지 못하고 들판에 비상착륙을 해야 했다. 부서진 레이서를 수리하고, 더 긴 날개를 붙이고, 연료탱크를 붙여 개조하기를 기다리는 동안 휴즈는 재클린 코크란의 논스롭 감마를 사서 개조한다. 그리고는 이 비행기를 몰고 대륙횡단 비행기록을 세운다. 레이서의 수리가 끝나자 다시 두 번째 대륙횡단 비행기록을 세웠다. 그가 이렇게 세 번이나 새로운 비행기록을 세우는 데 불과 17개월밖에 걸리지 않았다.

다음해 휴즈는 록히드 L-14 수퍼엘렉트라를 타고 세계일주 비행기록을 세웠다. 휴즈의 비행 중 가장 잘 준비되고 계획대로 잘 수행한 최고의 비행이었다. 린드버그가 자신의 비행기를 제작해 줄 능력 있는 인재를 갖춘 회사를 선택해서 성공을 거둔 것을 보고, 휴즈는 짧은 시간에 자신의 비행기를 개조해 줄 최고의 엔지니어와 정비사 그룹을 선발했다. 그리고 이 역사적인 여행을 완수할 수 있게 그를 보좌할 세계적인 수준의 비행 승무원 그룹을 선발했다. 린드버그처럼 휴즈도 자신의 세계일주 비행을 매우 꼼꼼하게 계획했고, 계획을 빈틈없이 수행했다. 물론 결과는 성공적이었다. 그가 탁월하다는 증거는 이 기록비행들을 거의 평범한 일상처럼 해냈다는 데 있다. 나는 이 세계일주 비행이 그의 비행 경력에서 정점이었다고 생각한다. 1938년 말, 그는 콜라이어스 상과 2개의 하몬 상을 받는다. 대중들은 그를 찰스 린드버그를 능가하는 세계 최고의 조종사로 인정했다. 하워드 휴즈는 이렇게 그의 두 번째 목표를 이루었다.

그 후, 휴즈는 1944년 록히드 컨스털레이션을 타고 대륙횡단 비행 기록을 다시 세웠다. 사실 이 비행기는 기록비행을 위해 특별하게 설계되었다기보다는 일반 수송용 비행기에 가까웠다. 조종사로서 계속되는 그의 비행은 예전만큼 각광을 받지는 못했다. 그는 1943년 미드 호에서 시코르스키 S-43을 추락시킨다. 부주의와 승무원들과의 의사소통 부재가 원인이었다. 당시 탑승했던 2명의 승무원이 죽었다. 1946년에는 XF-11 추락사고로 거의 목숨을 잃을 뻔했다. 이 두 번의 비행은 엉성하게 계획되어 형편없이 수행되었다. 결국 조종사로서 그의 명성을 떨어뜨리는 결과가 되었다. 과거에 많은 공을 들여서 키워온 것을 말이다.

휴즈의 HK-1 헤라클레스 비행도 역시나 형편없이 수행되었다. 테스트 조종사 입장에서 보자면 정말 그렇다. 그는 비행정 설계에 관여했고, 시스템을 이해할 수 있는 충분한 시간도 가졌었다. 더구나 몇 달 동안 계속해서 지상 테스트를 했다. 그는 비행정의 수많은 문제점과 결점들을 이미 알고 있었다. 아마도 이 거대한 비행기가 공중으로

11. 하워드 휴즈의 유산 *313*

떠올랐을 때 휴즈 스스로도 놀랐을 것이다. 물론 이 짧은 비행은 워싱턴 D.C 상원의 압력에서 그를 해방시켜 주었다. 이 거대한 비행기가 날 수 있다는 것을 보여주었기 때문이다. 그리고 휴즈가 비행과 관련해서 마지막으로 신문의 톱을 장식하게 해주었다. 하지만 30여 명의 승객을 첫 테스트 비행에 태운 데다, 구명조끼도 구명보트도 없고, 휴즈의 의도를 알고 있는 승무원조차 없이 진행되었던 그 비행은 너무 큰 모험이었다. 조종사로서 그의 경력 전체를 불필요하고 불확실한 모험에 걸었던 것이다. 물론 대중들은 이 역사적인 비행으로 그에게 환호를 보냈다. 하지만 이것은 그가 내린 최악의 비행 관련 결정이었다.

 HK-1 비행이 있을 때까지 휴즈는 총 8번의 교통사고 및 비행기 추락사고를 냈다. 사고가 날 때마다 부상을 입었고, 이중에 일부는 매우 치명적이었다. 거듭되는 머리 부상으로 며칠 동안 정신이 완전하지 않은 상태로 횡설수설하기도 했다. 머리에 가해지는 충격은 그의 정신 기능에 영향을 미쳤고, 그가 가지고 있던 감정적인 문제점들을 더욱 증폭시켰다. 이미 사업과 관련해서 스트레스를 받고 있는 상황에서, 거듭되는 사고 충격까지 겹쳐 휴즈는 매우 불안한 성격이 되어갔다. 그는 불안한 정신을 안정시키기 위해 방어기제를 사용했다. 그가 비행을 할 때마다 반복하는 수많은 접지후착륙 시도는 강박성 신경증을 보여주는 징후 중에 하나다. 아마도 이를 통해서 그는 일시적으로나마 마음의 안정과 편안함을 얻고 스트레스로부터 벗어날 수 있었을 것이다. 주변 환경을 최소한으로밖에 통제하지 못할 때 그가 느끼는 그런 스트레스로부터.

 휴즈는 항상 지배하고 관리하는 유형의 사람이었다. 그의 초기 비행 시절에도 이러한 경향은 뚜렷이 나타난다. 그는 혼자서 목표를 정하고, 직원들을 선발하고, 작업 과정을 감시하고, 그리고 종국에는 비행을 했다. 어느 누구도 그의 권위나 힘에 도전하지 않았다. 서서히 그는 비밀스러운 사람이 되어 갔고, 보안에 신경을 쓰기 시작했다. 휴즈는 직원들이 따라야 할 많은 규칙과 지침을 만들었다. 그는 매우 세세한 사항들까지 규정한 다량의 메모를 남겼다. 거기에는 비행기를 청소하는 법부터 비행일지를 업데이트하는 절차까지 그야말로 모든 것이 규정되어 있었다. 이 또한 강박성 신경증에 따른 혼란을 보여주는 사례들이다.

1946년 XF-11을 타고 냈던 거의 치명적인 사고 이후 휴즈의 인생은 곤두박질치기 시작한다. 이 부상 이후 그는 격렬한 고통에 시달렸다. 모르핀을 투약했는데, 점점 더 많은 양을 투약해야만 했다. 모르핀에 중독된 것을 알자, 의사는 코데인을 투약했다. 휴즈는 죽을 때까지 코데인을 정기적으로 투약했으며, 투약량은 서서히 높아져 위험 수위까지 이르렀다.

* * *

휴즈공구회사의 유일한 소유주가 된 휴즈는 이미 부유한 삶을 보장받았다. 그가 고용한 노어 디트리히는 노련하게 회사를 운영했다. 이 회사에는 심지어 대공황 기간에도 이윤이 넘쳐났다. 제 2차 세계대전은 휴즈의 인생에서 중요한 전환점이 되었다. 전쟁이 시작되었을 당시, 휴즈는 매우 성공한 조종사이자 사업가였다. 하지만 미 육군은 휴즈가 세계 최고의 조종사라는 사실을 인정하지 않았다. 군은 휴즈가 같이 일하기 어려운 사람이라고 생각했다. 휴즈가 자신들이 정한

엄격한 절차와 가이드라인을 따르지 않았기 때문이다. 그는 일정을 어겼고 의사소통을 잘하지도 못했나. 휴즈는 나무로 만든 D-2 듀라몰드 비행기를 만드느라 입은 손실을 전쟁 기간에 군수품을 제작해서 벌충하려고 했다. 그는 금속으로 XF-11과 HK-1 헤라클레스를 제작하는 군 계약을 따냈다. 하지만 두 프로젝트 모두 비현실적인 일정이었다. 아마 휴즈가 두 프로젝트에 대해서 사소한 것까지 일일이 참견하지 않고 빠른 결정을 내려주었다 하더라도, 두 신규 개발사업은 전쟁 전까지 결코 끝나지 못했을 것이다. 휴즈는 한꺼번에 너무 많은 일을 하려고 했다. 그 와중에 여배우들과 데이트를 하고, 영화도 만들고, TWA 운영에 관한 사항들도 통제했다.

휴즈항공사는 창시자가 제 2차 세계 대전 후 흥미를 잃어버렸지만, 다른 사람의 관리 속에서 성장하고 번창했다. 1954년, 휴즈는 하일랜드를 회사를 운영할 최고관리자로 임명했다. 전자혁명이 막 시작되던 시점에 유리한 고지를 점령한 휴즈항공사는 번창했다. 군 전자장비에서 시작해 민간 부문까지 범위를 넓혀 갔다. 휴즈항공사는 고성능 군용 무기는 물론 컴퓨터와, 전자출력 장치, 통신위성, 위성 TV, GPS, 의학전자기기 분야의 눈부신 발전과 보폭을 맞춰 갔다. 석탄과 철강산업, 기계, 고무, 석유 생산, 제조업, 심지어 항공운수업까지 미국에서 쇠퇴하고 해외로 중심이 옮아가는 시점에 휴즈항공사는 비약적인 발전을 하여 세계적인 기술 회사가 되었다.

휴즈공구회사는, 휴즈가 성공 여부가 불확실한 많은 사업에 투자할 수 있는 현금을 끊임없이 대주었다. 휴즈의 많은 투자들이 손실로 끝났지만, '황금의 주(golden state)'라고 불렸던 캘리포니아에 사놓은 부동산과 도박의 메카 라스베이거스 부동산들은 가치가 높았다.

라스베이거스의 부동산들은 대부분 그가 카지노를 사느라 갖게 된 것들이었다

결국은 침대에 메인 몸이 되어 자신의 제국을 운영하지 못하게 되었지만, 1975년까지 휴즈와 석유업자 J. 폴 게티가 세계에서 가장 부유한 사람이었다. 그의 마지막 목표가 이루어진 셈이다. 하지만 이 성공은 엄청난 희생을 대가로 한 것이었다. 휴즈는 보석이나 그림, 휴양지의 호화 주택 따위를 사는 데 돈을 쓰는 그런 사람이 아니었다. 그의 돈은 더 많은 권력과 지배력을 축적하는 데만 사용되었다. 1970년대 중반, 그는 매달 수백만 달러를 벌어들였지만, 이 돈이 그에게 아무런 도움이 되지 못했다. 휴즈는 대부분의 시간을 마약 주사를 맞은 상태에서 보내야 했다. 가끔씩 머리가 맑은 날이면, 사업에 관심을 기울였다. 다른 때는 거의 의식이 없었고, 제대로 된 결정을 할 수도 없었다. 그의 사무실을 운영하고 자신의 신변을 보살피도록 모르몬교도들을 선발한 그의 결정은 그의 인생을 극도로 망가뜨렸고, 결국은 그의 목숨까지 잃게 했다.

그가 부유해질수록 자신의 삶에 대한 지배력은 줄어들었다. 그의 시간과 에너지의 대부분이 불안함을 다스리는 '의식'에 쓰였다. 사회생활은 점점 줄어들었고, 사람들이 염탐하고 있다는 두려움은 점점 더 커져서 그는 결국 어둠의 세계로 들어가 버렸다. 언론은 그를 부유한 은둔자 또는 기괴한 억만장자라고 불렀다. 죽음을 앞두고는 며칠씩 24시간 내내 영화를 봤다. 가끔은 24시간 또는 그 이상을 자면서 보내기도 했다. 과도한 약물 주입 때문이었다. 거의 아무것도 먹지 않았는데, 이 때문에 그의 몸은 더욱 안 좋아졌다. 너무나 살이 빠져서 거의 오늘내일 하는 상황이 되어 버렸다. 휴즈는 젊은 시절부터 좋지

않은 식습관을 가지고 있었다. 평생 그를 괴롭혔던 변비는 코데인의 사용으로 훨씬 더 심해졌다. 휴즈는 몇 시간씩 화장실에 앉아 있곤 했다.

    마지막 6년 동안, 휴즈의 연약한 육체는 마치 신상처럼 도시에서 도시로 나라에서 나라로 옮겨졌다. 머무는 모든 곳에서 그는 대부분의 밤낮을 엄청난 양의 약을 먹고 침대에 누워서 보냈다. 그는 자신의 신체적인 건강에 대한 지배력을 완전히 상실했다. 휴즈는 같은 영화를 반복해서 봤다. 영화 속에서 공상의 나래를 펴고 어쩌면 좀 더 행복했던 젊은 시절을 떠올리기도 했으리라. 휴즈는 젊은 시절 마음먹었던 모든 목표를 이루었다. 하지만 그것은 끝없는 고통, 정신질환의 심화, 철저한 고립을 대가로 한 것이었다.

에필로그
Epilogue

 가끔은 잘 몰라서 질문을 던지는 때도 있지만, 87세의 브루스 버크는 놀라운 기억력을 가지고 있었다. 내가 하워드 휴즈와 휴즈의 비행기에 대해 무엇을 묻더라도 버크는 항상 대답을 해줄 수 있었다. 휴즈가 구입해서 나라 곳곳에 비치해 둔 비행기의 관리인이었기 때문이다. 버크는 휴즈가 비행을 시작하던 초기부터 그의 비행일지를 관리해 왔다. 사본을 만들어 두지는 않았지만, 기재 사항들을 잘 기억하고 있었다. 휴즈가 초기 비행을 하던 시절에 얼마나 일지를 정확하게 관리했는가도.

 버크는 또 휴즈가 자신에게 내리는 지시와 수정 사항들을 모두 기록한 개인적인 일지도 쓰고 있었다. 휴즈는 생각을 너무 자주 바꿨고, 그래서 지시를 놓치지 않고 점검하기 위해서 기록이 필요했던 것이다. 1950년대에 버크는 휴즈가 소송에 쓸 수 있도록 이 일지를 휴즈에게 빌려주었다. 그리고는 영원히 돌려받지 못했다.

버크가 관리했던 휴즈의 초기 비행기들 중에 하나가 비치 A-17-F였다. 휴즈는 이 비행기를 레이서의 첫 비행 준비를 하는 데 활용했다. 레이서 비행이 끝난 뒤 휴즈는 이 비행기에 흥미를 잃었고 팔려고 내놓았다. 한 조종사가 해마다 열리는 벤딕스 비행대회에서 쓰려고 이 비행기를 샀다. 조종사는 대회에 참가하기 위해 비행기 안에 추가 연료탱크를 설치했다. 이 연료탱크가 객실을 거의 다 차지했다. 때문에 객실로 드나들려면 전면 유리 왼쪽에 있는 삼각형의 작은 창문을 통해서 드나들어야 했다. 하지만 이 비행기는 대회 출전을 위해 버뱅크를 이륙하면서 새 주인을 떠나 버리고 말았다. 과적 때문이었다. 다행히도 비행기는 불붙지는 않고 착륙장 쪽으로 미끄러졌다. 비행기가 미끄러지는 것을 보자마자 버크는 조종사에게 어서 나오라고 알려주었다.

휴즈는 제 2차 세계 대전 후 군에서 염가로 판매하는 PB2Y-5R을 구입했다. HK-1 헤라클레스의 처녀비행 전에 큰 비행정 조종에 대한 경험을 쌓기 위해서였다. 하지만 휴즈는 PB2Y-5R을 한 번도 타지 않았고 비행정은 27년 동안 롱비치 해변에 있었다. 버크는 자기가 돌봐야 하는 방치된 비행기 편대에 PB2Y-5R을 추가시키고, 1960년대 초까지 이 퇴역 비행정을 비행 가능한 상태로 관리했다. 조종면과 프로펠러는 떼어서 창고에 넣어 두었다. 결국 1977년 PB2Y-5R은 플로리다 펜사콜라에 들어선 국립해군항공박물관(National Museum of Naval Aviation)에 기증되었다. 상당한 복구 과정을 거친 후 박물관에 보관되어 있는 상태다.

휴즈가 죽기 얼마 전에 버크는 레이서와 HK-1 헤라클레스의 처분을 놓고 국립항공우주박물관 측과 협상을 하는 협상단의 일원이 되었다. 비행정을 분해해서 몇몇 항공박물관에 보내는 안도 심각하게 검토되었다. 하지만 오랜 협상을 거쳐서 헤라클레스는 사우스캐롤라이나의 항공클럽으로 가서 롱비치에 전시되었다. 나중에 이 비행기는 에버그린항공박물관(오리건 주 맥민빌 소재)으로 옮겨졌다. 레이서는 항공우주박물관으로 갔다.

    항공우주박물관 부관장이 레이서 인수를 마무리 짓기 위해서 캘리포니아에 왔다. 버크는 부관장이 청바지에 재킷을 입고 휴즈 공항에 나타났던 때를 기억했다. 그는 나에게 유머러스한 톤으로 말했다. 그 부관장이 휴즈항공사를 직원들이 개척 시대 서부인들처럼 말 타고 일하러 가는 그런 분위기로 생각했음에 틀림없다고. 부관장은 레이서를 그린 유화를 보았다. 이것은 버크가 박물관에 전시되기를 바라면서 그린 것이었다. 그림이 떠나기 전에 버크는 사진을 찍고 여러 장을 프린트했다. 그리고는 레이서 복구 작업을 같이했던 사람들, 즉 레이서에게 새로운 생명을 주고 레이서를 분해해서 상자에 넣고 워싱턴 D.C까지 함께 싣고 갔던 사람들에게 주었다. 버크는 이 박물관에 서너 번 갔었지만, 자신의 그림이 전시된 모습은 결코 보지 못했다. 나중에 그는 월터 보인이 쓴 <스미소니언 비행북(The Smithsonian Book of Flight)>을 선물 받았는데, 그 책 가운데 접지되어 들어간 페이지에 자신의 그림이 있는 것을 보고 놀랐다.

    글렌 오데키크는 휴즈의 가장 오래된 비행 친구 중 한 명이다. 그는 정비사로 레이서의 제작, 록히드 L-14 수퍼엘렉트라 개조, HK-1 헤라클레스 비행정 제작 등을 이끌었다.

    오데커크는 1940년 L-14를 전쟁 중인 영국 정부에 팔 때 휴즈를 대리했다. 거래는 영국조달청(British Purchasing Commission)을 대리하는 중개업자 찰스 밥을 통해서 뉴욕에서 마무리되었다. 이 비행기는 영국과 이집트 간 속달서비스에 활용되었다.

오데커크는 종전 후에 정부와 거래를 하면서 말썽을 일으킨 적이 있었다. 1948년 4월 23일, 호놀룰루 대배심이 오데커크와 다른 휴즈항공사 직원 하나를 기소했다. 전쟁물자처리위원회(War Asset Administration)로부터 부정한 방법으로 더글러스 C-47 6대를 샀다는 혐의였다. 대배심은 오데커크가 퇴역 군인들을 내세워 전후 염가판매하는 비행기들을 싼 값에 사갔다는 혐의를 걸었다. 특히, 오데커크는 6십만 달러 가치가 있는 비행기를 10만 5천 달러에 샀다고 기소되었다. 소송에서 퇴역 군인 중의 하나가 주정부 측의 증인으로 나왔고, 명백히 질 수밖에 없는 사건이었다. 오데커크와 다른 직원은 항변하지 않았고, 각자 1만 달러의 벌금형을 받았다. 이 벌금은 휴즈가 내주었다.

오데커크는 1950년대 휴즈항공사에 근무하고 있으면서 캘리포니아 온타리오 비행장에서 비행기 수리사업을 시작했다. 그는 이때 다시 한번 잘못된 판단을 내린다. 즉, 휴즈항공사 정비사들을 시켜서 자신의 일을 하게 한 것이다. 휴즈가 이 사실을 알고 즉시 중단시켰다. 그때부터 휴즈와 오데커크는 결코 과거와 같은 좋은 관계를 가질 수 없었다.

휴즈가 죽은 뒤, 휴즈항공사는 버크에게 휴즈의 초기 비행 시절 함께 일했던 사람들을 인터뷰해 달라는 요청을 했다. 당시 오데커크는 돈을 받는 것이 아니면 인터뷰하지 않겠다고 거부했다. 할리우드 사무실을 운영하고 있는 모르몬교도들은 오데커크에게 돈을 주려하지 않았고 결국 오데커크의 경험은 문서화되지 못했다. 오데커크는 몇 년 전 암으로 죽었다.

96세가 된 거스 자이델은 휴즈가 1935년 최초의 H-1 레이서를 만드는 일을 도왔고, 레이서를 타고 비행하는 것도 도왔다. 자이델은 매우 꼼꼼한 성격의 정비사로, 늘 비행기에 무슨 잘못된 점이 있지 않을까 염려했다. 잘못되면 휴즈가 부상을 당하거나 심한 경우 목숨을 잃을 수도 있기 때문이다. 휴즈는 이 비행기를 타고 세계 비행속도 기록과 대륙횡단 비행기록을 세웠다. 그 뒤 레이서는 컬버시티에 거의 40년 동안이나 방치되어 있었다. 이 유명한 비행기의 총 비행시간은 40.5시간에 불과했다.

1998년, 오리건 주 커티지글로브에 있는 라이트기계공구(Wright Machine Tools)의 소유주 짐 라이트는 H-1B라는 비행기를 만들기 위해 엔지니어와 정비사들로 팀을 꾸렸다. H-1B는 최초 레이서를 완전히 카피한 모조품이었다. 라이트는 이 프로젝트에 35,000인시(人時, man-hour)에 100만 달러 이상을 투자했다. 라이트는 꿈을 이뤘다. 2002년 그는 이 비행기를 타고 비행해 관중들을 흥분의 도가니로 몰아넣었다. 날렵한 은빛과 푸른색이 섞인 비행기를 타고 관중석 바로 가까이로 급강하하는 묘기도 선보였다. 라이트는 2003년 여름 실험비행기협회(Experimental Aircraft Association)가 개최하는 에어쇼에서 이 비행기를 선보였다. 이 에어쇼는 위스콘신 주 오슈코시에서 해마다 열리는 것이었다. 에어쇼가 끝난 뒤 H-1B를 타고 오리건의 집으로 돌아가던 도중, 비행기가 추락했다. 비행기는 올드페이스풀 온천 북쪽 8마일 거리에 있는 옐로스톤 국립공원에서 화염 속에 폭발했다. 53세의 조종사는 사망했다. 자이델은 이 소식을 듣고, 비행기를 만들고 테스트할 때 자신이 그를 도와줬더라면 하고 안타까워 했다. 68년 전 휴즈를 위해 그가 했던 것처럼.

자이델이 휴즈와 함께 탔던 DC-1은 유니온 항공 터미널에 방치되어 있었다. 1938년 6월에야 그랜다드의 백작 비스카운트 포브스에게 팔려서 영국 민간항공기 등록번호 G-AFIF를 부여받았다. 애초 DC-1을 직접 비행해서 영국으로 가져갈 생각이었으나 결국은 날개를 떼서 화물선에 선적하여 보냈다. 크로이던 비행장에서 다시 조립되었고, 이 과정에서 장거리 비행을 위해 개조된 부분들이 대부분 제거되고 승객들을 위한 내부 인테리어가 갖춰졌다.

비스카운트는 몇 달 동안 이 비행기를 가지고 있다가 스페인의 항공운수회사에 팔았다. 비행기는 이곳에서 정규 여객기로 운행되다가 1940년 12월 말라가에서 이륙한 직후 엔진이 꺼졌고, 공동 경작지에 불시착했다. 당시 파손 범위는 대단히 넓었다. 기수가 부서졌고, 날개도 부러졌으며, 엔진은 떨어져 나갔다. 하지만 사람은 아무도 다치지 않았다. 비행기의 원래 스타일이 독특한 데다 대체할 만한 부품도 없어서 수리하려고 하지는 않았다. 비행기 파편 중에 일부가 다른 곳으로 옮겨져서 지역의 종교적인 성지로 탈바꿈했다는 풍문도 들렸다.

레이 커크패트릭은 독특한 경력을 가진 인물이다. 그는 공항에서 허드렛일을 하는 사람 ─씻고, 연료를 공급하고, 비행기를 견인하는 등─ 으로 시작해서 항공사가 되었다가 휴즈와 함께 비행한 부조종사가 되었다. 그리고 마지막에는 비행기에 탑재된 포를 테스트하는 일을 했다. 업무를 할 때 그는 늘 뛰어난 문제해결 능력을 보여주었다.

1943년 초의 일이다. 당시 에디슨 전자회사는 휴즈 공항의 잔디 활주로 위를 통과하는 66,000볼트짜리 고압전력선을 가지고 있었다.

휴즈는 이 전력선을 없애고 싶어 했다. 전력선이 착륙과 이륙을 방해했기 때문이다. 조종사들이 착륙할 때 전력선 아래로 가야 할지 위로 가야 할지 결정하기가 난감했다. 커크패트릭은 휴즈를 위해 이 문제를 해결해 주었다. 육군 항공대가 전파 교란에 영향을 받지 않는 신형 레이더를 실험하고 있을 때였다. 실험 도중 P-51 무스탕에서 전파 교란을 위한 알루미늄 금속 조각을 떨어뜨려야 했다. 커크패트릭은 조종사에게 알루미늄 조각 하나를 전력선 위에 떨어뜨리라고 지시했다. 볼만한 광경이 연출되도록. 물론 커크패트릭의 개인적인 판단이었다.

"정말, 섬광에 불꽃에 난리가 아니었죠!" 커크패트릭은 말했다.

에디슨 전자회사는 결국 선을 땅에 묻기로 결정했다. 오직 휴즈가 원했기 때문에.

커크패트릭은 34년 동안 휴즈항공사에서 근무한 뒤 1973년 퇴직했다. 그리고 애리조나에 있는 불해드로 이사 갔다. 하지만 그곳은 조종을 하기에 사막의 열기가 너무 강했다. 그는 다시 산타모니카로 이사해 이동식 가옥에 정착했다. 이 가옥에서는 팰러세이즈 협곡에 있는 태평양이 잘 보였다.

"백만 달러짜리 풍경을 가진 1.98달러짜리 집이죠." 커크패트릭의 말이다.

그는 2003년 88세의 나이로 죽을 때까지 그곳에 살았다.

92세의 챌너 보웬은 콜로라도의 몬트로즈에 살고 있다. 그는 록히드 컨스털레이션과 더글러스 B-23에서 부조종사로 휴즈와 함께 비행했다. 그는 또 휴즈항공사 테스트 조종사 게일 무어와 함께 XH-17 시제 헬리콥터를 테스트하기도 했다. 이때는 테스트 항공사로 함께했다. 보웬은 휴즈가 사들인 빅터스사의 비스카운트 제작 과정을 지켜보면서 영국에서 3년을 보내기도 했다. 보웬은 브루스 버크에게 비행기의 상태를 보고하는 최초의 '녹 감시자(rust watchers)' 중의 한 사람이기도 했다. 물론 휴즈는 비스카운트를 테스트하기 위해 영국으로 건너오지 않았다. 이 비행기는 나중에 다른 곳에 팔렸고 남아메리카에서 추락했다.

휴즈는 친선 목적의 세계일주 여행을 하고자 보잉 307 스트라톨리너를 구입했다. 보웬은 이 비행기의 부조종사이자 항공사, 정비사로 활약했다. 이 비행기는 결국은 팔려서 플로리다 포트로더데일로 옮겨졌다. 1964년, 허리케인 클레오가 포트로더데일과 스트라톨리너 −이때는 '날으는 펜트하우스(The Flying Penthouse)'라고 불리고 있었다− 를 사정없이 강타했다. 꼬리와 랜딩기어가 심각하게 파손되었다. 25년 동안 겨우 500시간의 비행을 한 뒤에 이 비행기는 완전히 수리 불가능한 상태가 되고 말았다. 비행기는 오랫동안 무관심 속에 방치되었고, 남부 플로리다의 습한 열대 기후 속에 계속 녹슬어 갔다. 이 스트라톨리너를 구제해 준 것은 포트로더데일의 부동산업자이자 조종사인 케네스 런던이었다. 런던은 1969년 69달러를 주고 이 비행기를 사들여 복구하려 했다. 하지만 유감스럽게도 비행기는 너무나 손상이 커서 다시 날 수 없었다. 런던은 4년의 시간을 들여서 이 비행기를 모터가 달린 요트로 개조했다. 1974년 6월, '런더네어(The Londonaire)'라는 애칭이 붙은 이 비행기는 남부 플로리다의 물속을 우아하게 떠다녔다. 런더네어는 배 안에 V−8 모터 2기를 장착했는데, 원래 비행기의 조종실에서 이 모터를 조종할 수 있게 했다. 전기, 배관, 위생 설비, 에어컨, 새로운 인테리어가 더해졌다. 휴즈가 한때 소중히 여겼던 이 비행기는 오락용으로 바뀌어 버렸다.

　제 2차 세계 대전 후, 휴즈가 처음으로 고용한 조종사 존 포스터는 1938년 미국 공군으로 돌아갔다. 포스터는 전쟁 기간 동안, 용감한 젊은 조종사였고 위기일발의 아슬아슬한 순간도 많이 경험했다. 포스터는 휴즈의 비행기 중 하나인 B-23을 이스트코스트에 추락시켰다. 그와 승무원 조 페트랄리는 다행히 부상을 입지 않았다. 하지만 휴즈는 이 일을 좋아하지 않았다. 이 추락사고는 포스터가 다시 공군으로 돌아가는 데 하나의 원인을 제공했다.

　포스터는 공군에서도 여전히 위기일발의 아슬아슬한 순간을 여러 번 경험했다. F-101 부두(Voodoo)에서 긴급탈출을 한 적도 있고, B-47 비행기가 지상에서 타 버린 적도 있었다. 20년 동안 군에서 복무한 뒤 포스터는 대령으로 제대했다. 그리고 휴즈항공사의 마케팅부서로 되돌아왔다. 포스터는 로스앤젤레스의 호화 주택가인 팔로베르데스 반도로 이사하고 모터보트도 샀다. 1977년 휴즈항공사에서 퇴직했다.

　퇴직한 뒤 포스터는 마이애미에서 큰 보트를 샀다. 그리고는 아들 존 주니어와 아들의 친구를 초대해 보트 여행을 떠났다. 보트를 타고 파나마 운하를 통과해서 캘리포니아로 다시 돌아오는 계획이었다. 하지만 온두라스 근처에서 세 사람은 큰 폭풍을 만났고 보트가 전복되었다. 포스터는 밤새 보트의 파편을 잡고 버텼으나 아침에 익사했다. 그의 아들과 친구는 실아님있다. 휴즈항공사에서 퇴사한 지 채 두 달이 되지 않은 때였다.

　클래런스 숍은 제 2차 세계 대전 때 P-38 조종사였고, 휴즈항공사 비행 테스트부서의 첫 부서장이었다. 그는 후에 부사장으로 승진하여 휴즈항공사에서 최초의 국제영업부서를 탄생시켰다. 그의 지도 아래 회사는 전자 제품을 전 세계 우호국들에게 판매했다. 숩은 계속해서 캘리포니아 주 공군을 지휘했고 소장까지 진급했다.

1968년 1월 27일, 비벌리힐스에 있는 그의 집에서 60세의 나이로 죽었다. 그의 사인은 긴 질병 끝에 오는 폐렴이었다.

숩이 죽었다는 소식을 들은 휴즈는 "미국은 영웅을 잃었고, 항공업계는 이 분야의 최고의 공헌자를 잃었고, 휴즈항공사는 뛰어난 중역을 잃었고, 나는 사랑하는 친구를 잃었다."고 말했다. 좀체 감상적이지 않고 감정을 잘 표출하지 않는 그였기에 이례적인 일이었다.

태평양의 격추왕이자 초기 휴즈항공사 테스트 조종사였던 로버트 드헤이븐은 숩이 부사장으로 승진하자 비행 테스트부서장 자리를 이어받았다.

드헤이븐은 개인 용도로 비행기를 갖고 싶어 했다. 미국 정부는 종전 후 잉여 군수물자를 염가로 판매하는 과정에서 벌티 BT-13 훈련기를 민간 시장에 팔았다. 오데커크가 2대를 2천 달러를 주고 구입했다. 1대는 비행 허가를 받아서 로스앤젤레스에서 일반적인 수송기로 이용되었다. 그리고 하나는 휴즈가 산 다른 비행기들처럼 '녹 감시자'들의 우두머리 브루스 버크에게 이관되었다. 결국 한때는 비행 가능했던 이 항공기는 서서히 붕괴되었다. 다시 이용하려면 부식을 수리하고 새로운 연료탱크를 부착하고 조종 장치에 새로운 천을 씌우는 작업을 해줘야 하는 상태가 되었다. 드헤이븐은 휴즈의 오랜 비서이자 경영 보좌관이기도 한 나딘 헨리를 꼬드겨 헐값에 이 비행기를 자기에게 팔게 했다. 헨리는 휴즈의 자산을 처분하는 일도 하고 있었다. 사람들은 드헤이븐이 회사에서 이 비행기를 '훔쳤다'고 표현했다. 헨리가 그 가치를 전혀 몰랐기 때문이다. 드헤이븐은 휴즈항공사 정비사들을 회사 근무 시간에 자기 비행기 개조에 동원하다가 경고를 받았다. 휴즈항공사에서 38년을 일하는 동안 드헤이븐은 자신의 지위를 이용해서 부하 직원들에게 개인적인 일을 맡겨 왔다. 하지만 이번에는 발각되었고, BT-13 개조 작업은 중단되었다.

1985년, 드헤이븐은 휴즈항공사를 퇴직했다. 그는 '회사에서 훔친' 비행기를 산타바바라 공항에 있는 수리소로 가져갔다. 그리고 비행기 개조 작업에 관한 계약을 체결했다. 휴즈가 수없이 그랬듯이 드헤이븐도 개조 작업을 지켜보기 위해서 공장에 찾아가곤 했다. 그는 결과에 만족스러워했다. 하지만 계약업자는 드헤이븐이 알지 못하게 그의 비행기 부품 일부를 다른 BT-13을 수리하는 데 사용했다. 어느 날 드헤이븐이 차를 몰고 산타모니카 공항으로 갔을 때, 두 대의 비행기와 믿지 못할 계약업자는 사라지고 난 뒤였다. 자신이 휴즈항공사에서 훔쳐온 비행기를 도둑맞은 것이다. 이것은 그가 휴즈항공사에서 한 일을 생각하면 합당한 결말이다. 인과응보 아니겠는가?

테스트 조종사 찰스 맥다니엘은 1986년 36년 동안 근무한 휴즈항공사에서 퇴직했다. 6년 전에 그는 비행 테스트부서장이 되었다. 1980년 드헤이븐이 부서를 옮겼기 때문이다. 휴즈가 죽은 뒤, 휴즈항공사의 활주로는 폐쇄되었다. 맥다니엘은 군사 비행과 회사 비행 모두를 산페르디난도 계곡에 있는 반누이스 공항으로 옮겼고, 지금까지 그 체제가 유지되고 있다.

그는 휴즈항공사에 다니는 내내 많은 집에 투자를 했고, 심지어는 카마릴로 공항이 내려다보이는 66에이커의 부지에도 투자했다. 그는 늘 이윤을 남기고 파는 재주가 있었고 부자가 되었다. 그는 여유로운 경제력으로 이혼 수당과 아이들 양육비까지 지불하면서 전 부인들을 도와주고 있다. 84세인 그는 지금 캘리포니아 호화 주택가인 카멜에 있는 100만 달러짜리 집을 리모델링하고 있다.

맥다니엘이 휴즈항공사에 있을 때 제너럴다이나믹스사에서 제작한 F-106을 몰았기 때문에, 이 회사에서 그에게 M2(Mach 2의 약자, F-106의 속도가 마하 2.3임을 기념하는 것이다)라는 글씨가 장식된 넥타이핀을 선물로 주었다. 맥다니엘은 농담으로 이 글자가 '두 번 결혼하다' 라는 뜻이라고 말하곤 했다. 사실 그는 두 번 이상 결혼했다. 때문에 어떤 이들은 그가 M3+라고 새겨진 SR-71(록히드사에게 개발한 초음속 전략정찰기로 마하 3의 속도를 자랑했다) 장식 핀을 받았을 것이라고 농담하곤 했다.

테스트 조종사 크리스 스미스도 1986년 35년의 회사 생활을 마치고 휴즈항공사에서 퇴직했다. 회사를 떠날 때 그는 내게 다음과 같이 말했다. 남은 시간 동안 하고 싶은 3가지 목표가 있다고. 악기 연주를 배우는 것, 우표 수집을 열심히 하는 것, 세 딸을 위해서 회고록을 쓰는 것이다. 나는 그와 때때로 이야기를 나눴다. 그는 나에게 중고품 염가판매장에서 우표를 찾다가, 찰스 린드버그가 쓴 자서전 <우리(We)>를 발견했었다는 이야기도 해주었다. 그는 악기 연주를 배우지는 못했다. 하지만 종이에 직접 손으로 쓴 회고록을 남겼다. 그의 큰 딸인 캐롤라인이 친절하게도 그의 글을 타이핑해서 이 책을 쓰는 데 참고할 수 있게 해주었다.

크리스는 사랑하는 아내와 40년 동안 결혼생활을 했다. 아내는 2001년에 죽었고, 6개월 후 그도 슬픔에 잠긴 채 죽었다.

게일 무어는 XH-17 헬리콥터를 테스트 비행했다. 그가 테스트한 XH-17은 불과 10시간의 비행 후에 비행 사무실 서쪽에 있는 콘크리트 이착륙장으로 옮겨졌다. XH-17을 스미소니언 박물관에 주자는 의견도 있었다. 캘리포니아 업랜드에 있는 항공박물관에서 이 헬리콥터를 자기네한테 가져다주었으면 하기도 했다. 하지만 이 계획은 무산됐다. 왜냐면 회전날개 블레이드가 수명을 다했기 때문이다. -고장 났다가 수리된 회전날개 블레이드는 수명이 겨우 50시간이었다- XH-17은 온갖 풍상에 그대로 노출되었고 결국은 파괴되었다. 몬스터 헬리콥터에게는 불명예스러운 최후였다.

무어는 휴즈항공사의 269 헬리콥터를 오랫동안 테스트했다. 한 번은 높은 고도에서의 자동회전 시범을 보이던 도중 헬리콥터가 추락해 상처를 입었다. 다시 비행할 수 있을 만큼 몸이 회복되었지만, 암에 대한 두려움 때문에 휴즈항공사 엔지니어링부서에서 25년 경력을 마감했다. 1977년 퇴직한 후 시에라네바다의 산기슭으로 이사했다. 과거 농장 소년이었던 이 사람은 83세에도 여전히 따스하고 독립적인 영혼을 가지고 살고 있었다. 자신의 시간을 포도를 키우고, 장작을 패고, 회고록을 쓰는 데 보내면서.

존 시모어는 1957년 A-20G를 타고 10분 정도 비행을 했다. 이것이 이 비행기의 마지막 비행이 되었다. 1974년 8월 1일, A-20G는 안텔로프벨리 항공박물관(Antelope Valley Aero Museum)으로 옮겨졌다. 캘리포니아 랭카스터에 있는 박물관으로 나중에 비행역사 박물관(Milestones of Flight Museum)이라는 이름으로 바뀌었다.

휴즈가 죽은 1년 뒤, 그리고 존 시모어가 A-20G를 타고 마지막 비행을 한 20년 후에, 시모어는 폭스 비행장을 찾았다. 안텔로프벨리 항공박물관 관장이 시모어와 그와 함께 간 두 젊은 비행사에게 비행기를 보여주었다. 비행기는 공항 야외에 계류되어 있었다. 시모어는 위풍당당한 낡은 비행기 위로 올라갔다. 그는 과거에 했던 것처럼 조종실 덮개를 열고 조종석에 앉았다. 두터운 먼지가 스위치와 계기판들을 덮고 있었다. 시모어는 손가락으로 계기판과 익숙했던 조종 장치들을 만져보았다. 그는 오래되고 색이 바랜 프렉시글라스 창문 너머로 밖을 내다봤다. 여기저기 온통 녹과 부식의 흔적이 보였다. 그가 컬버시티에 이 비행기를 계류시킬 때부터 13년 동안 조종실에 있었던 마이크로폰과 헤드셋은 이제는 사라졌고, 작은 금속 박스에 있던 비행일지도 사라졌다.

시모어는 땅으로 내려와서 뒤쪽으로 걸어갔다. 두 젊은 조종사가 지금까지 결코 본 적이 없을 오래된 비행기 조종석을 신기한 듯 탐험하는 모습을 지켜보았다. 두 사람이 내려오자 박물관장은 뒤에서 비행기 출입구를 잠갔다. 공동묘지 같은 구내에서 걸어 나오는 동안 아무도 말이 없었다. 시모어는 저 낡은 비행기처럼 자신의 시대가 끝났다는 것을 깨달았다.

그 후 10년 동안 A-20G는 밖에 놓인 채 자연의 파괴자들에게 약탈당했고 심하게 부식되었다. 1987년 4월, 박물관은 이 비행기를 마이애미에 있는 커밋 윅스에게 보낸다. 윌리엄 J. 폭스 공항에 그가 격납고를 지어준 데 대한 대가였다. 존 시모어는 1994년에 죽었다.

캐나다 인 테스트 조종사 돈 로저스는 이제 88세가 되었다. 그는 AVRO의 제트라이너를 휴즈와 예닐곱 번 조종했었다. 캐나다 정부가 제트라이너 제작 프로그램을 취소하자 이 시제기는 1956년 11월에 분해되었다. 분해된 조각들이 오타와에 있는 국립연구협회(National Research Council)로 보내졌다. 이곳에서 기수 부분만 보존되었고 나머지는 조각조각 팔렸다. 메인 바퀴는 농장 수레에 쓰였고, 자동조종

장치는 오랫동안 더글러스 DC-3에서 사용되었다.

로저스는 AVRO의 초음속 CF-105 애로우 프로그램의 비행 담당 매니저가 되었다. 하지만 이 프로그램 또한 취소되었고 비행기는 조각으로 분해되었다. 로저스는 중도에 끝나버린 2개의 캐나다 비행기 프로그램에 관여했었지만, 그렇다고 전문테스트 조종사로서의 명성이 흐려지지는 않았다. 로저스는 1998년 캐나다의 항공명예의전당에 이름을 올렸다.

1974년, 노어 디트리히가 쓰던 B-25C는 랭카스터의 안텔로프벨리 항공박물관에 기증되었다. 휴즈항공사 정비사들이 이 비행기가 떠날 수 있도록 비행 준비를 했다. 전직 록히드 테스트 조종사 헤르만 새먼은 컬버시티에서 이 비행기를 옮기는 계약을 맡았다.

당시 61세였던 새먼은 열일곱 살에 조종사 자격증을 땄다. 1930년대에는 곡예비행사, 낙하산 스턴트맨, 경주 조종사 등으로 비행을 했다. 록히드는 1940년 허드슨 폭격기를 유럽으로 이송하는 업무를 위해 그를 고용했다. 나중에 그는 P-38의 회전 테스트, B-17 플라잉 포트리스의 급강하 테스트를 수행했다. 새먼은 1946년부터 1949년까지 전국비행대회에 참가했고, 1948년 초소형 비행기 경주에서 우승했다. 새먼은 XVF-1 포고 수직이착륙(VTOL, vertical takeoff and landing) 시제기의 첫 테스트 비행을 했다.

나는 B-25C를 랭카스터로 옮기기 위해서 컬버시티에 왔을 때 새먼을 만났다. 그는 눈에 띄는 구레나룻을 기른 즐겁고 낙천적인 사람이었다. 나는 그가 이륙하는 것을 보고 싶었다. 이 비행기가 너무나 오랫동안 지상에만 있었고 온갖 악천후에 노출되어 시달려 왔는데, 과연 다시 날수 있을까 하는 궁금증도 한몫했다. 사실 나에게 B-25C를 조종하라고 했다면 쾌히 승낙하지 않았을 것 같았다. 새먼은 그 노쇠한 고물 폭격기를 타고 이륙해서 마리나델레이 위로 상승했다. 그리고는 해안선에서 북쪽으로 방향을 틀었다. 그는 휴즈처럼 대담한 영혼을 가진 조종사였다.

새먼은 1978년 록히드사에서 퇴사했지만 비행기를 운송하는 일은 계속했다. 1980년 새먼은 수퍼 컨스털레이션을 인디애나 콜럼버스에서 알래스카까지 옮기기로 했다. 하지만 이 비행에 참가했던 새먼과 항공사, 또 다른 승무원은 이륙과 동시에 비행기가 추락하면서 목숨을 잃었다. 과적인데다 엔진 관리도 엉망이었다. 새먼은 적절치 못한 준비 절차와 의사소통 부재, 최근 비행 경험의 부족으로 추락했다. 그의 죽음은 1만 2천 시간의 비행시간을 가진 조종사의 무분별하고 어리석은 판단에서 빚어진 비극이었다.

1989년 10월, 조지 마레트가 휴즈항공사를 퇴직했다. 31년 동안 군과 항공우주산업 분야에서 조종사로 일했던 나는 1개월 후 베를린 장벽이 무너졌을 때 냉전의 종식을 실감했다. 로널드 레이건이 '악의 제국'이라고 불렀던 세력에 대항해서 자유를 수호하는 데 일익을 담당했던 나로서는 엄청난 경험이었다. 44년 동안이나 지속된 냉전 후 우리는 군사적 대접전 없이 최후의 대결에서 구소련에 승리한 것이다.

공군에서 복무할 때 나는 1년 동안 베트남 전장에서 비행을 했다. 당시 내가 맡은 것은 A-1 스카이레이더 공중구조 조종사였다. 12명의 대대원들이 죽었고, 2명은 심한 부상을 입고 고국으로 후송되었다. 또 한 사람은 긴급탈출 시 심한 부상을 입어서 제대했다. 미국 역사에서 악몽과도 같았던 그 시기에 우리 대대는 26대의 비행기를 잃었다. 스미소니언 연구소 출판사를 통해서 낸 <죽음을 모면하다 : 베

트남과 라오스에서의 전투원 공중구조(Cheating Death : Combat Air Rescues in Vietnam and Laos)>라는 책에 당시의 내 전투 경험이 들어 있다.

1991년 조지 H. W. 부시 대통령 시절, 미군이 사담 후세인을 상대로 벌이는 전쟁을 텔레비전을 통해 보았다. 무기를 장착한 거대한 무적함대의 발전상이 나를 흐뭇하게 했다. 무기들 중에는 휴즈항공사에 있을 때 내가 테스트를 도왔던 것들도 포함되어 있었다. 미군은 이 무기들을 사용해서 사담 후세인의 군대를 단 며칠 만에 격파해 버렸다. 소모적으로 싸웠던 베트남전과는 다른 모습이었다. 군은 압도적으로 우세한 군대를 이끌고 전쟁에 돌입하여 승리를 거두고, 이라크를 빠르게 무너뜨렸다.

2003년, 조지 W. 부시 대통령이 사담 후세인을 상대로 전쟁하는 것을 텔레비전을 통해 보았다. 휴즈항공사에서 개발한 무기들이 다시 쓰였다. 사담 후세인의 두 아들은 휴즈항공사에서 만든 유선유도식 대전차 미사일(TOW)에 의해 살해되었다. 친구인 테스트 조종사 게일 무어가 1960년대에 최초로 TOW 미사일을 테스트했었다. 무어는 XH-17 시제 헬리콥터를 첫 시험비행한 사람이다.

레이서와 HK-1 헤라클레스와 마찬가지로 내가 휴즈항공사에서 테스트 비행했던 2대의 비행기도 대중들에게 전시되어 있다. 9번째로 제조된 F-14A 톰캣은 버지니아 오시아나 해군 항공기지 관문을 지키고 있다. 이 비행기에는 휴즈항공사에서 만든 AWA-9 공대공 레이더와 ATM-54A 피닉스 미사일이 탑재되어 있다. 톰캣은 내가 특별히 좋아하는 전투기로, 조종했던 비행기 중에 최고였다.

내가 조종했던 해군의 T-39D 사브르라이너(Sabreliner)는 메릴랜드 렉싱턴 근처 파투센트리버 해군항공박물관(Patuxent River Naval Air Museum)에 전시되어 있다. 휴즈항공사에서 F-18 호넷용으로 만든 APG-65 다목적 레이더를 테스트할 때 쓰던 비행기이다. 컬버시티에서 이 비행기를 타고 2년 동안 테스트한 뒤, 나는 1979년 초 미주리 주 세인트루이스에 있는 맥도널 더글러스에게 이 비행기를 전달했다. F-18의 항공전자 장치가 개발되는 2년 동안 비행기는 그곳에서 조종되었다. 나중에 이 비행기는 파투센트리버에 있는 해군 테스트조종사학교로 옮겨져 항공전자 장치를 훈련하는 용도로 사용되었다. 해군은 이 오래된 사브르라이너를 가지고 들인 돈만큼을 충분히 뽑아낸 셈이다.

 퇴직한 직후에, 나는 캘리포니아 패소로블레스 공항에 있는 에스트렐라 군용비행기박물관 건립을 도왔다. 상설 전시할 군용 비행기를 찾던 중에 7번째로 제작된 그럼맨(Grumman) F-111B를 발견했다. 이 비행기는 캘리포니아 차이나레이크 해군 항공기지에 있었다. 이 비행기는 마지막으로 만들어진 F-111B로 가장 성능이 좋은 것이었다. 테스트 조종사 시절 나는 F-111B를 타고 태평양 상공에 떠 있는 원격조종무인기를 향해서 많은 미사일을 쏘아대곤 했었다. 이제 이 비행기는 캘리포니아의 높은 사막 지대에서 바람받이 역할을 하며 서서히 낡아 가는 70,000파운드짜리 고철 덩어리가 되어 버렸다. 나는 어떤 항공박물관이든 이 역사적인 비행기를 가져가서 걸맞은 휴식처를 제공해 주었으면 하고 바랐다.

 몇 년 전 에스트렐라 군용비행기박물관은 에드워드 공군기지에 있던 NASA의 록히드 F-104G 스타파이터를 찾아내어 복구했다. 나는 USAF 테스트조종사학교 학생 시절에 스타파이터를 조종하면서 마하 2.15의 속도로 80,000피트까지 급상승해 본 적이 있었다. F-104는 지금까지 만들어진 어떤 비행기보다 날렵한 유선형이다. 가히 제트기 시대의 레이서라고 할 만하다. NASA 스타파이터는 이제 에스트렐라 군용비행기박물관 입구를 지키고 있다. 그리고 자랑스럽게도 나의 이름이 캐노피 바로 아래에 새겨져 있다.

89세의 잭 리얼은 20년 동안이나 휴즈의 가장 가까운 친구였다. 1971년, 리얼은 록히드사 부사장직에서 물러나 휴즈항공사로 왔다. 나는 테스트조종사협회(SETP) 연례 토론회에서 리얼을 만났다. 당시 나는 버벌리힐튼 호텔의 휴즈항공사가 마련한 특별실에서 손님을 맞고 있었다. 나의 상관이 키가 크고 마른 이 항공사에게 나를 소개했다. 그는 리얼이 휴즈와 직접적으로 일한 사람이라고 말했다. 간단한 통성명에서 시작된 우리의 만남은 시간이 흐르면서 친밀한 우정으로 변해 갔다. 나는 비록 휴즈를 한 번도 만난 적이 없지만, 리얼과의 접촉을 통해서 휴즈를 안다고 느꼈다. 리얼과 나는 28년 동안 우정을 쌓아 왔다.

1976년 휴즈가 죽은 뒤, 사촌인 윌리엄 러미스가 유언 집행자로 휴즈의 자산을 물려받았다. 러미스는 자산은 많지만 현금 흐름이 좋지 않은 것을 알고, 리얼에게 말했다. "찬장이 비어 있구먼." 러미스는 리얼이 유능한 비행기 판매원이라는 것을 알고, 즉시 미국과 영국에 흩어져 있는 휴즈 소유의 모든 비행기들을 처분하라고 지시했다. 다음 해 내내 리얼은 록히드 제트스타 10대, 글럼맨 겔프스트림(Gulf stream) 터보프로펠러 4대, 콘베어 240 4대, 호커 125 제트기 3대, 록웰(Rockwell) 커맨더(Commander) 3대, 호커시들리 748 터보프로펠러 1대, 비치크래프트(Beechdraft) 킹 에어(King Air) C-90 1대,

휴즈가 너무도 사랑했던 시코르스키 S-43 비행정 1대를 팔았다. S-43은 1937년에 휴즈가 구입한 것으로 오랫동안 창고에 있었다. 비행 자격도 정지되었으며, 비행 불가능한 상태였다. 그럼에도 불구하고 이 비행기는 복구 작업 하나 하지 않고 '있는 그대로' 7만 5천 달러에 팔렸다. 휴즈 소유 개인 비행기를 판매한 총판매액은 3천 4백만 달러에 이르렀다. 이 돈은 휴즈 사후, 수많은 법률 소송을 처리하고 숨어 있거나 잊혀진 그의 자산들을 찾는 자금으로 활용되었다.

비행기들을 판 뒤, 러미스는 리얼에게 휴즈헬레콥터를 맡겼다. 당시 휴즈헬레콥터는 거의 파산 직전의 회사로, 1천 7백만 달러의 가치밖에 없었다. 리얼은 회사를 재조직해서 2년 뒤에 맥도널 더글러스에게 4천 8백 8십만 달러를 받고 매각했다. 순이익만도 3천만 달러가 넘었다. 매각 이후에도 맥도널 더글러스는 리얼에게 사장으로 남아 있어 달라고 했고, 그는 2년 동안 사장으로 재직했다. 그리고는 3년째부터는 이사장이 되었다.

1994년, 비행광이자 사업가인 델 스미스는 리얼에게 자신이 계획하고 있는 항공박물관의 관장으로 함께 일해 달라고 제안했다. 스미스와 그의 아들 마이클 킹 스미스는 남부 캘리포니아 항공클럽에 박물관 건립 제안서를 냈다. 이 클럽은 HK-1 헤라클레스 비행정의 소유자로, 헤라클레스를 오리건의 맥민빌에 가져다 놓았다. 작업 진행 도중 마이클 스미스가 자동차 사고로 죽었다. 박물관 공사를 시작하기 전이었다. 델 스미스는 아들을 기리기 위해 박물관에 아들의 이름을 붙였다. 박물관 이름은 마이클 킹 스미스 항공교육센터(Micheal King Smith Aivation Educational Institute)가 되었다. 리얼은 헤라클레스를 박물관 중앙에 전시하는 작업팀을 이끌었다.

2003년, 리얼은 <하워드 휴즈의 도피처(The Asylum of Howard Hughes)>라는 책을 써서 자비 출판했다. 이 책은 1946년 XF-11 추락사고 이후 휴즈의 육체적인 고통을 기술하고 있다. 이 사고 이후 휴즈의 삶은 고통으로 얼룩진 세계가 되었고, 그는 오직 약물에서만 위안을 얻을 수 있었다. 휴즈는 점점 더 약물에 의지하더니 완전히 속세를 버리고 은둔해 버렸다. 휴즈는 외부 세계로부터 안전한 도피처를 만들기 위해서 주변에 모르몬교도들을 두었다. 하지만 그들은 외부 세계로부터 휴즈를 안전하게 지키는 것이 아니라 외부 세계와 휴즈 사이를 차단시키는 역할을 했다. 휴즈는 리얼에게 의존했다. 자신의 사생활과 자유를 지킬 수 있게 도와줄 유일한 사람, 믿을 수 있는 유일한 사람이 바로 잭 리얼이었다. 리얼은 휴즈가 가장 신뢰하는 상담자이자 친구가 되었으며, 휴즈를 그 자신과 그의 경호원들로부터 구출하고자 부단히 노력했다. 하지만 이것은 불가능한 일이었다.

하워드 휴즈에 대한 이 책을 집필하면서, 나는 리얼과 많은 이야기를 나누었다. 그는 이 책을 집필하는 데 큰 도움을 주었다. 특히, 휴즈와 함께했던 비행과 휴즈가 오랫동안 사들인 비행기 숫자 등에 대한 정확한 정보는 무척 귀중한 것이었다.

2003년 봄, 나는 퇴직한 휴즈항공사 직원들의 오찬에 리얼을 데리고 갔다. 모임은 지금은 폐쇄된 휴즈항공사 공장 및 활주로에서 몇 마일밖에 떨어지지 않은 마리나델레이에서 열렸다. 우리는 200여 명의 참석자들이 오찬 전 비즈니스 미팅을 시작한 몇 분 후에 도착했다. 잭은 내 팔을 잡고 있었고, 우리는 천천히 앞쪽 테이블로 걸어갔다. 회의가 중단되고 모든 사람의 시선이 그에게 쏠렸다.

그때 휴즈항공사 테스트 조종사 알 맥다니엘이 내게 들려줬던 이야기가 머리를 스쳤다. 라스베이거스에서 휴즈와 저녁을 먹던 날의 이야기. 맥다니엘은 실내 모든 사람의 시선이 그와 휴즈에게 꽂히는 것을 느꼈다. 모든 손님과 종업원들이 그들의 움직임을 주의 깊게 쳐다보았다. 맥다니엘은 자신은 불편하고 불안한 기분이었다고 말했다. 모든 사람이 자신에게 주목하는 그런 상황에 직면해 본 적이 없었기 때문이다. 하지만 휴즈는 그 관심을 인지조차 못했다. 이제서야 나는 맥다니엘의 기분을 알 것 같았다. 휴즈항공사 직원 모임에 나온 사람들에게, 리얼은 휴즈를 가장 잘 알고 있는 마지막 생존자였다.

여러 면에서 리얼은 휴즈와 비슷했다. 두 사람 모두 키가 크고 말랐다. 두 사람 모두 항공 분야의 천재였으며, 비행 관련한 모든 면에 깊은 흥미를 가졌다. 두 사람 모두 비행 관련 최고의 상이라 할 수 있는 콜라이어 상을 받았다.

하지만 가장 중요한 것은 잭 리얼이 남은 생애 동안 이루고 싶어 하는 목표, 즉 하워드 휴즈의 항공 분야에서의 유산을 제대로 기록하는 것이었다. 리얼은 휴즈를 대변하는 그의 목소리가 되었고, 나에게 마치 실제 휴즈인 것처럼 말하곤 했다. 사람들은 말할지도 모른다. 이것이 휴즈의 마지막 목소리가 될 것이라고. 하지만 하워드 휴즈 '더 맨'에 대한 마지막 말은 영원히 없을 것이다. 그에 대한 이야기는 끊이지 않을 테니까.

감사의 글
Acknowledgments

집필 기간 내내 힘을 북돋워주고, 글을 다듬어주기까지 한 아내 잔에게 무엇보다 감사한다. 46년 동안 내 인생의 반려자였던 아내는 첫 책을 낼 때부터 지금까지 사랑과 격려로 응원해 주는 한편 작업에 도움이 되는 여러 가지 의견을 제시해 주고 있다.

큰아들 랜디에게도 고마움을 전한다. 랜디 덕분에 용기를 얻어 나의 비행 경험과 이력을 쓸 수 있었다.

잘된 글을 무엇보다 좋아하는 둘째 스콧은 원고를 읽고 비평해 주었다. 스콧에게도 감사를 전한다.

내게 힘겨운 노동의 가치를 알게 해준 아버지 조지 라이스 마레트에게 진심으로 감사한다. 아버지는 내가 휴즈항공사에서 20년 동안 정직하고 성실하게 근무할 수 있도록 늘 힘이 되어 주셨다. 사실 아버지는 평생을 한 회사에서 일한 분이다. 아버지는 국립금전등록기회사에서 49년을 일하셨다.

　94세의 고령에도 여전히 정정한 기억력을 갖고 계신 어머니 줄리아 에타 마레트에게도 감사한다. 어머니는 내 원고를 읽으시고, 반드시 출판될 수 있을 것이라고 내게 믿음을 심어주셨다.

　나의 첫 책 <죽음을 모면하다(Cheating Death)>의 편집과 출판을 맡아준 해군협회출판부(Naval Institute Press) 마크 게이틀린 이사님께도 감사드린다. 마크는 필자가 쓴 방대한 원고를 읽고, 한 권보다는 두 권으로 나눠서 내는 것이 좋겠다고 제안해 주었다. 이 의견에 따라서 책을 2권으로 내기로 했다. 따라서 이 책에 이어 휴즈항공사에서 겪은 나의 개인적인 테스트비행 경험을 기록한 또 다른 책이 나올 예정이다. 마크는 필자가 능력을 최대한 발휘하도록 이끌어준 진정한 전문 편집인이다.

　이 책의 서문을 써준 하워드 휴즈의 사촌 윌리엄 러미스에게도 고마움을 전한다. 러미스는 휴즈의 유언 집행인이기도 하다. 아홉 살 어린 나이에 휴즈를 만난 것이 처음이자 마지막이 되었다고 한다. 때문에 러미스는 항상 조종사로서 하워드 휴즈의 삶에 대해 궁금해하고 알고 싶어 했다. 바로 여기에 그가 알고 싶었던 이야기들이 펼쳐진다.

　교정을 맡아준 존 레이먼드 덕분에 일개 조종사가 쓴 원고가 읽기 쉽고 재미있는 글로 탈바꿈했다. 레이먼드는 내가 쓴 엉성하고 산만한 글을 수차례의 교정을 통해 멋진 글로 만들어주었다. 마치 마법이라도 부린 듯이 말이다.

　원고를 읽고 편집자로서 귀중한 조언을 아끼지 않았던 케이티 메그스에게도 특별한 감사를 드린다.

　<하워드 휴즈와 비행정(Howard Hughes and his Flying Boat)>의

저자인 찰스 바턴에게도 감사한다. 바턴은 하워드 휴즈 밑에서 비행을 했거나 일을 한 여러 사람들과 인터뷰한 기록을 가지고 있었다. 그는 이 인터뷰 내용 중 공개되지 않은 부분들을 활용할 수 있게 배려해 주었다. 바턴은 하워드 휴즈가 만든 HK-1 헤라클레스(Hercules) 비행정에 관한 최고의 권위자다. 에버그린 항공박물관의 소장품 관리자인 캐서린 휘트에게도 감사한다. 바턴의 원고들을 출판에 활용할 수 있도록 중간에서 도와주었기 때문이다.

크리스 스미스의 여동생 에블린 루드먼에게도 감사한다. 에블린 덕분에 크리스 스미스의 딸 캐롤라인 비트슨과 연락할 수 있었다. 캐롤린 비트슨은 아버지 크리스 스미스의 수기 기록을 타이핑해서 정리하고 내가 활용할 수 있게 보여주었다. 크리스 스미스는 휴즈항공사에서의 경험을 기록한 수기를 남겼었다. 마찬가지로 존 시모어의 딸 케이시 폴도 아버지가 남긴 이야기들을 인용할 수 있게 해주었다. 케이시 폴은 또한 서명은 포함되어 있지 않지만 하워드 휴즈가 존 시모어에게 보낸 메모들을 포함, 사진과 그 밖에 기록이나 기념품들을 제공해 주었다. 클래런스 숍의 아들 스티븐 숍도 아버지에 관한 이야기를 들려주고 소장 사진을 제공해 주었다. 이 모든 분들께 진심으로 감사드린다.

하워드 휴즈의 생애를 다룬 영화 <비행사(The Aviator)>의 시나리오 작가이자 제작자 중 한 사람인 찰리 에반스에게도 감사한다. 에반스는 비행사로서 하워드 휴즈의 경력에 오랫동안 깊은 관심을 가져왔던 사람이다. 그는 내 책을 영화가 개봉되는 시점인 2004년 12월에 맞추어 발간하면 어떻겠느냐는 좋은 의견을 내주었다.

록히드 항공사에서 비서로 근무하다 은퇴한 베티 오코너에게도 감사한다. 베티 오코너는 오랫동안 전설적인 인물 잭 리얼을 보조해 온 중요한 조력자이자, 그를 존경하는 팬이기도 했다. 오코너는 잭 리얼이 개인적인 기록들을 체계적으로 정리할 수 있게 도왔으며, 하워드 휴즈에 대한 책을 쓸 때도 보조했다.

캘리포니아 주 패소로블레스에 있는 에스트렐라 군용비행기 박물관(Estrella Warbird Museum)의 공동 설립자인 오비 아트킨슨과 알 쉐이드에게도 감사한다. 두 분은 헌신적인 비행사이자 군사 전문가로 필자가 집필을 할 수 있게 늘 용기를 북돋워주었고 지금도 나의 비행 업무를 도와주고 있다.

아래 소개한 여러분께 특별한 고마움을 전한다. 어떤 분은 사진을 제공해 주었고 어떤 분은 하워드 휴즈에 대해 아는 사람들을 소개시켜 주기도 했다. 또 어떤 분은 인터뷰에 친절하게 응해 주었다. 할란 아미티지, 닐 오스틴, 찰스 바턴, 할리 비어드, 캐롤라인 비트슨, 토니 블랙맨, 존 브랜드포드, 챌머 보웬, 브루스 버크, 존 채슬스, 멀레 커피, 존 코스타, 로버트 M. 드헤이븐, 해리 듀간, 존 포스터, 줄리아 포스터, 마이크 글렌, 듀안 존슨, 케네스 커크, 짐 커크패트릭, 조니 네벨, 찰스 맥다니엘, 찰스 머서, 게일 무어, 데일 멈포드, 케이시 폴, 번 피터슨, 잭 리얼, 돈 로저스, 거스 자이델, 스티븐 굽, 로우 타일러, 로우 윌릭, 진 와이엄, 짐 화이트, 브라이언 와이글 등.

마지막으로 사랑하는 손자들에게 인사하고 싶다. 첫째 타일러 크리스티안 마레트는 열두 살이고, 둘째인 자카리 브라이스 마레트는 이제 열 살이다.

참 고 자 료

Empire : The Life, Legend, and Madness of Howard Hughes
Bartlett, Donald L., and James B. Steele. New York : W. W. Norton, 1979.

Howard Hughes and His Flying Boat
Barton, Charles. Fallbrook, Calif. : Aero Publishers, 1982.

Howard Hughes : The Untold Story
Brown, Peter Harry, and Pat H. Broeske. New York : Dutton, 1996.

Howard : The Amazing Mr. Hughes
Dietrich, Noah, with Bob Thomas. New York : Fawcett, 1972.

Howard Hughes : The True Story
Dwiggins, Don. Santa Monica, Calif. : Werner, 1972.

Bashful Billionaire
Gerber, Albert B. New York : Lyle Stuart, 1967.

Howard Hughes' H−4 Hercules Airplane
Hatfield, D. D. Los Angeles : Historical Airplanes, 1972.

The Real Howard Hughes Story
Madden, Nelson C. New York : Manor Books, 1976.

Howard Hughes and the Spruce Goose
McDonald, John J. Blue Ridge Summit, Penn. : Tab, 1981.

HK−1 Hercules : A Pictorial History of the Fantastic Hughes Flying Boat
Odekirk, Glenn E. Long Beach, Calif. : Frank Alcanter, 1982.

Howard Hughes, the Hidden Years
Phelan, James. New York : Random House, 1976.

The Asylum of Howard Hughes
Real, Jack G., with Bill Yenne. Xlibris, 2003.

Howard Hughes' Airline : An Informal History of TWA
Serling, Robert. New York : St. Martin's/Marek, 1983.

해군협회 출판부(The Naval Institute Press)

미국 해군학회(Naval Institute) 내 도서출판부서다. 해군학회는 민간비영리협회로, 해운 관련 전문가들과 해군 또는 해운 관련 일에 관심이 많은 사람들로 구성되어 있다. 협회는 1983년 미 해군사관학교(메릴랜드 아나폴리스 소재)에 건립되었고, 지금도 이곳에 사무실이 있으며 세계 곳곳에 회원을 가지고 있다.

회원들은 협회에서 운영하는 교육 프로그램을 지원하게 되며, 영향력 있는 월간 잡지 <프로시딩스(Proceedings)>를 받아볼 수 있다. 또한, 항해 관련 인쇄물, 배, 항공사진들을 할인가로 받을 수 있다. 회원들은 협회의 <Oral History Program>사본을 이용할 수 있으며, 전국에서 열리는 협회 후원 세미나에 할인된 가격으로 참석할 수 있다. 컬러로 발간되는 격월간지 <해군사(Naval History)>도 할인된 가격으로 볼 수 있다.

해군협회 출판부는 1898년 최초로 해군 훈련에 대한 기초 안내서를 내면서 출발하여 출판영역을 더 일반적인 서적을 내는 데까지 넓혀왔다. 현재 연간 100권 이상의 책을 내고 있으며, 보트 타는 법, 항해하는 법 등 실용 지침서부터 전쟁사, 전기, 배와 항공기 가이드, 소설까지를 포괄하고 있다. 협회 회원들은 출판부에서 발간한 800권 이상의 서적을 할인된 가격으로 구입할 수 있다.

관련 전임 연구자들은 특별히 50%의 회비를 내고 회원이 될 수 있으며, 평생회원권도 가능하다.

책에 대한 무료 카탈로그나 협회 가입에 대한 좀 더 자세한 정보를 원하면 아래 연락처로 연락 바란다.

Membership Department
U.S. Naval Institute
291 Wood Road
Annapolis, MD 21402-5034
Web address : www.navalinstitute.org

지은이_ 조지 J. 마레트(George J. Marrett)

네브래스카 주 그랜드 아일랜드에서 출생. 1957년에 아이오와 주립대학에서 화학 학사 학위 수여. ROTC 프로그램을 마치고 소위로 미 공군에 입대. 1959년 비행사 훈련을 마친 뒤, 고등비행학교로 배치되어 무디 공군기지에서 노스아메리칸사의 F-86L 사브르제트를 조종했다. 1964년에는 USAF 항공우주연구조종사훈련소(USAF Aerospace Research Pilot School)에 선발, 훈련소를 졸업하자마자 캘리포니아 에드워드 공군기지에 있는 비행테스트공사의 전투기 테스트부서에 배치. 1968~1969년에는 타이의 우돈 왕립타이공군기지에서 제602 전투기대대 소속으로 공중구조 조종사로 더글러스 A-1 스카이레이더를 조종. 전쟁이 끝나자마자 휴즈항공사에 테스트 조종사로 입사. 휴즈항공사에서 40여 종의 군용기를 조종했고, 총 8,000시간의 비행시간 기록. 1989년, 휴즈항공사를 퇴사하고 캘리포니아 패소로블레스에 있는 연방공군에 합류.

마레트는 에드워드 공군기지에서 출판된 공군 비행테스트 보고서의 저자이며, <윙스(Wings)>, <테일훅(Tailhook)>, <비행 저널(Flight Journal)>, <사브르제트 클래식스(Sabrejet Classics)>, <에어&스페이스(Air&Space)>, <에어파워(Airpower)> 등 여러 출판물에 많은 글을 썼다.

또한, 1945년형 스틴슨 L-5E 센티넬(Stinson L-5E Sentinel)과 1946년형 에어론카 L-16 챔프(Aeronca L-16 Champ) 항공기의 공동 소유자이기도 하며, 캘리포니아 곳곳의 에어쇼에서 이 비행기들을 타고 비행을 한다. 아내 잔과 두 아들과 네 명의 손자를 두고 있다.

옮긴이_ 강혜정

전남 영광 출생. 서울대학교 동양사학과 졸업. 현재는 번역 작가로 활동 중이다. 번역한 책으로 <리더를 만드는 카리스마>, <노화를 막아주는 요가> 등이 있다.